八閩文庫

八閩文庫

要籍選刊

95

榕村全集

上

［清］李光地 著

陳祖武 點校

海峽出版發行集團
THE STRAITS PUBLISHING & DISTRIBUTING GROUP

福建人民出版社

二〇一九年八閩文庫出版工程領導小組

組　長

梁建勇

副組長

楊賢金

成　員

施宇輝　馮潮華　賴碧濤　陳熙滿

王建南　黄　誌　卓兆水　葉飛文

陳　强　林守欽　王秀麗　蔣達德

二〇二〇年八閩文庫出版工程領導小組

組　長

邢善萍

副組長

郭寧寧

成　員

施宇輝　馮潮華　賴碧濤　陳熙滿

肖貴新　王建南　黄　誌　卓兆水

葉飛文　陳　强　林守欽　王秀麗

林義良

二〇二二年八閩文庫出版工程領導小組

組　長　張　彦

副組長　鄭建閩

成　員　林端宇　鄭家紅　顔志煌　黄國劍
許守堯　肖貴新　林　生　黄　誌
卓兆水　吴宏武　陳　强　張立峰
鄭東育　林義良　林　彬

二〇二三年八閩文庫出版工程領導小組

組　長　張　彦

副組長　王金福

成　員　林端宇　鄭家紅　顔志煌　黄國劍
許守堯　肖貴新　黄　誌　陳熙滿
吴宏武　林　生　李　潔　張立峰
鄭東育　黄葦洲　林　彬

八閩文庫總序

葛兆光　張　帆

一

在傳統中國的文化史上，福建算是後來居上的區域。經歷了東晉、中唐、南宋幾次大移民潮，浙、閩之間的仙霞嶺，早已不是分隔内外的屏障，而成了溝通南北的通道。歷史使得福建越來越融入華夏文明之中，唐宋兩代，特别是在「背海立國」的宋代，東南的經濟發達，海洋的地位凸顯，福建逐漸從被文明中心影響的邊緣地帶，成爲反向影響全國文明的重要區域。在七世紀的初唐，詩人駱賓王曾説「龍章徒表越，閩俗本殊華」（駱臨海集箋注卷二晚憩田家，陳熙晉箋注，上海古籍出版社一九八五年，第三六頁），前一句説的是華夏的衣冠對斷髮文身的越人没有用，後一句説的是閩地的風俗本來就與華夏不同，意思都是瞧不起東南。但是，到了十五世紀的明代中期，黃仲昭在弘治八閩通志序裏卻説，八閩雖爲東南僻壤，但自唐以來文化漸盛，「至宋，大儒君子接踵而出」，實際上它的文明程度，已經「可以不愧於鄒魯」（四庫全書存目叢書史部一七七册，齊魯書社一九九六年，第三六四頁）。

的確，自從福建在唐代出了第一個進士薛令之，而且晉江有歐陽詹，福清有王棨，莆田有徐寅、黃滔這些傑出人物之後，到了更加倚重南方的宋代，福建出現了蔡襄（一〇一二—一〇六七）、陳襄（一〇一七—一〇八〇）、游酢（一〇五三—一一二三）、楊時（一〇五三—一一三五）、鄭樵（一一〇四—一一六二）、林光朝（一一一四—一一七八）、朱熹（一一三〇—一二〇〇）、蔡元定（一一三五—一一九八）、陳淳（一一五九—一二二三）、真德秀（一一七八—一二三五）等一大批著名文人士大夫。這些出身福建或流寓福建的士人學者，大大繁榮和提升了這裏的文化，甚至使得整個中國的文化重心逐漸南移，也許，就像程頤説的那樣「吾道南矣」（宋史卷四二八道學楊時傳，中華書局一九七七年，第一二七三八頁）。也就是説宋代之後，原本偏在東南的福建，逐漸成了中國重要的文化區域。

不過，習慣於中原中心的學者，當時也許還有偏見。以來自中心的偏見視東南一隅的福建，那時福建似乎還是「邊緣」。雖然人們早已承認福建「歷宋逮今，風氣日開」

（黄虞稷閩小紀序，撰於康熙五年，續修四庫全書史部七三四册，上海古籍出版社二〇〇二年，第一二七頁），但有的中原士人還覺得福建「僻在邊地」。像北宋樂史的太平寰宇記，一面承認「此州（福州）之才子登科者甚衆」，一面仍沿襲秦漢舊説，稱閩地之人「皆蛇種」，並引十道志説福建「嗜欲、衣服，别是一方」（樂史太平寰宇記卷一〇〇江南東道一二，中華書局二〇〇七年，第一九九一頁）。所以，歷史上某些關於福建歷史、文化和風俗的著作，似乎還在以中原或者江南的眼光，特别留心福建地區與核心區域不同的特異之處，筆下一面凸顯異域風情，一面鄙夷南蠻鴃舌。但是從大的方面説，我們看到宋代以降，實際上福建與中原的精英文化越來越趨向同一，正如宋人祝穆方輿勝覽所説，「海濱幾及洙泗，百里三狀元」，前一句裏所謂「洙泗」即孔子故鄉，這是説福建沿海文風鼎盛，幾乎趕得上孔子故里；後一句裏「三狀元」是指南宋乾道年間福建登第的三個狀元，即乾道二年（一一六六）的蕭國梁、乾道五年的鄭僑和乾道八年的黄定，他們都是福建永福（今永泰）這個地方的人（祝穆新編方輿勝覽卷一〇，施和金點校，中華書局二〇〇三年，第一六三頁）。

文化漸漸發達，書籍或者文獻也就越來越多，福建文獻的撰寫者中不僅有本地人，也有流寓或任職於閩中的外地人。日積月累，這些文獻記録了這個多山臨海區域千年的文化變遷史，而八閩文庫的編纂，正是把這些文獻精選並彙集起來，爲現代人留下唐宋以來有關福建的歷史記憶。

二

福建鄉邦文獻數量龐大，用一個常見的成語説，就是「汗牛充棟」。那麼多的文獻，任何歸類或叙述都不免挂一漏萬。不過，我們這裏試圖從區域文化史的角度，談一談福建文獻或書籍史的某些特徵。

毫無疑問，中國各個區域都有文獻與書籍，秦漢之後也都大體上呈現出華夏同一思想文化的底色，但各區域畢竟有其地方特色。如果我們回溯思想文化的歷史，那麼，唐宋之後福建似乎也有一些特點。恰恰因爲是後來居上的文化區域，所以福建積累的傳統包袱不重，常常會出現一些越出常軌的新思想、新精神和新知識。這使得不少代表新思想、新精神和新知識的人物與文獻，往往先誕生在福建。衆所周知的方面之一，就是宋代儒家思想的變遷。應當説，宋代的理學或者道學，最初乃是一種批判性的新思潮，一些儒家士大夫試圖以屬於文化的「道理」鉗制屬於政治的「權力」，所以，極力强調

「天理」的絶對崇高，人們往往稱之爲道學或理學，也根據學者的出身地叫作「濂洛關閩之學」。其中，「閩」雖然排在最後，卻應當説是宋代新儒學的高峰所在，以至於後人乾脆省去濂溪和關中，直接以「洛閩」稱之（如清代張夏雒閩源流録），以凸顯道學正宗，恰在洛陽的二程與福建的朱熹，而道學最終水到渠成，也正是在福建。因爲宋代道學集大成的代表人物朱熹，雖然祖籍婺源，卻出生在福建，而且相當長時間在福建生活。他的學術前輩或精神源頭，號稱「南劍三先生」的楊時、羅從彦（一〇七二—一一三五）、李侗（一〇九三—一一六三），也都是南劍州即今福建南平一帶人，他的提攜者之一陳俊卿（一一一三—一一八六），則是興化軍即今莆田人，而他的最重要的弟子黄榦（一一五二—一二二一）是閩縣（今福州）人、陳淳是龍溪（今龍海）人。

正是在這批大學者推動下，福建逐漸成爲圖書文獻之邦。慶元元年（一一九五），朱熹在福州州學經史閣記中曾經説，一個叫常濬孫的儒家學者，在福州地方軍政長官詹體仁、趙像之、許知新等資助下，修建了福州府學用來藏書的經史閣，即「開之以古人敦學之意，而後爲之儲書，以博其問辨之趣」（朱文公文集卷八〇，朱子全書第二四册，上海古籍出版社、安徽教育出版社二〇一〇年，第三八一四頁）。宋代之後，經由近千年的日積月累，我們看到福建歷史上出現了相當多的儒家論著，也陸續出現了有關儒家思想的普及讀物。大家可以從八閩文庫中看到，這裏收録的不僅有朱熹、真德秀、陳淳的著述，也有明清學者詮釋理學思想之作，像明人李廷機性理要選、清人雷鋐雷翠庭先生自恥録等等，應當説，這些論著構成了一個歷經宋元明清近千年的福建儒家文化史。

三

説到福建地區率先出現的新思想、新精神和新知識，當然不應僅限於儒家或理學一系。更應當記住的是，從宋代以來，中國政治、經濟和文化的重心，逐漸從西北轉向東南，一方面由於中原文化南下，被本地文化激蕩出此地異端的思想，另一方面海洋文明東來，同樣刺激出東南濱海的一些更新的知識。

我們注意到，在福建文獻或書籍史上，呈現了不少過去未曾有的新思想、新精神和新知識。比如唐宋之間，福建不僅出現過譚峭（生卒年不詳）化書這樣的道教著作，也出現過像百丈懷海（約七二〇—八一四）、潙山靈佑（七七一—八五三）、雪峰義存（八二二—九〇八）那樣充滿批判性的禪僧，還出現過禪宗史上撰於泉州的最重要禪史著作祖堂集。又如明代中後期，那個驚世駭俗而特立獨行的李贄（一五二七—一六〇二），有人説他的獨特思想，就是因爲他生在各種宗教交匯融合的泉州，傳説他曾受到伊斯蘭教之影響，當然更因爲有佛教與心學的刺激，使他成了晚明傳統思想世界的反叛者。而另一個莆田人林兆恩（一五一七—一五九八），則是乾脆開創了三一教，提倡「三教合一」，也同樣成爲正統的政治意識形態的挑戰者。再如明清時期，歐洲天主教傳教士「梯航九萬里」，也把天主教傳入福建，特别是明末著名傳教士艾儒略（一五八二—一六四九）應葉向高（一五五九—一六二七）之邀來閩傳教二十五年，從而福建才會有「三山論學」這樣的思想史事件，也産生了三山論學記這樣的文獻，無論是葉向高，還是謝肇淛，這些思想開明的福建士大夫，多多少少都受到外來思想的刺激。最後需要特别提及的是，由於宋元以來，福建成爲向東海與南海交通的起點，所以，各種有關海外的新知識，似乎都與福建相關，宋代趙汝适撰寫諸蕃志的機緣，是他在泉州市舶司任職；元代汪大淵撰寫島夷志略的原因，也是他從泉州兩度出海。由於此後福州成爲面向琉球的接待之地，泉州成爲南下西洋的航線起點，因而福建更出現了像張燮東西洋考、吴朴渡海方程、葉向高四夷考、王大海海島逸志等有關海外新知的文獻，這一有關海外新知的知識史，一直延續到著名的林則徐四洲志。老話説「草蛇灰線，伏脈千里」，歷史總有其連續處，由於近世福建成爲中國的海外貿易和海上交通的中心，所以，這裏會成爲有關海外新知識最重要的生産地，這才能讓我們深切理解，何以到了晚清，福建會率先出現沈葆楨開辦面向現代的船政學堂，出現嚴復通過翻譯引入的西方新思潮。

甚至還可以一提的是，近年來福建霞浦發現了轟動一時的摩尼教文書，這些深藏在道教科儀抄本中的摩尼教資料，説明唐宋元明清以來，福建思想、文化和宗教在構成與傳播方面的複雜性和多元性。所以，在八閩文庫中，不僅收録了譚峭化書，李贄焚書續焚書、藏書續藏書，林兆恩林子會編等富有挑戰性的文獻，也收録了張燮東西洋考、趙新續琉球國志略等關係海外知識的著作，讓我們看到唐宋以來，福建歷史上新思想、新精神和新知識的潮起潮落。

四

在八閩文庫收録的大量文獻中，除了福建的思想文化與宗教之外，也留存了有關福建政治、文學和藝術的歷史。如果我們看明人鄧原岳編閩中正聲、清人鄭杰編全閩詩録收録的福建歷代詩歌，看清人馮登府編閩中金石志、葉大莊編閩中石刻記、陳棨仁編閩中金石略中收録的福建各地石刻，看清人黄錫蕃編閩中書畫録中收録的唐宋以來福建書畫，那麼，我們完全可以同意歷史上福建的後來居上。這正如陳衍（一八五六—一九三七）在閩詩録的序文中所説「余維文教之開，吾閩最晚，至唐始有詩人，至唐末五代中土詩人時有流寓入閩者，詩教乃漸昌，至宋而日益盛」（續修四庫全書集部一六八七册，第四一一頁）。可見，宋史地理志五所説福建人「多向學，喜講誦，好爲文辭，登科第者尤多」，「今雖閭閻賤品處力役之際，吟詠不輟」（杜佑通典州郡十二），真是一點兒不假。

清代學者朱彝尊（一六二九—一七〇九）曾説「閩中多藏書家」（曝書亭集卷四四淳熙三山志跋，四部叢刊初編集部二七九册，上海書店一九八九年，第六〇一頁）。千年以來的人文日盛，使得現存的福建傳統鄉邦文獻，經史子集四部之書都很豐富，翻檢八閩文庫，就可以感覺到這一點，這裏不必一一叙説。需要特别指出的是，福建歷史上不僅有衆多的文獻留存，也是各種書籍刊刻與發售的中心之一。福建多山，林木葱蘢，具備造紙與刻書的有利條件，從宋元時代起，福建就成爲中國書籍出版的中心之一。宋元時代福建的所謂「建本」或「麻沙本」曾經「幾遍天下」（葉夢得石林燕語卷八，侯忠義點校，中華書局一九八四年，第一一六頁），更有所謂「麻沙、崇安兩坊産書，號稱『圖書之府』」的説法（新編方輿勝覽卷一一，第一八一頁）。版本學家也許將它與蜀本、浙本對比，覺得它並不精緻，但是，從書籍流通與文化貿易的角度看，正是這些廉價圖書，使得很多文化知識迅速傳向中國四方，也深入了社會下層。淳熙六年（一一七九），朱熹在建寧府建陽縣學藏書記中曾説到，「建陽版本書籍行四方，無遠不至」，可當時嘉禾縣學居然藏書很少，「學於縣之學者，乃以無書可讀爲恨」，於是一個叫姚耆寅的知縣，就「鬻書於市，上自六經，下及訓傳、史記、子、集，凡若干卷以充入之」。當地刊刻的書籍，豐富了當地學者的知識，也增加了當地文獻的積累，甚至扭轉了當地僅僅重視「世儒所誦科舉之業」的風氣（朱文公文集卷七八，朱子全書第二四册，第三七四五頁），這就是一例。到了清代，汀州府成爲又一個書籍刊刻基地，近年特別受到中外學者注意的四堡，就是一個圖書出版和發行中心，文獻記載這裏「以書版爲産業，刷就發販，幾半天下」（咸豐長汀縣志卷三一物産）。所以，美國學者包筠雅（Cynthia J. Brokaw）文化貿易：清代至民國時期四堡的書籍交易（劉永華、饒佳榮等譯，北京大學出版社二〇一五年）就深入研究了這個位於汀州府長汀、清流、寧化、連城四縣交界地區的客家聚集區的書籍事業，繼承宋元時代建陽地區（如麻沙）刻書業，這裏再一次出現中國書籍出版史上佔據重要位置的福建書商群體。

可以順便提及的是，福建刻書業也傳至海外。福建莆田人俞良甫，元末到日本，由九州的博多上岸，寓居在京都附近的嵯峨，由他刻印的書籍被稱爲「博多版」。據説，俞氏一面協助京都五山之天龍寺雕印典籍，一面自己刻印各種圖書，由於所刊雕書籍在日本多爲精品，所以被日本學者稱爲「俞良甫版」。

從建陽到汀州，福建不僅刊刻了精英文化中的儒家九經三傳、諸子百家以及文選、文獻通考、賈誼新書、唐律疏議之類的典籍，也刊刻了很多大衆文化讀本，諸如西廂記、花鳥争奇和話本小説。特别在明清兩代書籍流行的趨勢和作爲商品的書籍市場的影響下，蒙學、文範、詩選等教育讀物，風水、星相、類書等實用讀物，小説、戲曲等文藝讀物，在福建大量刊刻。如果我們不是從版本學家的角度，而是從區域文化史的角度去看，這種「易成而速售」（石林燕語卷八，第一一六頁）的書籍生産方式，使得各種文獻從福建走向全國甚至海外，特别是這些既有精英的、經典的，也有普及的、實用的各種知識的傳播，是否正是使得華夏文明逐漸趨向各地同一，同時也日益滲透到上下日常生活世界的一個重要因素呢？

五

八閩文庫的編纂，當然是爲福建保存鄉邦文獻，前面我們説到，保存鄉邦文獻，就是爲了留住歷史記憶。

這次編纂的八閩文庫，擬分爲三個部分。第一部分是「文獻集成」，計劃選擇與收録唐宋以來直到晚清民初的閩人各種著述，以及有關福建的文獻，共一千餘種，這部分採取影印方式，以保存文獻原貌。這是八閩文庫的基礎部分，按傳統的經史子集四部分類，這是爲了便於呈現傳統時代福建書籍面貌，因而數量最多；第二部分是「要籍選刊」，精選一百三十餘種最具代表性的閩人著述及相關文獻，以深度整理的方式點校出版，不僅爲了呈現歷代福建文獻中的精華，也爲了便於一般讀者閲讀；第三部分則爲「專題彙編」，初步擬定若干類，除了文獻總目之外，還將包括書目提要、碑傳集、宗教碑銘、官員奏折、契約文書、科舉文獻、名人尺牘、古地圖等，我們認爲，這是以現代觀念重新彙集與整理歷史資料的一個新方式，它將無法納入傳統的四部分類，卻是對理解福建文化與歷史至關重要的文獻，進行整理彙集，必將爲研究與理解福建，提供更多更系統的資料。

經歷幾年討論與幾年籌備，八閩文庫即將從二〇二〇年起陸續出版，力争用十年時間，經過一番努力，打下一個比較完備的福建文獻的基礎。

當然，不能説八閩文庫編纂過後，對於福建文獻的發掘與整理就已完成。八閩文庫僅僅是我們這一兩代人的工作，還有更多或更深入的工作，在等待著未來的幾代人去努力。無論從舊材料中發現新問題，還是以新眼光發現新材料，都是建立在前人的基礎上，而又對前人的工作不斷修正完善的過程。還是朱熹寫給陸九齡的那句廣爲流傳的老話：「舊學商量加邃密，新知培養轉深沉。」用舊的傳統融會新的觀念，整理這些縱貫千年的歷史文獻，也就無論「人間有古今」了。

八閩文庫要籍選刊出版説明

福建自唐代以降，名家輩出，著述繁興，流傳千載，聲光燦然。遺存之文獻，多可彰顯福建歷史發展脈絡，展示前賢思想學術及文學藝術成就，爲研究福建區域文化之基本典籍。八閩文庫「要籍選刊」擇取重要之閩人著作及相關福建文獻百數十種，予以點校。其中具備條件者，將採用編年、箋注、校證等方式整理。諸書略依經史子集分部編次，陸續出版。

二〇二一年八月

出版説明

榕村全集四十卷、續集七卷、别集五卷，清李光地撰。李光地（1642—1718），字晉卿，號厚菴，福建泉州安溪人。康熙九年（1670）進士，授翰林院編修。三十二年任順天學政，後擢直隸巡撫，授吏部尚書。四十四年任文淵閣大學士，卒于任，謚文貞。

李光地生平勤於治學，晚年以崇獎朱學，深得康熙帝寵信，奉命主持纂修朱子全書、性理精義、周易折中等御纂圖書，並著有周易通論、周易觀象、尚書解義、詩所、四書解義、古樂經傳諸書，莫不以表彰經術、推崇理學爲宗旨。

李光地殁後，遺著主要由其孫李清植整理刊行。李清植（1690—1744），字立侯，號穆亭，福建安溪人，爲李光地三子鍾佐子。清植父母早亡，故自幼隨祖父宦居保定、北京，親承謦欬，舉業日進。乾隆元年（1736），李清植彙集李光地遺著二十九種、一百四十九卷，題以李文貞公全集刊行，其中收録榕村全集四十卷、别集五卷。道光初，李光地玄孫李維迪重輯榕村全書，所録李光地著作凡三十二種，一百七十七卷。此次重輯，文集較李文貞公全集多續集七卷。續集的纂輯歷時較久，李光地之孫李清馥曾編梓續集二卷，其後又訪得若干篇，録存未刻，於道光二年（1822）春爲李維迪所得，遂併已刊二卷，重新編定爲七卷，陸續付梓，至道光七年告成。此外，四庫全書亦收有榕村集四十卷，其底本爲李文貞公全集本。

榕村全集的内容以論學爲主，除對傳統性理之學多有討論外，亦廣泛涉及經義、治道等。這一方面固緣於李光地「所長在於理學、經術，文章非所究心」（四庫全書總目卷一七三榕村集提要），另一方面則也與其「爲文必衷於道」（李紱榕村文集序）的思想有關。由於李光地在學術傾向上宗尚宋學，故其論學多側重義理，考證相對較疏，但也不乏真知灼見，對於深入了解李光地的學術思想有一定助益。

二〇一三年，福建人民出版社出版陈祖武先生整理之榕村全書，其中榕村全集以道光間榕村全書本爲底本，校以乾隆間李文貞公全集本。整理過程中，除明顯訛字逕予改正、避諱字回改外，其他校改之處，均於校勘記中説明。此次将全集收入八閩文庫，在原整理本基礎上，依照八閩文庫體例略作修訂，以便读者研究使用。

二〇二三年十一月

目録

榕村全集

榕村文集序 …… 三
榕村全集卷一
觀瀾録 …… 五
學 …… 五
經 …… 八
性 …… 一六
諸儒 …… 一九
治 …… 二三
榕村全集卷二
經書筆記 …… 二七
讀書筆録 …… 三七
榕村全集卷三
春秋大義 …… 四八
春秋隨筆 …… 五八
榕村全集卷四
尚書句讀 …… 六七
考定武成 …… 六七

洛誥……六八
君奭……七四
立政……七八
呂刑……八三
榕村全集卷五
周官筆記……八九
天官……八九
地官……九四
春官……一〇二
夏官……一〇七
榕村全集卷六
初夏録一……一〇九
誠明篇……一〇九
大學篇……一一四
中庸篇……一一八
仁智篇……一二二
孟子篇……一二六
榕村全集卷七
初夏録二……一三三
通書篇……一三三
太極篇……一三九
人物篇……一四三
人心篇……一四八
天地篇……一五二
性命篇……一五六
喜怒篇……一六一

榕村全集卷八
尊朱要旨……一六四
理氣……一六四
心性……一六五
氣質一……一六六
氣質二……一六七
氣質三……一六八
智仁勇……一六九
知行一……一七〇
知行二……一七一
立志……一七二
主敬一……一七三
主敬二……一七五
要旨續記……一七六

榕村全集卷九
象數拾遺……一八五
景行摘篇附記……一九四
祭諸葛武侯文李興代劉弘作……一九四
祭韓文公文李翱作……一九五
周子贊朱子作……一九六
程伯子贊朱子作……一九七
程叔子贊朱子作……一九八
張子贊朱子作……一九八
邵子贊朱子作……一九九
司馬文正公贊朱子作……一九九
周易原象贊朱子作……二〇〇
述旨贊朱子作……二〇一

警學贊朱子作……二〇三
敬齋箴朱子作……二〇四
克己銘吕與叔作……二〇五
小學題辭朱子作……二〇六

榕村全集卷十

序一……二〇八
進讀書筆録及論説序記雜文序……二〇八
進易論序……二一〇
進大司樂釋義及樂律論辨序……二一一
諸史提要序……二一三
大學古本私記舊序……二一四
大學古本私記序……二一五
中庸章段序……二一六
中庸餘論序……二一七
詩所序……二一七
洪範説序……二一九
周官大司樂章註序……二二〇
禮記纂編序……二二一
禮學四際約言序……二二三
曆象要書序……二二四
卜書補義序……二二四
離騷新説後序……二二五
九歌新説後序……二二六
參同契註舊序……二二七
參同契章句序……二二九

榕村全集卷十一

序二……二三〇
韓子粹言序……二三〇
二程子遺書纂序……二三一
朱子語類四纂序……二三一
榕村講授序……二三二
古文精藻序……二三三
韻箋序……二三三
易義前選序……二三四
名文前選序……二三五
己丑墨選序……二三六
己丑前後場合選序……二三七
戊辰武會試録序……二三八
辛未會試録後序……二四〇
己丑會試録序……二四二
家譜序……二四四

榕村全集卷十二

序三……二四七
南溪書院誌序……二四七
無欲齋詩鈔序……二四八
孫北海五經翼序……二四九
王恥古文集序……二五〇
梅定九曆學疑問序……二五一
儲廣期文集序……二五三
韓慕廬制義序……二五四
劉益侯制義序……二五五
楊賓實制義序……二五六
成絅齋制義序……二五八

己丑房書遜志集序代……二五九
徐氏族譜序……二六〇
馬氏家譜序……二六一

榕村全集卷十三

序四……二六三
吴將軍行間紀遇後序……二六三
費副將詩集序……二六五
施怡園五十壽序……二六六
顔哲人七十壽序……二六七
代家君季父壽仲伯母序……二六八
仲父母八十壽序……二六九
季父母七十壽序……二七一
族子世寬壽序……二七二
跋……二七四
刻韓文考異跋……二七四
引……二七五
重修蔡虚齋先生祠引……二七五
梅定九恩遇詩引……二七六
母太夫人七十徵言引……二七七

榕村全集卷十四

記……二七九
皇帝親耕處恭紀……二七九
御賜急公尚義扁額恭紀……二八〇
御賜女宗挺節扁額刻石恭紀……二八〇
御賜在原至誼扁額恭紀……二八一
御賜在原至誼扁額刻石恭紀……二八二

御賜教忠扁額刻石恭紀……二八三
御書太極圖說西銘刻石恭紀……二八四
御書戲綵堂恭紀……二八五
御書廉平堂恭紀……二八六
御批曆學疑問恭紀……二八七
上諭泰山脈絡恭紀……二八八
重建董子祠堂記……二九〇
重建鷲湖書院記……二九一
重修懷玉書院記……二九三
廣信鍾靈書院記……二九四
安溪考亭書院記……二九六
重修泉州府學記……二九七
宣城梅氏重修祠堂記……二九八
榕村記……三〇〇
克齋記……三〇一

榕村全集卷十五

論……三〇三
河圖論……三〇三
先天圖論……三〇五
後天圖論……三〇八
乾坤誠明之學論……三〇九
離爲明明德之學論……三一〇
艮爲不動心之學論……三一一
卦爻辭論……三一二
蓍數論……三一四
序卦論……三一六
十六卦論……三一七
互卦論……三一八

十二卦時義時用論……三一九
聞樂知德論……三二〇
朱吕説詩論……三二二
天九重論……三二四
歲分消長論……三二五
留侯武侯論……三二六

榕村全集卷十六

説一……三二八
性説一……三二八
性説二……三二九
心性説……三三〇
仁説……三三一
人説一……三三二
人説二……三三三
鬼神説……三三四
魂魄説一……三三五
魂魄説二……三三六
後天圖補説……三三七
詩説……三三八
周禮三德六德説……三四〇
國語伶州鳩上宫下宫説……三四二
吕覽黄帝使泠綸作律説……三四四
修德説……三四六
氣水言浮物説……三四七
聖人定之以中正仁義而主静説……三四七
主静説……三四九

榕村全集卷十七

說二……三五一
隱逸富貴君子説……三五一
五帝之世如夏説……三五二
敬義説……三五三
松柏後彫説……三五七
同類説……三五七
觀梅説……三五八
詩八病説……三五九
解……三六〇
春秋謹嚴解……三六〇
辨……三六一
春王正月辨……三六一
尚書古今文辨……三六三
方正學釋統辨……三六四
陳生説周禮辨……三六六
朱陸折疑……三六七
對……三七〇
裕親王問無極太極對……三七〇

榕村全集卷十八

雜著一……三七二
關雎……三七二
二典……三七四
禹皋二謨……三七四
後天卦義……三七六
春秋……三七七
周禮……三七七
王制……三七九

孝經……三八〇
讀諸葛武侯傳……三八〇
讀韓子……三八二
讀周子太極圖說……三八三
記陰符經……三八四
記離騷經二條……三八四
記握奇經……三八六
記太初曆……三八八
記四分曆……三八九
記韓子原性二條……三九〇
記韓子原道……三九一
記韓子原人……三九二
記韓子原鬼……三九二

榕村全集卷十九

雜著二

記周子太極圖說四條……三九三
記周子通書卒章……三九五
記張子西銘……三九六
記張子正蒙太和篇……三九七
記邵子觀物内外篇三條……三九八
記程子定性書……三九九
記渾儀……四〇〇
記星書……四〇一
東里書生篇……四〇二
希寥子篇……四〇三
臨川篇……四〇四
衲者篇……四〇五

蒭者篇……四〇六
太乙丈人篇……四〇七
原人……四〇八
原鬼……四〇九
兵制……四一〇

榕村全集卷二十

雜著三……四一二
算法……四一二
曆法……四一三
西曆……四一五
記南懷仁問答……四一七
聖人作曆之原……四一八
規垣宿野之理……四一九
天人參合之道……四二一
等韻皇極經世韻同異……四二三
榕村韻書略例……四二四
翻切法……四二六
南北方音及古今字音之異……四二七
卜書補亡凡例……四二八
詩選凡例……四三一

榕村全集卷二十一

雜著四……四三四
文廟配享私議……四三四
記配享私議後……四三六
家廟祭享禮略……四三七
小宗家祭禮略……四四〇
五祀禮略……四四三
樂律……四四五

課王生仲退……四四七
課諸生……四四八
摘韓子讀書訣課子弟……四四九

答王仲退問目四條……四四九
答鍾倫兒問目三條……四五一

榕村全集

榕村文集序

文與道無二也。孔子畏於匡，以斯文自任。斯文也即斯道也。子貢謂「夫子之文章可得而聞，夫子之言性與天道不可得而聞」。豈文與道二耶？既曰言，何不可聞之有？蓋子貢親受無言之訓。聖不言而無行不與，天不言而時行物生。其不言者，皆其言性與天道者也，故曰不可得而聞也。性與天道不可得聞，所得聞者文章而已。文章即道之發見焉耳。後世雕章繪句之文，始與道二，又其甚者，或至破道，則不得復謂之文矣。座主安溪公榕村先生，早歲志道，沈潛卷籍，而自得於心，箋疏六經，各自成書，學者翕然師宗之，莫不曰安溪先生，今之程、朱也。顧道足於中，氣盛而化神，情深而文明，偶爲詩、古文辭，亦遂蔚然奇秀，盎然深醇，夐乎其莫可及。先生之文，固先生之道也。康熙十九年，先生奉勅進所作文字。因進讀書筆録及論學之文。自爲之序，推尊聖祖皇帝繼五百年聖人之統。蓋隱然以伊、萊、望、散自居，故爲文必衷於道，而非末世雕章繪句之文所可及。其又可以文字目之哉？今先生捐館閣二十年於兹，論道解經之作，流布海内，惟詩、古文未有別集。嗣孫侍讀清植始彙而刻之，屬紱校其卷帙。循諷卒業，喟然而嘆：道德之腴，充乎其中；經史之華，發乎其外。於孟、韓爲具體，而旁及於歐、曾。讀之者可因以想見先生之文章，即可以想見先生之言性與天道。斯文其不在茲矣乎！近世學者，道不足而强言之，無惑乎夫子之言性與天道不可得而聞，即夫子之文章亦不可得而聞矣。編校之餘，姑識其所見如此。時乾隆元年季春下澣，受業門人臨川李紱敬書。

榕村全集卷一

觀瀾録

學

學者畜也，畜者聚也，君子學以聚之。故懿文德者，威儀節文之修，小學之事也；多識前言往行以畜其德，窮理盡性之要，大學之事也。傳説曰：「人求多聞，學于古訓，乃有獲。遜志，務時敏，厥修乃來。允懷于兹，道積于厥躬。念終始典于學，厥德修罔覺。」古之言學者如是，何近世之異也，豈非釋、老之餘酷乎？

孔子曰：「吾十有五而志于學。」又曰：「志于道。」傳曰：「一年視離經辨志。」志之於學，如江河之有源也，如百果草木之有根也。習乎坎，盈乎科，放乎四海，其爲行也艱矣，然行潦則無至也。播於春，溉於夏，刈於秋，其爲力也勤矣，然荑稗則無施也。是故志之立，然後顧日月逾邁而心憂也；志之篤，然後忘身之老，不知年數之不足也；志之正，然後中庸以爲依，而道德以爲歸也。由前二者，振於俗者有矣；由後一者，其鮮乎。先覺萎，前修遠，有志者亦貿貿然榮華其業，而小成其身乎？故志必於學，志必於道，志必辨，而辨志莫先於離經。經道明，則俊民興矣。

二程，古之學者也，自十五六而鋭然學聖人，故爲吾道中興之宗也。象山之學，與建陽稱同異，然其喻義責志之章，朱子左次焉。遊其門者，旦異而晡不同，是亦百世之師矣。

雷者，造化之神之首乎。其動也奮，莫之敢遏也；其動也惕，莫之敢干也。古之學者象其奮，故有不可禦之志；象其惕，故有不可容之私。助雷者風也，入之以索其陰之伏也，學之察也；散之以釋其陰之滯也，學之充也。是故雷厲風行，其益无方，益動而巽，日進无疆也。

敬之畏人也，小雅之詩善言之。集木之不足，而「如臨于谷」；臨谷之不足，而如履于冰。敬之畏天也，大雅之詩善言之。天之明，則「及爾出王」；天之旦，則「及爾游衍」。是故敬慎威儀者，桑嘉者也；執事有恪者，温恭者也。嚴威儼肅者，自他人視之，而我非容意焉。今之言敬者失是，而至以聲色厲人，不幾於色莊者乎。

大學之言窮理也，格物而已。其言格物也，曰「物有本末，事有終始，知所先後」而已。如是而博文精義之功，不已簡乎？曰究萬物之所以分殊而理一，然後知本末之歸；察萬事之所以異貫而同條，然後識始終之要。古之博文精義者，期於得其本而已。後世之役耳目、勞心思，幾過於古人，然於返己則疏，於辨物則舛，制理則參而不一，陳事則亂而無緒。道之不明、不行者，其以是夫。

以知本爲格物，象山之説也，與程、朱之説相助，則大學之教明矣。故曰：「此謂知本，此謂知之至也。」學記曰：「或源也，或委也，此之謂務本。」子夏言博學矣，必「篤志、切問而近思」也。孟子言博學、詳説矣，「將以反説約也」。夫如是，則於聖門之學何疑，而有若近者之紛紛乎？

説命曰：「人求多聞。」知其要矣。又曰：「非知之艱，行之維艱。」知之於行，猶華實也，不華則無實，華而不實則徒華也。是故草木之成也，曰實，又曰果，皆誠然如是之稱也。誠意繼致知，以爲實其心之所發者是也。内有所牽，外有所奪。飲食起居，足以易其志；得喪利害，足以搖其心；故曰：「行之艱」。雖然，水火之必不可赴，美酖之必不可嗜，疾病藥石之必不可辭，服農風雨之必不可避，惟其知而信之也。深知篤信，其於行也不遠矣，故曰：「王忱不艱」。

敬爲知、行之要者，心常存也。先儒言靜，不在敬之外，外敬言靜者，其放於寂乎？

今夫手之爲物也，常動而不離其處，故思不出位者象之。「知止而后有定，定而后能靜」，是靜之本也。然則主一無適。靜在其中矣。

或問聖人生知、安行。曰：徵於色、發於聲而後喻，困於心、衡於慮而後作，凡人之智能也。聖人則無所惕而思，無所虞而戒，無所震而不康，無所强而不怠，故曰生知、安行。今人之於聖人也，高求之而不得其説，兢兢業業之志荒矣。

問爲己、爲人。曰：爲己者，欲其自得，而非私於己也；不爲人者，恥聲聞之過情，而非吝於人也。誨人不倦，豈自私其有乎？與人爲善，豈獨善其身乎？

經

或問窮經之要。曰：近思。學而不思，則不能通微而不精；思而不近，則不能反身而不切。彌精則彌切，彌切則彌精也。自謂精而不切，如浚水九仞而未得其源也；自謂切而不精，如理絲見端而未窮其緒也。

問先儒之説。曰：蔑訓詁者無師，滯章句者無得。是故古之言智者曰擇，惟能擇其庶幾乎？

談易者何其多乎？曰：信其是者之爲難。邵氏之先天、朱子之卜筮是矣，而詰難者未已，又安得而與定是非之歸乎？

易也者，達乎天德而周於民用；春秋也者，窮乎人事而臨以天則。故曰易本隱以之顯，春秋推顯至隱。易與春秋，天、人之道也。

問詩朱、吕之説。曰：雅、鄭之辨，正矣。雖然，謂詩之無邪者，未可盡非也。聖人之以一言蔽者，概言詩之正者多而已矣。列國之詩，俗化而聲變，鄭、衛之蕩也，齊、秦之夸也，聖人間存焉；以爲泯其失，無以彰其得也；不極乎民心之流，不足以顯民彝之真也。鄭政之昏也，如風雨之晦；秦法之厲也，如霜露之零。於是喈喈者不輟其音，蒼蒼者不改其色。故以爲禮義之在人心也，若王化之行，而又何徵乎？

朱子易、詩卜筮，雅、鄭之説，吾所篤信也。程謂隨時以從道，吕謂作詩之無邪，吾則兼取焉，以爲與朱子之説相備而不相悖也。蓋執其兩端，則中者出矣，窮理之要也。

再問鄭、衛之詩。曰：豈獨鄭、衛爾，二南之篇，亦以邪正而相形也。江漢之女，有求之者矣；懷春之女，有誘之者矣；行露之女，有速之獄訟者矣。然則文王之化焉存？曰：以二南盡爲文王詩者，吾意經師之沿説與？采風者盛世之事。何文王之詩直接乎東京，而西周之盛泯泯也。二南其西周之風乎？而自文王始。

序詩者判東西、别列王。吾讀大、小雅，其爲東遷之後多矣；吾讀列國風，其爲西周之盛有矣。雖序詩者判之，而難盡掩也。以爲先西而後東，先正而後變，則其説猶可循焉。

易不蔽於卜筮而蔽於占候，春秋不蔽於書法而蔽於義例，非謂卜筮之非占，而書法之無義也。以爲候之流於拘，而例之失於鑿也，自漢以來病之。問其説，曰：易者變動不居，其可以星日氣候推乎？春秋者因物付物，其可以文法律例求乎？

聖人之作經也有體，以易爲談性命之書，以春秋爲行王者之事，似矣而未明其體。體之失矣，義能無乖乎？然則何言順性命之理天子之事也？曰：性命之理，天子之事存乎其中也。所惡於鑿者，謂其卦爻欲以性命之奥示人，夫子欲以南面之分自居焉耳。

我欲託之空言，不如見諸行事之深切著明也，謂欲借二百四十年君臣之行事，以寓義理，則是非善惡，深切而著明。後之説者，以爲聖人行事之實也。夫褒貶亦空言也，而何行事之實之有？

問書古今文。曰：不可疑也。秦焰餘烈，殘缺湮滅。經師荒耄，女子傳説。科斗隸書，聲形錯别。簡訛文誤，以有聱佶。安國雖注，其書不傳。劉氏好古，博士紛然。河間禮篇，世莫觀之。古文廢寢，抑又何疑？流及江左，期於從順。竄易加增，蓋不可問。因緣微猜，毁道蔑聖。臆决哆張，此學者之大病也。

疑周官者何如？曰：病猶之古文也。易、六典、春秋者，文王、周公、孔子之親筆。欲廢春秋、六典者，前有介甫，後有幼清。

修身、齊家，平、治之本。冢宰之司，修、齊之事也。人而不爲周南、召南，其正牆面而立者與？是故爲絺、爲綌，儉德之先也，采蘋、采蘩，敬事之表也。道造端夫婦，而始于居處、服食之間，冢宰之職，其義不亦深乎？末學疑端，以是爲首，是烏知禮意哉？

天地設位，四時行乎其間。朝廷、宮寢，王事也，冢宰掌之，故曰天官。經野、敷教，民事也，司徒掌之，故曰地官。餘官者，皆奉冢宰之班，而分司徒之職。司空分養而主土者乎，宗伯分教而主祀者乎，司馬、司寇主政刑而弼養教者乎。故司空之職，虞夏最先，養先於教也，周人後之，非後也，以終爲始，建子之義也。

禮者，紀人倫者也。有冠、昏而夫婦之別嚴，有喪、祭而父子之恩篤，有鄉、射而長幼之序明，有朝、聘而君臣之義肅。

六經，樂無文，何也？曰：經具於春官之屬，記具於戴氏之編，二者皆傳於竇公。竇公者，與子夏同時，同事魏文侯而申禮樂之事。其傳止於此，則以其官器神明大略備也。若聲氣微妙，則不可寫，故曰樂崩。

不可以文、周之易爲伏羲之易，不可以孔子之易爲文、周之易，朱子之說也，信乎？

曰：朱子有爲言之也，爲夫拘文而忘象，鑿理而棄占者爾。象涵于虚，辭指于實，占其本教，理其源出。混之則不知賡續緝熙之功也，離之則不知道法揆合之神也。故其贊曰：「恭惟三古，四聖一心。」

元亨利貞，貫之以太和。變化、進退，剛柔、仁義，準之以時中；吉凶、悔吝，要之以无咎。

易之取象，顯而近，簡而切。鑿之者非也，略之者非也。乾不爲馬而爲龍，取其潛於陰；坤不爲牛而爲馬，取其順於陽；離不爲雉而爲牛，明以順爲本；艮不爲手而爲背，動以靜爲宗。輔嗣之論似矣，而未究其説也。

問圖、書之數。曰：圖加減，書乘除。加減者，一奇一耦，陰陽行矣；乘除者，一參一兩，方圓立矣。夫是以河圖中宫，陰陽之會也，太極之舍也；洛書中位，天地之心也，皇極之主也。由是以起畫疇之義，深乎至哉！

道以中爲至，故極者至也、中也。六十四卦，三百八十四爻，其太極之兼體陰陽者乎？九疇五十五目，其皇極之統理天地者乎？

讀書者，貴乎得堯、舜、禹、湯、文、武、皋、夔、伊、傅、周、召之用心。得其心者，聖人之徒也。管、晏以降，恥功名不顯於天下爾。畏帝命，代天工，撻市、内溝之心奚有哉？

經書「春王正月」，諸儒之説焉決？曰：兼取焉盡之。謂志夏時者，義優；爲尊周正者，事順。改時之説雖寡徵也，然月改則春移，蓋亦一代之制與？此於謂非春而孔子春之者，得其實也，故曰事順。雖然，正既王正也，春亦王春也。正則系之王，明乎正王所得而改也。春則不系之王，明乎春王所不得而改也。春天道也，夏正得天，孔子之志也，故曰義優。明斯義者，全經之義舉矣。以周治列國，以王法治天下，故曰春秋爲尊王作也。以天道治王道，以百王之禮治周禮，故曰孔子爲後世王者而修也。

春秋義明則從實。如弑君者之絶其屬也，義既明矣，則公子之、世子之，五等之訃也，從周室之班。義既明矣，於其葬也，則公之，夫非先謹而後縱也。不明其義於先，是逆僭終無懲也。不存其實於後，是逆僭之跡不著。故前爲斷，而後爲案也。惟荆楚於諸侯爲變例，爲其實不可存也，故其初也抑而號之，其後也仍而子之。

弑君有舉國、舉人者，非罪累上也，得實則誅其身，不得實則存其法。何以不得其實也？曰：赴告之有所解，傳聞之未有徵也。夫弊獄者，情實得則法加焉，或委罪以逃刑，或知賊而猶疑，徇欺則法枉，斷臆則體虧。於是具案存爰，若兩辭之未備者，則人懼而法已伸。韓子之言善矣夫。

召陵之美，吾未之敢信也。書法内及外大夫盟則諱。公堂堂伯師，執言漢湄，荆蠻蠢焉，傲我以辭，其君安居？使臣涖封，故爲列國公侯諱，不著盟楚之爲誰也。是以論事焉則民受賜，語道焉則功烈卑。

春秋有闕焉，有削焉。沃武、荆文，赴告斷絶，闕也，非削也。重耳勤王，以求諸侯，魯人與焉，難謂不告；其事大於葵邱首止，難謂從略；然而其功不書，夫子削之也。惡其召王執侯，隧請原伐區區之勲，不足以蔽其心迹之譎也。

左氏晚出，故其摭事也備。孔子因而修者不可見矣。末學不考，若以左氏爲魯史然者，据此以論筆削之意，宜乎失者多矣。

二南，文王作新民之化也，西周之詩附焉。豳風，周公述舊邦之俗也，東征之詩附焉。東征戎事，何以附於豳風也？曰：儆戒之意同也。誦創業所自基，哀造室之艱難，皆周公所以爲孺子惓惓也。故在書曰：「兹予其明農哉。」蓋其陳七月之志，我則鳴鳥不聞，叙其作鴟鴞之憂，不得其説而爲之辭。故謂鳳鳥不至，則不敢收其身，及洛龜既兆，而將遜于野也。

邶、鄘、衛，殷之故畿也，繼二南之後，存理亂之鑒也。雖然，殷鑒不遠，而幽、厲由之，周之所以東也，故王風次之。鄭，畿内之邦也。齊、晉、秦代興，而王迹熄矣。陳、鄶、曹之區區，是以無譏焉。豳風者本其始，序其變，使人知周公之德而周之所以王也。蓋亂極則君子思初而維始。

古人服王事則思父母，樂朋友則懷兄弟，無公義非忠臣也，無私恩非孝子也，非朋友德業無資，非兄弟惇敘無本。鹿鳴之詩，恩明意美，是以四牡、皇華承之。靡盬、靡及以爲憂，而將父、將母以爲歎。男子之生也，桑蓬以祝之，學而三肄以官之。然而昊天之德不可酬也，終身之慕不可休也。厥維艱哉，古之爲忠孝者乎！常棣，思兄弟也，而中及朋友。伐木，求友生也，而終以兄弟，非輕朋友也。以爲急難禦侮，非朋友之職，相覺相呼，出卑幽而上高明者，朋友之職也，非暱兄弟也。謂不以羣居之樂，而移美性之懽也。此義不明，故有急功名之見而背其親，有老匹夫之節而遺其君，有赴難死黨而不顧義，有結客傾財而薄同氣。嗚呼！衰亂之事也，先王之教不明，而至兹乎！

一飲一食，兄弟共之，孺子之樂也。無妻孥離異之間，故於兄弟耽耽焉。必也儐邊豆而飲酒，常樂如孺也；合妻子而同調，終老以耽也；則兄弟之愛不衰矣。是故「宜爾室家」者，在乎「樂爾妻孥」也。下章曰「兄弟無遠」，亦此意也。舜釐降之後，而親愛者不解，帝之所以試也。文王刑于寡妻，至于兄弟，後嗣之所以歌也。

性

或言知性非要。曰：是中庸、大學之眩學者也。或言性不可狀，曰：是以仁義喻民者空也。去其眩之見，則明者至矣；去其空之疑，則實者得矣。

成湯曰降，謂天之性，民性也。武王曰陟，謂民之性，天性也。故皋陶曰：「達于上下。」

孔、孟言性不同，信與？曰：惟其相近，是以善也，惟其善，是以相近也，堯、舜與人同，相近故也，可不謂善乎？人皆可以爲堯、舜，相近故也，可不謂善乎？

曰性，又曰中，何也？曰：陰陽、剛柔、仁義之理備焉之謂中。物非無性也，乾道變化，二五參差，陶冶而成之必有偏焉。偏正者，人、物之分也。曰性，人、物所同也，故曰盡人之性，盡物之性。曰中，人所獨也，故曰降中于下民，民受天地之中以生也。

凡精而粹者居中，中則全，精則明，粹則美。凡粗而駁者居偏，偏則不備，粗則不通，駁則成惡。自成湯至孔、孟言性者，皆謂人性也。雖然，聖人必使鳥獸草木咸若者，以其性無不在焉爾。是故子思子推言之，鳶飛魚躍，其命自流也，血氣尊親，其情相求也。至於程、朱，義則盡矣。先聖後賢，其揆一也。

物有靈而善者，偏之中也；人有濁而惡者，中之偏也。雖然，賦人之身，其性則完，覆者可撤，逸者可還。辟彼五穀之有種，雖枯槁敗腐，潤之以風雨則復蕃。故孟子以足目耳口，責心之同然。謂夫居人之類，備人之官，食味、别聲、被色，必超然異於羣生，而心之德獨賢也。

性相近也，習相遠也，非天之降才爾殊也，其所以陷溺其心者然也。然而上智下愚不移者，皆其志不自移焉爾。聖罔念焉則狂矣，狂克念焉則聖矣。然而聖、狂不自移也，非不可移也。

既有上智下愚，則是才不齊矣，然而非才之罪也，不能盡其才者也。人一能之，己百之，人十能之，己千之，然後爲能盡其才。愚必明，柔必强，則才何罪焉。及其同歸，一也，故曰非天之降才爾殊也。是故賦受之根深，而糅錯之緣淺，氣質之用小，而學問之功大。孟氏非不言才也，不與才以權，所以本性而尊天也。

孫子、揚子之言性也不精，董子、韓子之言性也不詳。雖然，孝經言天地之性，而董子述之，孟子以仁義禮智言性，而韓子述之，其大指不失矣。

「繼之者善」，周子以爲天地生物之心，萬物資始者是也。「成之者性」，周子以爲陰陽變化之運，各正性命者是也。孔子不言天命氣質，而兩言者盡之矣。孟子、韓子所謂仁義禮智，天命之謂也；曰才、曰品，氣質之謂也。問孟、韓之異。曰：孟以性掩品，韓以品掩性。

問易言天地之心之情，而不言性。曰：德即性也，故曰「天地之大德曰生」。心也者，其生機也；情也者，其生意也；性之德，則其生理也。德有四，曰元、亨、利、貞，而統之者元也，元也者，一生生之善而已矣。孝經曰「天地之性人爲貴」，記曰「人者天地之德」。是故天地之性之德，返之於身而可知也。

釋喻性以鑑，程喻性以種，孰似？曰：鑑虛而種實也。虛故萬象應現而本無，實故一真性具而立有。木、金皆太極之分也，則無彼此之非是乎？曰：木神爲魂，而主施爲，故謂根本枝葉皆一貫也；金神爲魄，而主鑑照，故謂虛空色相皆夢景也。有陽而後有陰，有形而後有景，有爲而後有夢，有三極之道而後有鬼神，故曰「語道者必於其序也」。

儒以生言性，得性之仁，釋以覺言性，得性之智，故曰「仁者見之謂之仁，智者見之謂之智」。雖然，以仁爲主，則智者藏仁之用者也，發仁之機者也。不以仁爲主，故崇虛而卑有，雖至于發無緣之大慈，普濟兼度，而非其本心之所汲汲也。

諸儒

知性者儒，孟子之後，董、韓其幾矣。周、程、張、朱所爲繼絶學者，以此。程、朱以理言性，懼夫混於氣質以言性者也，别而言之。理散于事物，性統乎人心。知之者以爲萬物皆備於我，則性與理一也；不知者求理於外，其於性也日遠矣，而猶曰程、朱之説云爾。攻之者又不深考，因曰程、朱固嘗云爾，以率天下求理於外也。

議朱子之言理氣者，有整菴羅氏，有虚齋蔡氏，蓋曰天下一氣而已，而其行而不偏，散而有條者，理也。烏有所謂理先氣後者乎？讀朱子之書，而其説性合於王伯安者，有守溪王氏，蓋曰性者心之精神之謂，如鏡之明、之能照物而已矣。由羅、蔡之説，是氣莫爲之主者也，其弊也以氣爲理。由王之説，是心莫爲之緼者也，其弊也以心爲性。夫三子皆謹守程、朱之門，而與伯安異户，然兹説也，不亦適以助之攻與？

伯安其象山之傳與？曰：尋其源則云爾，而伯安之失大。雖然，有伯安，故知朱子斷斷於象山，非過也。術未有不再傳而益誤者。

周子圖象之終，有氣化形化，張子訂頑之指也。二子者不相見，其言不相師，然而相發者，是一時之道同也。身體髮膚，受之父母也，人知之。形色天性，而人不知也，親於昵而忘於遠。故周子立象以示，曰是厥初生民者也，曰是一氣嗣續者也。其根於極，一也。雖然，其説也引而未伸。有訂頑，然後天親合而仁孝一。其於圖也，不猶竟其説而終其義與？圖説引易曰「原始反終，故知死生之説」，訂頑「存順没寧」，猶斯志也夫。

伯子性書，敬、義之學也，敬故廓然而大公，義則物來而順應。叔子學論，知、行之學也，明諸心，知所往，故知之明而信之篤；力行以求至，故行之果而守之固。敬義者，自誠明者也；知行者，自明誠者也。二者同歸，非高下之等也。雖然，擬其氣象，二程之造道成德，依稀見之矣。是故顔子不遷怒，不貳過，伯子以爲忘怒觀理，叔子以爲覺者約其情，使合於中也。

天地以生物爲心，而人、物之生，因各得天地生物之心以爲心。此朱子之説仁也，洙泗、鄒嶧之道，一言蔽之矣。生物之心，愛爲之端，程子謂愛不足以盡仁者，爲夫煦煦爲仁，而不識仁體者也。楊、謝因之，或以公，或以覺。言公而不言愛，則近乎無緣之慈；言覺而不言愛，則近乎應現之照。其鄰釋也非遠矣。

延平學於豫章，豫章學於龜山。屏山、白水、籍溪，則韋齋託孤，朱子稟學焉。然其終身誦説師承，列爲七賢；而釋奠於精舍，延平一人而已。誦其詩，讀其書，則諸子高而延平卑也。故道以切近精實爲至。

橫渠之言神化、言性命也精矣，其以太和言道，發而中節者也；以太虛言性，人生而靜者也；言虛空即氣，性道合一者也。然其書也，思苦言艱，故程子以爲未熟也。邵子之傳絶學者，先天之圖；窮物理者，内外篇之説。若夫元會運世，始終之期，殆所謂存而不論者與？而邵子察察言之，何哉？

胡氏之學，五峰其優乎？故曰：「性立天下之有，情效天下之動，心妙性情之德。」又曰：「誠者命之道乎，中者性之道乎，仁者心之道乎。」又曰：「立志以端其本，居敬以持其志。」志立乎萬物之表，敬行乎事物之内，而後義可精。

朱子之門，守章句，踐規矩，故其學於諸家爲無弊也。象山之學，見之者慈湖，聞之者姚江。由其言，六經不作可也，文、武之道盡矣，雖後有賢聖而焉師乎？

象山之疑無極也似矣，以爲無極真精，皆出老氏，而太極之上，不當復有無極也。雖然，無極之真，不言太極，則二者一矣。真者誠也，聖人之本也，徒惡夫文之似，烏得夫理之實乎？

或疑周、程授受，以二程自繼孟氏疑之也。夫尋孔、顔之樂，發風月之趣，指生意，摘潛隱，萌動之心，皆所謂傳心之要也。一曰「吾學有所受」，一曰「聞茂叔論道，而慨然有求道之志」，此其淵源明矣。孟氏曰：「予私淑諸人也。」又曰：「乃所願則學孔子也。」孟氏自繼孔子，後之人不以是閏曾、思，而議孟氏也。子雲、仲淹，與吴、楚同僭，然其書有格言，後之君子取節焉，不可棄也。康節、象山，與洛、閩分流，然其所造高明，後之君子慎師焉，不可譏也。朱子之後，在宋，魏之華不如真之實也；在元，吴之僻不如許之醇也；在明，則薛、蔡守師傳，而陳、王立異户。考其師友淵源所漸，若猶慙于真、許焉。

退之原道，大易「立人之道，曰仁與義」之指也。子固梁書序，中庸「誠明合，性道一」之指也。皆文之醇者也。新唐書贊李蔚〔一〕，窮詭僞之根也，其源出於范史贊西域，究宗由之實也。二子蓋以爲好事者掠聃周變换而增崇之。卓哉！蔚宗之見不及此，其武子之傳乎？

孟子之時，釋氏未有也，而告子似之。其學以明定其心爲至，故曰語言文字非心也，以講解爲明心者外也；精神血氣非心也，以持守爲定心者末也。如是則心何有哉，寂然不動而已。寂然不動故外義，外義故無事而忘，爲不動之宗。外義以事心，故正而助之，而不動之速，外言外氣，皆外義也。知言養氣，則曰義與氣合。言之於氣，尤其精者也。是故此之苗也長而生，彼之苗也長而槁，生者利而槁者害也。孟子可謂窮佛根原矣。

治

王、霸者，湯、武、桓、文之稱也，如云孔、老、儒、釋云爾。純王之道者，猶言粹然孔子之道，溫公疑孟之辯末矣。

乾則利天下而不言，坤則成王事而不居，二者皆法堯、舜而已矣。所謂純粹精者，此也。王道之至也。驩虞之迹其言矣，震矜之色其居矣，與天地不相似，故不可與入堯、舜之道。

問侯守得失，馬、班、曹、柳之説棼然，何也？曰：主侯者，欲其枝葉相持，以藩輔王室。及其敝也，不貢不朝，相兼相一，暴其民甚者，可以累世抗于大邦，而誰因誰極。此侯之衰也。主守者，爲其統于一而易于制。及其敝也，所居如館傳焉，所馭如路人焉，王室衰而瓦解。此守之末也。雖然，公天下以爲心，而達君臣之義于天下，各子其民，而各守其法，則必以封建爲正，以朱子之論爲中。諸子之言，利害之計也，朱子之論，理義之公也。

封建不可復，推置勳賢，而久任牧守，可也。井田不可復，大亂之後則均之，承平之餘則限之，可也。兵農不可復，阨塞要害則設專兵，域内邦中則用民伍，可也。鄉賓里舉不可復，精擇才行，勿以文辭之科先之，可也。夫非先王之道，莫之禦而不爲也，因今以權，復古以漸也。故曰通其變，使民不倦。

民無恒産，故亂則土荒，而治則人散。此非立法之所能濟也。必也牧守長子孫，而責以勞來之事，下有定主，上有定民，則涣者聚矣。詩云：「何有何無，黽勉求之。凡民有喪，匍匐救之。」地近則知周，勢便則力易，誠加則慮生，責專則權利。此古者封建、井牧所以相爲表裏者也。後世不能行，則宜師其意而已矣。

三代以兵爲凶事，故畜而不輕於用，用而不究其武。夫如是，寓兵于農可也。漢、唐之調發無時，其征戍也經年，其行役也萬里，生出死歸，詩人傷之。是故兵農之分也，勢也。此其由來，亦與封建相終始。故曰：「酷哉，亡秦之餘弊也。」

鄉遂州黨之長，居則爲之師，行則爲之將，漢之守令，遺意未泯也。後世治教分矣，文武離矣。會計獄訟之苛急，則不復思教化之端；期會簿書之煩委，則不復講兵戎之備。凡所謂師儒將帥云者，又卑冗不足以爲輿，而暴戾徒足以爲梗也。是故職分則愈惰，事離則愈隳。相扶倚者立不堅，相牽曳者行不前，猶曰所以殺其權而防其亂也。故宋世有民者無兵，有兵者無錢。然而一夫爲暴，則諸權奪矣；猶授盜以篋，曰吾固其笎緘也。

長洲顧寧人，極博者也，謂卑員多者治之基，大官衆者亂之始。誠哉是言也。員卑則民親，民親故能周知；其職小，職小故事易集。大官少則權一，權一故有所爲；其責專，責專故無所諉。權二，責分，大官爲虚位矣，卑員不能異於氓隸，羣力屈而衆事荒矣。

古列邦之命于天子者，卿而已。漢之太守，自辟其屬。後世則末員冗職，皆命于朝也。故大公之道流行，則涣而有邱，使人各盡其誠而致其察也。若不得人而防其私，則法雖密而愈弊。

古者安於邦域，人鮮輕齎遠遊之事，故務穀米麻絲，而民自足。今也仕宦商旅，萬里紛然，金幣之重，亦勢也。居官者，不能率之務本而遏其分，方且與之攘奪而崇其競，是胥上下而市也，非一朝一夕之故矣。

今科舉法可久乎？曰：漢、唐、宋試士之法，明收而兼用之。其初務於是也，專經義，守師説，比之詩賦，可謂近之矣。其敝也，不獨浮華而飛蓬也，不獨濃霧而氛埃也。於是而尋本實，睹清照，翩其反而，安所得英才而教育之哉？然則不可廢也奈何？曰：恒其道者使不厭，通其變者使不倦，革而當者存乎其人而已矣，奚必廢之哉？

民無以耕，山澤關市之利，與民共之可也。兵無以養，追胥守望之事，使民兼之可也。

復肉刑者，陳羣之論，本出班固。爲以施于穿窬淫放之奸，則惡源絶而生命全，不易之道也。

【校勘記】

〔一〕据新舊兩唐書，當作「李蔚」。

經書筆記

後天卦本應以震、坎、艮、乾居東、北，巽、離、兑、坤居西、南爲序，然乾位東方，始矣而未探其大始之妙，坤居西方，成矣而未顯其作成之勞，西北則雷未動也，西南則澤未充也。故文王起義以錯綜之，震與乾易，兑與坤易，然後乾居終以爲始，是之謂大始，坤居中以代終，是之謂作成。天之生物，其用在雷，地之成物，其用在澤，故又代乾、坤以始終也。

易準擬天地，故理窮；與天地相似，故性盡；範圍天地，曲成萬物，通知晝夜之道，故命至。知幽明之故，盡乎隱顯高深矣，窮理之窮理也。知死生之説，則能全受而全歸，窮理之盡性也。知鬼神之情狀，則郊焉而假，廟焉而至，窮理之至命也。知周於萬物而不過，盡性之窮理也。仁應乎萬事而不流，盡性之盡性也。樂天安土，高明與游，而博厚與居，盡性之至命也。範圍天地，其理在我也，至命之窮理也。曲成萬物，其性無間也，至命之盡性也。通知晝夜之道，其命不二也，至命之至命也。窮理者，精義入神以致用；盡性者，利用安身以崇德；逮乎至命，則窮神知化，德之盛也。故神无方，易无體，於至命言之。

性爲之主，理者其流也，命者其源也。學者緣流以泝源，故曰「窮理盡性，以至於命」。

神天德，化天道。地之化育也，萬物之生成也，晝夜之藏顯也，皆化也，無體者也。化育一心也，生成一事也，晝夜一貫也。神也，無方者也。當其顯而生育，神之機妙乎化，故謂之盛德；當其藏而化成，化之用歸乎神，故謂之大業。非顯無以見其德之盛也，非藏無以見其業之大也。不能顯者其德薄矣，不能藏者其業淺矣。

曆象日月星辰，與步歲月日同法，日紀歲，月紀月，星紀日，辰紀辰也。雖然，民用之著者，耕穫之候，作息之期而已。是故羲和致日景，定中星，凡以求歲日也。至於置閏成歲，然後考月離，辨辰次，而有求月辰之法。陽用顯，陰用微，陰功不協，則陽道失齊。雨在畢，風在箕，人物應月候而胎産，潮水逐臨位之東西。惟月爲地類而主陰政，故闕焉則百工不釐，而庶績亦不熙也。

日之遠近爲寒暑，而月有助，何也？曰：日近則殺其暑，日遠則益其寒者，月之爲也，其去地近而與人親也。是故大塊噫氣，山川出雲，是其所專職，以上交于天者，而二氣絪緼矣。洪範曰：「日月之行，則有冬有夏，月之從星，則以風雨。」然則日星者純陽者也，水土者純陰者也，兼陰兼陽以調二氣，其惟月乎？懸象著明，則列曜于虛；呼噏風雲，則流精于下。從父以舒光，歸母而生霸，是以三五而盈，三五而闕也。

朱、兜、共、鯀之惡不明，則舜不舉矣，四罪不誅，則岳牧九官不可得而命。此二典之敘也。

周禮：升歌三終，笙入三終，间歌三終，合樂三終。此卿大夫之樂也，雖天子猶然，獨變笙入爲管爾。虞書：擊鳴球，拊琴瑟以詠者，升歌也；下管者，猶笙入也；笙鏞以间，則间歌也；簫韶九成，則合樂也。舞入在於合樂之時。

問禹貢導山四條，無青、兗、徐、揚之山，何也？曰：自雍、梁而來，播于中原者，止此也。今江、浙、閩、廣之山，皆來自嶺嶠之外，禹跡未經，故闕焉。山東之山，乃自遼塞絶海而來，禹跡未經，故亦闕焉。二支中原之藩護也，不與四條同宗。

古方伯之職，治亂持危，而文王克修之，故大邦畏其力，小邦懷其德。傳言率叛國以事殷者，文王之志也。曰大統未集，由武王受命而追論之，蓋史臣之辭爾。

立政之篇，反復於庶言、庶獄、庶慎，尚罔攸兼焉，末而勸王以克詰戎兵，親陟禹迹，何也？曰：離經者失之也。兵亦庶獄之事也，言惟用有司之牧夫，以詰爾戎兵而行天下，此所以爲罔兼於庶獄也。中之以克用常人，而致意於蘇公者此。

國風之首，夫婦正焉；小雅之首，君臣、父子、兄弟、朋友備矣；大雅、頌之首，推祖宗，本天地。此四詩之序也。道造端夫婦，而塞天地者，達乎上下，性情一也。飲食之細也，琴瑟鐘鼓以將之，尊罍錡釜以豫之，夫婦之道也。然而燕嘉賓、樂兄弟者，此而已矣；醉鬼神、歆上帝者，此而已矣。是故能盡飲食、男女之道，則導親疏之權，通上下之志。廟焉而人鬼享，郊焉而天神至。

序之世次既不可信，則但當味其辭，求其意。其懽欣交通，惻怛盡下者，必文、武、成、康之詩也。上則傷讒邪而憂危亂，下則哀離散而敘疾苦者，必厲、宣、幽、平之詩也。況其篇什前後，亦略可考。夫子自謂雅、頌各得其所，必無錯謬也。小雅之終，猶有朝會之事，何也？曰：采菽，其宣王之詩乎？然繼以角弓，則同姓者怨矣，又繼以菀柳，則異姓者畔矣。此亦可以論其世也。

大雅章什，世次最明。文王以下，皆周盛時詩也。民勞以下，則厲王詩。雲漢以下，則宣王詩。瞻卬以下，則幽王或東遷以後詩也。小雅則鹿鳴以下，爲盛時詩。六月以下，爲宣王以後詩。節南山、正月以下，爲幽王及東遷以後詩。敘亦甚明。獨楚茨諸篇之敘田功，瞻彼洛矣諸篇之敘朝會，皆不類幽王以後事，且有「王在在鎬」之文，則又非東遷可知。以爲傷今思古，援古剴今者，殆傳會之説也。愚意周自營洛之後，分爲二都，鹿鳴以下，西都之詩也，楚茨以下，東都之詩也。周公居洛，明農教民，故先儒以楚茨諸篇爲豳雅，別於周雅。殆猶豳風別於二南之意，而朝會東都，及東都卿大夫士之作，因以附之，亦猶居東諸篇之附於豳風也。楚茨以下，盛時詩也，青蠅以下，厲王詩也，采菽以下，宣王詩也，白華以下，幽王以後詩也。

頌既雜陳周列廟之詩，至於成、康矣，而乃以成王所作之詩系其後者，免喪朝廟之詩，非正祭也。閔予、訪落，朝廟之詩也，敬之、小毖，祭畢自警之詩，以類而附者也。

周禮有豳雅、豳頌之文，則必有其章什矣。故雅自楚茨以下，當爲豳雅，頌自載芟以下，當爲豳頌。勺、桓、賚、般之附於豳頌，亦猶瞻彼洛矣諸篇之附於豳雅也。勺、桓、賚、般，其東都文、武廟之樂歌與？

詩亡之説何如？曰：殆謂正風、正雅亡也。周之盛也，天子舉巡狩之典，陳詩觀風，於是慶讓行焉。諸侯修述職之禮，朝會雅歌，於是勸戒繼焉。夫是以王道行，而功罪勸懲明也。及周之東，天子不巡狩，則太師無採也，故謂之風亡。其有風者，列國謳謡相爲傳播者耳。諸侯不述職，則朝會無聞也，故謂之雅亡。其有雅者，賢人君子，思古念亂者耳。夫是以王道不行，功罪勸懲不明，諸侯僭，大夫叛，子弑其父，臣弑其君，其所由來者漸矣。是故春秋之褒貶，所以申王事之勸懲也，故曰：「詩亡然後春秋作。」

春秋備四時，無事必存孟月，本天道，正人事也。或問：桓之四年、七年，秋冬不備，何也？曰：王侯助惡，而天道無刑也。定之十四年冬不備，何也？曰：身之去魯，而傷王道之不成也。昭十四年冬，有月無時，莊二十二年夏，有月非孟，何也？取孟子之歲，如齊納幣之年也。冬者夫婦之别，卯者婚姻之月，天地别而後萬物生，男女别而後品類明。故在易曰：「有夫婦然後有父子。」周禮以夏之仲春會男女，則周夏孟也。故在詩曰：「士如歸妻，迨冰未泮。」昭之取同姓爲無别，莊之喪婚爲失時，獲麟之歲，不復備三時，何也？曰：春秋始於春，終於春也。五音皆謬，喉不爽焉；百行皆虧，孝不亡焉；四序大亂，元氣必行焉。文成麟至，其以撥亂反正，王道將興乎？有鴝之徵也猶日，大瑞表時，示志也。

春秋之於周也尊之，而所以奉天也嚴。於魯也親之，而所以内治也至。於列邦也，正其班列，詳其交接，而責以禮義。於戎狄也，謹其憑陵，略其荒忽，而通其赴告。

魯與列邦異辭，内外也。周、魯異辭，尊卑也。爲尊親者諱，臣子之體也。以隱爲直，大公之義也。魯諱敗不諱戰，敗之辱大於戰也。周諱戰不諱敗，戰之辱大於敗也。

敗有所不諱，旋而勝也，乾時之師是也。失有所不諱，旋而得也，取讙及闡是也。言其所可言者，情理之至也。

孔子録霸者之功，而書法謹嚴，何也？曰：王室微而有强輔，可不謂功乎？雖然，小畜之道，月望而凶，雖以伊、周處之，不敢不懼也。桓、文未能盡一匡之道，而有驕溢之心，嚴之也者，一時功罪之權也，謹之也者，萬世治亂之戒也。

傳者於桓霸之初，會盟摟伐，稱人云者，率曰美其草次邂逅，將卑師寡，以爲桓志也。夫禮樂征伐自諸侯出，天下之大事也，人之也者，抑之也，非進之也。其後焉，又非不得已而進之也，録而章之也。義既明，則存其實，蓋一經之通例也。

民無二王，故春秋僭王號則夷之。吴初封伯爵也，其亦從楚、徐、越而子之，此也。凡國見滅而君執，則名，辱之也。凡國見滅而君奔，則不名，哀之也。其或執而不名，甚滅者之罪也。晉於虞公、楚於夔子是也。其或奔而名，則惡之也。徐子章羽是也。徐在西周，首干大號者也。

春秋無貶諸侯爵之事。吴、楚、徐、越，自放於夷也，四夷雖大必曰子，非孔子貶之也。滕、薛、杞之爵，時王貶之也。或謂：時王能貶諸侯，春秋不作矣。曰：否。周德雖衰，典物猶在，故沃武公曰：「不如子之衣，安且吉兮。」郳，小郳之爲子也，王爵之也。

陵夷又三百年，三晉之侯，尚請命焉，況東遷之初哉？夫惟貶黜不能施於强大，而弱小是厲，匪風、下泉之思，有自來矣。此所以爲東周之王與？

樂舞不傳久矣，惟武之六成，孔子著其目焉。總干山立，北出之事也，俟天休命也。發揚蹈厲，滅商之事也，會朝清明也。武亂皆坐，分左右之事也，偃武修文也。夾振駟伐，回而南之事也，四征不庭也。分夾而進，疆南國之事也，夙返于周也。久立於綴，崇天子之事也，垂拱而治也。其言之有先後，何也？曰：子之問賈也，備戒已久，則所謂武王之事也；揚厲已蚤，則所謂太公之志也；致右憲左，則所謂周、召之治也。賈之答或然或否，是故因其疑立綴之遲久也。先明三答之然否，備六成以告之，然後推其所以遲久者，知周之所以王也。致右憲左，招召公之班，法周公之列也。賈疑其非武坐也者，蓋以四方初定，未可以安居。注疏説者失之。

「天地之性人爲貴」，又曰「人者天地之德」，又曰「人者天地之心」，皆夫子之言也。天心至靈，天性至誠，天德至精，惟人也全受所付。非仲淹元氣、元形、元識，堯夫形氣交而神主乎其中之謂也。嗚呼！人可以喪天心、滅天性而悖天德乎？

或問國家不患貧寡之義。曰：均未必不寡也，然不均則有貧者矣，害甚於寡，故不患寡而患不均也。安未必不貧也，然不安則傾覆將至，禍大於貧，故不患貧而患不安也。

均則和，和則相通相濟，猶可以無寡，況貧乎？故至于和而安，則立於不傾之域，而寡貧雖有之，不足道。

問五美四惡之政。曰：小惠私恩，能無費乎？嚴法苛條，能無怨乎？斯二者政也，而皆根於心。仁心之未篤，則責報干名，貪其費之端乎？敬事敬身之未至，則倚勢作威，驕猛其怨之始乎？是故充其驕猛之心，虐也、暴也、賊也，雖欲無怨，不可得也。充其貪之心，出則吝利，内則吝名也，雖欲無費，不可得也。君子之政，美利天下而不知，鼓舞萬物而不倦，此無他，其心純，其道粹。謀利計功，幾微不以雜于中。故與驩虞力服者，毫髮不相肖似也。

氣未養，則能害於心，故持其志，無暴其氣，本末交相養之道也。氣既養，則心即氣，氣即心，合德而動，而無復持暴之可言。

告子以無言性矣，而又曰「生之謂性」，曰「食色性」；以桮棬言仁義矣，而又曰「仁内也」。此其漸近之論，可與言之機也。惜乎不知仁義，則不知生性之何有；不知義，則亦不知仁内之何根。故其學徒，始則謂長虛也，後且謂敬僞也，敬心亡矣，愛能獨存乎？其言性之非性也，決也。君子所性，惻隱也，恭敬、羞惡、是非也，合仁義而内之者也。以視告子所謂生者，人與犬牛，其生同，其體之備具則不同，所謂食色者，食色同，嘗味别色則不同。於是知心所同然者，超然與禽獸異也。夫性善者也，而或亡之者心也；心亦善者也，而或害之者體也。故心有人有道，而體有小有大，辨之不可不審也。己物相形，則爵有天有人，而貴有良有賤，夫豈以是役吾體而亂吾心哉？異學之於吾道，如水火之不相入也，如五穀荑稗之不同區也。雖然，其氣之盛而候之成，則非寡蓄薄植之所能勝也。故欲學者以彀率爲期，以規矩爲志。

夭壽不貳者知天意，修身以俟者順天心，莫非命也，則雖桎梏死亦命也。天討有罪，何以謂非正命？曰：命無不善，桎梏者因有罪而加焉，而非天意也，故曰非正命。若盡其道而死者，則吉凶禍福，皆有天意存焉。雖申生、伯奇，不得謂非正命也。巖牆猶謹之，況桎梏乎？巖牆者災也，桎梏者罰也，天罰必畏，天災亦必避也。子之於父母也，不敢違其心，而亦不敢忤其色者，此也。

西銘合孝經、孟子以成文。天地之性人爲貴，人之行莫先於孝，爲其能推父母以及天地，盡其性而至于命也。是故事父孝，則事天明矣，事母孝，則事地察矣，敬愛其親，則不敢惡慢於人矣。體性之所自，胞與之所同，其本如是也。窮神知化，則知天矣。無忝匪懈，所以事天也。服勞以歸全，勇從而俟命，寵爲下則大患貴矣，生聞道則死寧安矣，所以立命也。

盈天地之间者氣也，氣之凝聚成質者謂之形，氣之著見流精者謂之象，其節度分限謂之數，其靈機妙用謂之神，而其自然而然不可易者則謂之理。象形也，氣數也，神理也，一物而已矣。象形可觀而察，氣數可推而知，神理可窮而至。

形、氣、神、理，一物而四名焉。以形視氣，則形粗而氣精，以氣視神，則氣粗而神精，以神視理，雖無精粗之可言，然理其至矣。是何也？形有死生，而氣不可以死生言也；氣有動靜，而神不可以動靜言也；神有靈機妙用，而理不可以靈機妙用言也。

形、氣則身也，神則心也，理則性也。人之身則天地之形氣，人之心則天地之神，人之性則天地之理。故養氣踐形，身之固有也；窮神知化，心之能事也；窮理至命，性之極功也。

氣之精英謂之神，神之聚會謂之心，心之發用謂之情，情之營度謂之意，意之趨向謂之志。情、意、志皆心之動也，性則涵於靜，著於動，而所受於天之理也。凡情之中節、意之誠、志之正者，皆性也。其或不然，則氣拘物蔽而遷焉者也。

天地之氣，有光耀者，有幽暗者，有精純者，有夾雜者。萬物殺命於其間，宜其昏明美惡，不能齊矣。人心之神一也，神有昏明生於氣之清濁，其美惡生於氣之邪正。昏明者智愚之分也，美惡者賢不肖之等也。清與美二者，或得一而不相兼。或兼之矣，而氣之强弱又異，得氣之弱者，雖清且美，其所至又或限之。此三者其智、仁、勇之謂乎？

程子曰：「不仁者無所知覺，然以知覺爲仁則不可。」朱子曰：「知覺乃智之事。」愚謂知覺固不可以言仁，亦不可以言智。蓋知覺者心耳，仁義禮智乃心中之理，其知覺之動於惻隱者仁也，動於羞惡者義也，動於辭遜者禮也，動於是非者智也。

人心惟危，人欲也。人欲者，耳目口鼻四肢之欲，是皆不能無者，非惡也，徇而流焉則惡矣，故曰危。所以謂之人者，以其生於耳目口鼻，是形氣之私也。然而恭從明聰，亦不外於耳目口鼻，而不謂之人，何也？曰：夫恭從明聰者，豈有資於物而以爲耳目口鼻之利哉？無所爲而爲者天也。

或問性善之驗。曰：子見夫殘賊頑暴之人乎？萌甲折、流澌絶矣。苟非其身之事，則是非好惡，未嘗不與人同。此性善之驗也。前于此者，形軀牿之耳。或曰：歐陽子曰，聖人教人，性非所先，孟子、程、朱之辨性也已詳。曰：聖人舍性烏乎教？中庸言「率性之謂道，修道之謂教」，則是本性爲教也。聖人舍性烏乎教？必也異端乎。謂性命與日用爲二物，於是乎有離教之性、離性之教矣。聖人則兼盡萬物，至與天地參焉，而非意之也，性也。明性善者王佐也，荀卿以下，其霸臣之材與。

洪範曰「思曰睿」、「睿作聖」，易曰「君子思不出其位」，孔子曰「慎思」，子夏曰「近思」。合此數者，則於思之義盡矣。思者入學之門，窮理之資也。然而歸於身心切近之爲貴，若放意於高遠，而馳神於渺冥，務外以役其心，玩物而喪其志，此所謂出位之思也。欲以作聖，豈不遠而？

博學、審問、謹思、明辨，皆致知之事，懲忿、窒欲、遷善、改過，皆力行之事。敬也者，無往而不在者也；志也者，無時而不存者也。立志者，植其根也；主敬者，培壅之謂也；致知力行者，謹察焉以去其螟螣稂莠之害也。立志本矣，主敬其要焉。

致良知之說，謂誠意謹獨，即所以致其知也。愚以爲不然。人之稟有高下，其習有淺深，雖是非之心，人固有之，其應念而隨覺者幾希。即其微有覺焉，而未有親切之見，遠大之識，亦終無以發其慚忸之心，而決其勇往之力。故必窮理致思，講明開悟，然後俛焉日有，孳孳而不能自已也。蓋程、朱所謂窮理云者，非逐事物而忘身心之理也，心即理之心，理即心之理，合一之道也。又非今日知之、明日行之之謂也。知愈真而行愈力，行愈篤而知愈至，並進之功也。亦何其擇焉不精，而遽翩然反之？

或曰：「草木瓦石，亦有良知乎？」陽明子曰：「人之良知，即草木瓦石之良知也，蓋天地萬物，與人本乎一體也。」愚以爲陽明之言，似矣而未暢其說。夫草木瓦石，亦自有良知耳，不資於人也。然氣不清，神不靈，則良知亦爲之蔽塞。要其不容泯滅者，未嘗無也。是以至誠至於貫金石，中孚可以格豚魚，良知之一體而感通者，如此。

道家之要，曰精、曰氣、曰神。釋氏之要，曰戒、曰定、曰慧。二氏之旨有相同者，蓋所謂養精，即戒也；所謂養氣，即定也；所謂養神，即慧也。其所以不同者，道家雖言神，而所重者氣，假神以練氣，養性以延命者也。釋氏雖言氣，而所貴者神，離形而存神，明心而見性者也。道家言性，吾所謂神，道家言命，吾所謂氣，釋氏言心，吾所謂意，釋氏言性，吾所謂心，二氏所謂心、性、命者，如此。儒者之教，正其心未嘗不知有心也，誠其意未嘗不知有意也，養其氣未嘗不知有氣也。然其所以一而貫之者，理也，理即性，性即命。吾儒所謂心、性、命者，如此。

幽明之道有諸？曰：吾嘗觀幽明于晝夜矣，吾嘗觀晝夜于形影矣。夜者晝之影也，幽者明之影也，有形則有影，有晝則有夜，有明則有幽。或曰：「有不經思爲而夢見之者，謂之晝之影，其可乎？」曰：夢有習焉，有緣焉，有幾焉。習者，未忘者也；緣者，相因者也；幾者，將動者也；皆所謂影也。觀於此，而知鬼神之情狀矣。

造化之初，水火而已。土者水之濁氣，石者火之濁氣，是以水生於土，而火潛於石也。水滋土而木生焉，火鑠石而金生焉，木金者，燥濕之餘氣也。餘斯滯，滯斯窒，惟其化之無窮，猶足以見生生之妙。故曰木生火，金生水。若夫水火之精氣，則豈因木金而有哉？濁氣，謂水火之渣滓煨燼；餘氣，謂土之浮華精實。

水、木、土，陽也，生氣也，故萬物遇之則生。火、金，陰也，殺氣也，故萬物遇之則死。然水、土之性緩，則反爲柔；金、火之性猛，則反爲剛矣。

水氣生爲雲，降爲雨，凝爲雪；土氣生爲霧，降爲露，凝爲霜；火氣徐爲風，疾爲雹，激爲雷；此三者精氣也，故上交於天，變化而成象焉。木、金餘氣，則不能吐納，以助造化之功。

鱗介在水爲陰，羽毛在陸爲陽。鱗，陰中陽也，故於水爲飛；介，陰中陰也，故於水爲伏；毛，陽中陰也，故於陸爲伏；羽，陽中陽也，故於陸爲飛。鱗爲少陽，羽爲太陽，毛爲少陰，介爲太陰。少陽爲木，太陽爲火，少陰爲金，太陰爲水。

腎主精，心主神，肝主血，肺主氣，脾主肉。精神者，受命之原也。血者精之餘，猶水之餘爲木。氣者神之餘，猶火之餘爲金。元氣、餘氣，猶精粗之謂也。星者日之餘，辰者月之餘。

精血，水也；神氣，火也。精血下行，故肝腎居下，水潤下也；神氣上升，故心肺居上，火炎上也；脾屬土，故居中。

形者氣之凝也，氣者形之主也，神者氣之靈也，形氣交而神主乎其中，實三才之道也。

洪範五事，貌屬精、屬水，言屬氣、屬火，視屬魂、屬木，聽屬魄、屬金，思屬神、屬土。人之生也，精與氣合。精太陰也，氣太陽也。氣之微者爲魂，少陽也；精之微者爲魄，少陰也。神則陰陽之會，精氣之主，魂魄之靈也。貌者精之凝，言者氣之發，視者魂之散，聽者魄之藏，思者神之用。

恭作肅，水德也，其爲用也靜。從作乂，火德也，其爲用也動。明作哲，木德也，其爲用也動而靜。聰作謀，金德也，其爲用也靜而動。睿作聖，土德也，其爲用也貫動靜而無不通。是五者，語其體，則由外以及內，語其用，則由淺以及深，語其序，則亦有先後之別矣。五事以敬用而恭作肅，可見恭之爲先也。雖然，制於外所以養其中，而先立其大者，則小者不能奪也。思其爲五事之主也夫。

作肅作謀，靜而常覺也；作哲作乂，動而常止也。常覺者，陰中之陽也；常止者，陽中之陰也。無陽則陰滯，無陰則陽散。陰中有陽，陰不滯矣；陽中有陰，陽不散矣。不滯故靜，無昏墮也；不散故動，無放逸也。察互根之機，盡爕理之道者，踐形之方也。

五行之序，水火木金土，氣以微者爲先也。五聲之序，土金木火水，聲以盛者爲主也。至於運行之次，則四時之氣，以土居中，而木火金水，皆得循環以相禪。五音之氣，以土居先，而火金水木，亦得相生而遞變。

日月相推，止於十二月，而又半之爲二十四氣。聲律相和，止於十二管，而又半之爲二十四均。此數之正也。然而十二月之餘，則有氣盈六日，朔虚六日，以成其歲。十二律之外，則有變律六均，以足其調。蓋歲之閏，生於日盈而月闕；律之變，生於陽滿而陰虧也。不獨律也，聲亦象之。是故五歲之中有再閏，則時定而歲成矣；五聲之中有二變，則聲和而氣應矣。蓋次三次五之歲，則節氣之相距，必隔越一月，而嫌於不相及。次三次五之聲，則律調之相違，亦必隔越一月，而嫌於不相及也。故有變聲則音律和諧，有閏月則氣朔停調。

邵子所謂無極之前，陰含陽也，其旨頗與濂溪異。濂溪以徹始徹終言無極，所謂上天之載，無聲無臭也，此其學所以主於理。康節以方動未動者言無極，所謂動静之交，三才之妙也，此其學所以主於數。

邵子曰：「天地之交十之三。」蓋天地之數十，陽得其五，陰得其五。故春秋分之日，晝夜均平。冬至則夜居其六，晝居其四，陰侵陽也。夏至則晝居其六，夜居其四，陽侵陰也。然夏至之晝，猶不止於六分，兼其晨昏可辨之色，庶幾乎十之七矣。以一歲言之，啓蟄于正月，閉蟄于九月，其不生物者，冬之三月而已。以一元論之，開物于寅，閉物于戌，其不生物者，亥、子、丑三會而已。若是者，皆生物者七，不生者三，其七者用數也，其三者交數也。故曰「天地之交十之三」。蓋天地以生物爲心，造化以尊陽爲義，故陽數多，陰數少，用數七，交數三也。

文中子曰：「卦也者，著天下之時也。爻也者，效天下之動也。」趨時有六動焉，吉、凶、悔、吝所以不同也。卦主時，爻主位。時有消息，所以起事也；位有當否，所以趨時也。然就所趨之中，又各有六爻之時焉。所以趨時之具，則位也，德也，應也，權衡于數者之間，吉、凶、悔、吝亦焉廋哉？

天道無爲，又曰「天行健」。君道亦無爲，又曰「兢兢業業，一日二日萬幾」。蓋兢業者居敬也，無爲者行簡也。上以畏天命，下以顧民喦，故所居不得不敬也。任人而不任法，以道而不以術，故所行不得不簡也。當敬而不敬，是謂怠荒；當簡而不簡，是謂叢脞。

天地交則泰，上下交則治。天地不通，則閉塞而成冬矣。君與臣民之情闊絶，則天下無邦矣。是故堯之舍己從人，舜之好問好察，禹之懸鐸懸鞀，周公之握髮吐哺，皆所以求交也。天之氣貫乎地之中，君之心周乎人民之内，上帝甚神，周之所以衰也，閨中邃遠，賢人之所以歎也。

泰之三，於泰方半也，而曰平且陂矣，往且復矣，不勝其憂懼之心。否之四，於否方半也，而曰「有命」矣，「離祉」矣，不勝其喜幸之意。所以然者，蓋循環者理也，先見者幾也。聖人明理而知幾，故喜人之所憂，憂人之所喜。喜人之所憂，則有迓休之道；憂人之所喜，則有防患之謀。

當失意而戚戚者，由於得志而喜也；處貧賤而隕穫者，由於富貴而驕也；臨患難而震喪者，由於安逸而樂也。故得志而不喜，則失意而不憂矣；富貴而不驕，則貧賤而不沮矣；安逸而不樂，則患難而不懾矣。當逆境之至而用其力也難，當其處順而爲之地也易，故圖難於其易，則立身也豫。

滿招損，謙受益，禹、益豈以退舍左次爲謙哉。蓋自武功之競，未有不驕且滿者，雖以大舜之聖，其臣猶且不敢窮武以抑驕滿之心。此禹、益言外意也。故欲釋三苗以爲外懼，而重舜之修德。桓公會葵而驕，晉襄歸殽而淫，霸業所以墜也。武帝克匈奴而悔，太宗擒頡利而懼，漢、唐之祚所以康也。江左平而羊車肆，朱梁滅而伶官盛，二君之禍，皆不旋踵。是故豈獨祖宗之功不可恃，身之功亦不可恃也。恃身之功，而始於治，卒于亂，唐之開元、天寶是也。

雷出地奮，所以作樂；風行地上，所以陳詩。省方觀民，即古者天子巡狩，命太史陳詩，以觀民風之事也。風雷在天地間，皆以聲聞，而詩與樂所以取異者。詩也者，民感上之化以有言，而言又足以感人；如物感天地之氣以有聲，而聲又足以動物也。有和風，有凄風，有厲風，物之感以成聲，亦以類異。故詩有十五國風焉，盛衰之變異，哀樂之音殊。若雷則發者無不知也，感者無不動也，故作樂象之。

人君之喜怒，如秋之爲歛，春之爲舒。人君之誅賞，如霜雪之爲威，而雨露之爲潤。是故偏於春則氣拘矣，偏於秋則氣促矣，雨露不降，則禾苗不滋矣，霜雪不殺，則蟄蟲不伏矣。周之衰也，刑政不綱，故春秋于桓之世，多不書秋冬，所以譏天子也。哀公問春秋書隕霜不殺，李梅冬實，而孔子曰：「天失其道，草木猶干犯之，而況于君乎？」所以刺諸侯也。詩曰：「君子如怒，亂庶遄沮。君子如祉，亂庶遄已。」使怒不足以爲威，則喜不足以爲福矣。傳曰：「稂莠不死，嘉穀不生，使罰不行于奸貪，則德不加于善類矣。」

天之於君，君之於臣，父之於子，其喜其怒，莫非教也。善承之則皆爲福，不善承之則皆爲禍。太戊、盤庚、武丁，殷之賢聖之宗也，宣王，周之中興之主也。太戊則有桑穀之祥，武丁則有雊雉之異，盤庚則有河水之患，宣王則有旱魃之災。彼四君者，以憂懼修德而回天，故災轉爲祥。若無回天之道，烏知其不終於災乎？

程子知行之學，始于傅説之告高宗曰：「非知之艱，行之惟艱。」其原則出於唐、虞「惟精惟一」之命；其説則備乎孔門博文約禮之教。其後孟子知道者也，故曰：「盡心知性，所以知天也；存心養性，所以事天也。」其後董子知道者也，故曰：「勉强學問，則聞見博而知益明；勉强行道，則德日進而大有功。」然則知行之説，不自程、朱始也。今爲知行合一之説者曰：「知之精切即行也，行之著察即知也。」夫知之精切即行，是朱子所謂知愈真則行愈力也；行之著察即知，是朱子所謂行愈篤則知愈至也。然則朱子之所謂知行者，初未嘗離而二之也，雖未嘗離而二之，而終不得混而一之，此朱子之教，所以爲不偏而無弊也。至於静而常覺，動而常止，亦朱子所已言，而竊其説者，以爲静即動、動即静；道體不已，體道亦不已，亦朱子所已言，而竊其説者，以爲本體即工夫，工夫即本體矣。始於混同，而終於超躐，名爲當前識取，當下用力，而實乃兩失之。甚乃借異端之學，以自神妙，而攻駁聖賢之教。就令速成，所謂詭遇而獲禽，君子弗爲也；就令有得，所謂荑稗之有秋，君子弗貴也。

榕村全集卷三

春秋大義

作春秋之義，有失古人之言之指者，不可不正。如孟子言「春秋天子之事也」，蓋謂春秋本諸侯之史。其時列邦僭亂，名分混淆，而史體乖舛，夫子因而修之。其名秩則一裁以武、成班爵之舊，其行事則一律以周公制禮之初。故曰「春秋天子之事」者，猶曰天子之史云爾。説者不察，而以爲夫子行南面之權，則近於夸矣。又董仲舒述夫子之言曰：「我欲託之空言，不如見之行事之深切著明也。」蓋謂凡著書者，言理則虛，徵事則實。故雖言理義以垂訓，不如借二百餘年行事，使是非得失皆著見於此爾。説者以爲春秋是夫子之行事，非空言比，亦似非本意。又司馬遷言易本隱以之顯，春秋推見至隱，見即顯也。天道隱，人事顯，蓋言易本天道以該人事，春秋推人事以合天道。故其下即云：「易與春秋，天人之道也。」説者又似以推見至隱，爲推究隱情之義。故譚經往往有鍛鍊文致者，皆由於此也。

隱公元年書「春王正月」。案：正月者，周建子之月也，三正迭用，而建子爲周制，故系之以王。左傳以王爲周王者是也。然建子非春也，而冠之以春，從來諸儒説者不同。或謂：「月可改，時不可改，周人未嘗以子爲春也，孔子假此以見行夏之志爾。」或謂：「月改則春移，實周人以子爲春，而非夫子加之也。」如前之説，則建子非春也，而以爲春，名實亂矣。如後之説，則正王之正也，春亦王之春也，而升春於王，名實亦乖矣。然則何説之從？曰：春之不改者，禮樂制度所以因於百王也，春之移者，頒朔行令所以行於當代也。春秋當代之書，則以春移之説爲近。然而升春於王，蓋行夏之志寓焉矣。升春於王，何以寓行夏之志乎？曰：正者王事之始也，春者天道之始也，王所爲者系之以王，天所爲者不得而系之以王也。雖三正迭用，而惟夏得天，故曰升春於王者，寓行夏之志也。四字之義既明，則全經之要俱舉。何則？以王法正天下，以周正列國，故曰「春秋爲尊王作也」。以天道正王道，以百王之禮正周禮，故又曰「孔子爲後世王者而修也」。是故隱無正，爲其不尊王也；桓無王，爲其不正下也；桓之四年、七年無秋冬，爲其不奉天也。其義皆由此起矣。

隱公惟元年書「春王正月」，爲經之大義所託始，餘十年皆不書正，故曰隱無正。隱之所以無正，何也？正朔者，王所頒，諸侯所稟也，故諸侯而奉正朔，則朝聘無失期，而歲事來辟矣。隱之在位十有一年之間，王命凡五至焉，而身既不朝，亦無一介之使之報禮于京師，則是列公之不奉正朔，自隱始也。春秋尊王之書，大義可不正乎？是故削其正，非謂其居攝之謂也。

桓公在位十八年，惟元年、二年、十年、十八年書王，餘皆不書，故曰桓無王。先儒説之曰：「諸侯弒其先君者，王法所必誅。是故元年書王，正桓之弒也。二年書王，正督之弒也。十年書王，天道之周也。十八年書王，人事之究也。其餘皆不書王者，明王法之所必誅，而王不特不誅也，恩命屢至，生死有加焉。夫臣弒其君者有之，子弒其父者有之，孔子懼，作春秋，故託始於隱、桓之際。深探其本，則由王法之不行也，是故不書王以見志。

繼世書即位，正也，不書即位，弒也，繼弒而書即位，則與聞乎弒也。隱不書即位，攝也，此穀梁子之義例，不可易也。故君而行即位之禮則書之，君而不行即位之禮則勿書，聖人安得以意爲筆削哉？攝者不敢即位也，繼弒者不忍即位也，非聖人削之也。繼弒而即位，非特無不忍之心，蓋將以泯其事也。若曰先君無故者，是以安然即乎其位而不辭。

特書首月者，其一時無事者也，若其時之他月有事，則不特書首月矣。惟隱、莊之元年，他月有事，而特書首月，則以雖不行即位之禮，而元年不可以無正也。定之元年獨無正者，公六月始即位，則是前此無君也。無君而何以有正？是故例異於隱、莊也。

春秋列侯皆僭爵，故魯亦侯也而稱公。然而經因之者，本國也。其餘則卒也，以其班秩秩之。及其葬也，以其僭號稱之。不以秩秩，則無以正其僭之非也；不以號稱，則無以存其僭之實也。凡春秋書法，多如此者。故臣弑其君，子弑其父，必削屬籍，而不以爵氏通。然惟入經之初，州吁、督、萬、無知四人而已。其後或姓氏之，或世子、公子之。不削屬籍，則弑君者猶夫人，無以正其弑之罪也。不姓氏之，世子、公子之，則安知其非微者、盜者，而爲邦之臣子乎？是無以著其弑之實也。凡具其實者之謂案，正其罪者之謂斷。先案而後斷者，史體也；先斷而後案者，經義也。爲尊者諱，爲親者諱，故惟魯之弑君不可書。天無二日，民無二王，故惟吴、楚之僭號不可著。

然則有稱國以弑、稱國人以弑者，豈不得其主名與？曰：苟不得其主名，則從盜殺蔡侯申之例矣，殆非也。然則先儒罪累上之説，何如？曰：罪可累上，晉、楚、陳之三靈當之矣。晉之厲與靈孰愈，而異其文乎？此則所謂自比於逆亂，設淫辭而助之攻者，又安可以訓。然則經意安在？曰：春秋因舊史，從訃告，有所損而不能益也。臣弑其君，子弑其父，不有董狐、南史之諒，其赴於友邦，實者幾何？夫不以實赴者，則必有所諉其罪矣，大都微者當之也。夫子參稽國史，以及七十二邦之聞，得其故矣，而不敢造其辭也。故欲正其所誅，則赴異而事專；欲從其所諉，則實乖而網漏。今有殺人之獄，而斷之者知其爲豪傑魁横而無輸辭也，與其移辜以弊獄，孰若懸案以徵兇。故書曰某國弑其君，執政任事必有當之者，則亂臣賊子死有餘懼。書王法而不誅其人身，意蓋如此也。

然則楚公子圍之類，何以竟泯其迹也？曰：凡稱國稱人以弑者，其國以弑赴而有所諉者也。故夫子不從其所諉，明元兇之有在，懾姦惡於無形也。若其國不以弑赴，則舊史闕焉，夫子無從加焉，楚公子圍之類是也。

春秋有褒貶而無黜陟，説者以爲黜列侯之爵，非也。爲此言者，以滕、薛、杞入經皆侯也，其後或伯或子，故以爲夫子黜之也。滕朝隱稱侯，至朝桓而稱子，纔越二年爾。先儒或以爲其後服屬於楚，故黜之；或以爲首朝弑君者，故黜之。夫此時未有楚也，因其後服屬於楚，而豫黜之，可乎？且考二百餘年，滕無服屬於楚之事也。其後服屬於楚，無如陳、蔡、鄭、許，然而未聞黜爵，何哉？以爲首朝弑君者，罪止其身可矣，何爲終春秋而不復？春秋弑君者無一黜，而黜朝弑君者，正法殆不如是。又或爲三國自貶，以省會盟之役，考桓之初霸事未興，盟會未煩也。且五等之列，周有定制，春秋不順諸侯之自尊，而反順其自黜哉？杜氏謂時王所黜，正矣。而難者曰：「時王能黜諸侯，則春秋不作。」夫東周之替也，然而齊、晉之霸，實王命之，儀父、黎來，實王爵之。故沃武公曰：「不如子之衣，安且吉兮。」就其威不行於吳、楚之遠且大，若滕、薛、杞之小邦，以爲時王所黜，於事豈闊哉？春秋之後，又將百年，周益卑矣，三晉爲侯，猶請命焉，況平、桓之世，東遷之初哉？

國惡則諱，臣子之禮也。夫子曰：「父爲子隱，子爲父隱，直在其中矣。」蓋以其不變是非之實，但隱之而已，則直道行乎其間，無傷乎天下萬世之公義也。昭公謂吳女爲孟子，自諱之也。故春秋因之曰「孟子卒」，不稱夫人，不稱薨，爲君諱也。他日答司敗以知禮，而又引爲己過者，以此。

國之敗辱亦諱，臣子之禮也。雖然，敗辱而旋復者則不諱。是故乾時之敗不諱，以其旋勝也，讙、闡之取不諱，以其旋歸也。言其所可言者而已，必求其説則鑿也。

公及諸侯之大夫盟，諸侯之大夫來盟，皆不書公，亦諱也，非其班也。以此類之，楚屈完來盟于師、盟于召陵，不著其所與盟者，亦爲諸侯諱爾。謂嘉屈完之慕義，美桓公之用禮，蓋取孟氏所謂「彼善於此」者。君子則於是乎見蠻荆大邦之抗，管子功烈之卑也。

魯諱敗不諱戰，周諱戰不諱敗，莫敢與王戰者也，戰而勝猶恥也。戰之恥甚於敗，故諱戰不諱敗。

春秋以日月爲義例，信乎？曰：此亦史法之舊云爾，事之大且要者，則謹而日之。私家記録猶然，況國乘乎？是故郊祀宗廟則日，崩、薨、卒、葬則日，天災、地變、物異則日，以至會不日而盟則日，侵伐不日而戰滅則日。此其大凡也。有應日而不日者矣，未有不應日而日者也。應日而不日者，舊史失之也，略之也。以是爲特筆之褒貶，則否。

曰：以名字、爵氏爲褒貶者，何如？曰：春秋者正名之書，秩序命討，於名乎寓之。諸侯不生名，失地名，滅同姓名。然或失地而不名者，國滅而奔，哀之也。或滅同姓而不名者，貶爵爲人，足以見志也。國滅而奔則不名，以哀之。而有不哀之者，徐子章羽也，僭王者也。國滅而受執則名，以責之。而有不責之者，虞公、䕫子，人其滅同姓者於上，則存滅者之爵，甚滅之者之罪也。其奔也不名，其復也名，衛侯、鄭衎也，其奔可恕，其復可罪也。大夫不名，必事可賢焉者，高子、季子也。三恪之國，則因事以存其官，宋司馬、司城也。非此族也，則以姓名通。其不稱姓氏者，非有大惡，則君未賜氏焉爾。

四時者，紀事之綱，故經雖其時無事，必書首月者，備天道也。桓之四年、七年，不備秋、冬，先儒以爲王命之尊，下聘于簒國；列辟之遠，旅朝於亂邦；是恩威之不明，而好惡之不公，人道忒而天命僭矣。春秋推顯至隱，書人事而寓天理。春、夏德也，秋、冬刑也。刑屬三千，罪孰大於弑其君父？故陳恒弑君，孔子告於哀公而請討之。今不討則已，又降尊而聘之，涉遠而朝之，亂臣賊子，其將何慄焉？如彼秋、冬，天之威也。天失其道，草木猶干犯之，而況於人乎？是故削其秋、冬，乃恭行天討之志，非闕文也。王朝之大夫不名，諸侯不生名，安有來朝聘而反名之？是故以知其志也。

然則昭公十年、定公十四年之無冬，何也？昭之十年，先儒謂是取吴孟子之歲也。四時之序，春者父子之仁，夏者賓主之禮，秋者君臣之嚴，冬者夫婦之別。冬之爲夫婦之別何也？冬之時，天氣上騰，地氣下降，天地判而後陰陽交，不判則無以爲交也。夫婦別而後父子親，不別則無以爲親也。百世而婚姻不通者，周道，厚其別也。昭始亂之，天敘之典紊矣，削冬見志，不亦宜乎？定之十四年，孔子去魯之歲也。天之功，至冬而成，夫子曰：「苟有用我者，三年有成。」將向於成而去，王道之不就，天道之不終也，是故不書冬者傷之。此類並不可以闕文置也。

然則莊之二十二年夏無事，不書首月而書五月，何也？曰：是莊公在喪納幣之歲也。周之夏四月，夏之春二月也，周官以是月會男女。詩曰：「士如歸妻，迨冰未泮。」言其禮之宜豫，則是月者，婚姻之月也。居喪納幣，則婚姻之禮廢，比事屬辭以見意，其義不亦深乎？

然則哀之十四年，並不備夏、秋、冬，何也？曰：文之終也，文成致麟，而聖作終矣。

雖然，春秋於變異，必謹而日之。故先儒曰：「五石六鷁之文不立，則王道不亢。」今麟之異，豈徒非石鷁比乎？夫子所親視，又非日月之不詳也，然而不日，抑且不月，何也？曰：意在於春也。經以春始，以春終，春者天之始也。治亂循環，必復其始。故易終於夬，謂一變而乾也。詩終於豳風，言乎變之可正也。論、孟皆終於堯、舜、禹、湯、文、武之統，聖人之志，豈舍命哉？方春而仁獸至，夫子之望於後王者遠矣。故公羊子曰：「不亦樂乎，堯、舜之知夫子也。」

日食，書日、書朔，朔日食也；書日不書朔，朔後食也；書朔不書日，朔前食也；不書日、不書朔，陰雨食也。陰雨食，則國都不見而他處見之，非靈臺所睹測，則未知其爲正朔與？朔之前後與？是以闕之也。若夫夜食之説則非。日食不占夜，猶月食不占晝。是以唐一行之作曆也，上溯往古，必使千有餘年，日食必在晝，月食必在夜也。

經書閏月多在歲終，是以史者有歸餘於終之説。如其然也，必也春秋之時，曆法失也。否則經之閏月，偶在歲終也。閏以「王」居「門」爲義，是四時皆有之之證矣。襄之二十一年，連月日食，非變也，蓋史者異文。或曰九月庚戌，或曰十月庚辰，而夫子兩存之以闕疑。如「甲戌、己丑，陳侯鮑卒」之例。

齊桓存三亡國，而書辭不同。城邢序三國，城緣陵繫諸侯，城楚邱則無所繫。説者必求異義，非也。凡事無所繫者，内辭也，城楚邱，殆魯人在焉爾。

説春秋者，每据左氏傳以發難，曰是事舊史有之，而經何以不書。是直以左氏傳爲舊史也，而可乎？左氏之生最後，故其紀事終於智伯之亡，蓋與公、穀相先後而同業是經者爾。左氏長於蒐采，文備列邦，不專魯史，觀外傳之作可知也。夫子修經，舊史是據，無告無赴，雖知亦闕。据左氏傳以議筆削之意者，是以東海爲崑崙，失之遠矣。

如楚文、沃武，入春秋已强大，而不見於經者，告命未通也。雖同盟同會之人，其事不告，則亦不書，舊史所無故也。然則春秋無筆削與？曰：惟以事實推之而不通者，然後可以議筆削之意矣。狄人攻王，天王出居，晉文於是借以求諸侯也。勤王定亂，可不謂功乎？以爲不告，則僖公在行，以爲史者略之，則魯人夸美，至於作頌矣。然而春秋之書晉事也，自侵曹伐衛始，定王之勲，泯然無見者，則非削而何哉？霸業，聖門所不道，然於桓也，曰「一匡天下」，正而不譎。春秋録毫髪之善，況功在王室者哉？惟其召王請隧，取邑伐原，陰凝霜降，月望星稀，此易道所深懼，而春秋之大戒。以此坊民，後世猶有操、卓之倫者，而可以盛其端乎？是故春秋有大事而見削者，此類是也。

春秋道名分，可謂一言以蔽之。夫子曰：「其辭則某有罪焉爾。」夫子修辭，不過使其言之順理。然先儒以爲制事之權衡，揆道之模範，蓋周公之禮樂在焉，而又爲孔子之刑書。皆不離乎書法抑揚、輕重，婉直、微顯之間而得之。

春秋隨筆

諸侯兄弟稱公子，先公之子也，同母則曰兄弟，非加親之謂也。春秋謹嫡庶，同母則嫡也，故書兄弟以見義爾。其君非嫡則奈何？曰：適而君，正也；非嫡，非正也。正嫡庶，所以正嫡之爲君也。其君之嫡與庶與？春秋弗論也。天王殺其弟佞夫，秦伯之弟鍼出奔晉，以至宋辰之叛，猶弟之也。段去弟，不弟也，兩有罪焉爾。陳招有罪，何以弟？曰：前削其籍，罪之也；後著其親，罪之也。削之之罪，罪已明矣，大罪則又深其辭也。

惠公殁，仲子亦死，故王兩歸賵。秦人於僖公、成風也亦然。書成風後僖公者，夫死從子之義也。賵惠公可也，賵仲子，是無適庶也。平王忘厥致戎之自，而肇瀆綱紀，故名宰以非王也。凡王朝失禮，則非王與宰，舉重之義也。

崩、薨與卒，皆有常稱，禮也。五等之君，謚從其爵，制也。經之所書，奪其薨之常稱於卒，而仍其公之僭謚於葬者何？曰：彼來赴，禮在彼也，彼有干於禮，吾從而卒之。我往會，禮在我也，禮無不敬，故仍而公之。何以知彼之有干於禮也？曰：其來赴者，若侯、若伯、若子，必皆曰我公薨也，若吴、楚必曰我王崩也。于禮莫大焉，故存其始封之爵，又從而卒之也。往葬而貶其稱焉，非邦交之禮，且無以著其僭號之罪，故仍其所僭之謚，從而公之。何以不書吴、楚？曰：王者所辟也。其王子削曰公子，可也，其王削曰某公，猶不可也。是故春秋不稱楚、越之王喪，不著其葬號之謂也。

凡書時而不月以紀事者，蓋舊史略焉，則未知其曷月與日與，徒可得爲此時而已。後代史書，年而不知其時，時而不知其日月者，蓋多附於年時之終。若附於年時之終，則嫌其爲卒時卒月之事也。今書無月有時之事於前，有月之事於後，則事之先後不出乎此時之中，而不正名其爲首月也。先儒以爲下有次月，則此必首月者，誤矣。

先儒於孔父、仇牧、荀息無異辭，若是班乎？曰：否。及者，與君一體之稱焉爾，美惡存乎事，而不嫌同辭。孔父、仇牧，君其君，死其難，其所以爲一體者正也。荀息，傾危之士也，與晉滅二國之三公，與於害嫡長者三人，奚齊殺矣，而猶無反重耳、夷吾之心，必求姬之氣類而君之焉。其所以爲一體者，非正也。雖然，其爲一體而與之存亡均也。君卓矣，得不大夫息乎？其大夫與君一體而同存亡，得與孔父、仇牧異其辭乎？故曰及者，一體之稱焉爾，美惡存乎事。

凡君行而至，公、穀、胡氏皆以爲特筆，而胡氏曰：「或志其踰時之久也，或録其征行之危也，或著其黨惡之罪也。」考之經，有不盡然者。左氏謂告於廟也，其説是也。不告則史不書，史不書則經不録也。或曰：「昭公在乾侯無不致者，何廟之可告？」曰：載主行與，設位告與，皆不可知也。且每歲首必書公在，則雖不告，夫子猶書，乃變例也。然則君行而至，正與？曰：出入必告，正也；書其正者，則不告者非矣。夫子之仕魯也，雖圍成之在於封内者，無不致也，故知告者正也。或曰：「大夫見執則致，故致非美詞。」曰：君反則告廟，大夫反則告朝，然而或致或不致，君重而大夫輕也。惟有故則致，一體之誼也。書至以明一體之誼，何不美之有乎？隱無至，讓也，不以君舉自儗也。

先儒謂「有年」、「大有年」，獨見桓、宣之世，紀異也。桓、宣有弑簒之惡，宜得水旱凶災，而乃有年，謂異也。夫紀有年以示異，適爲亂賊勸，而又何書焉？春秋重民命，故凶豐必書，非爲一人設也。難者曰：「二百餘年，獨兩年有乎？」應之曰：「二百餘年，獨三年饑乎？蓋五穀全熟、全無，亦僅僅之事也。」

祭祀，大事也，歲修之，故不屢書，惟紀禮之變則書，亦史家舊例也。四時之祭，礿爲薄，烝爲盛。春正月，夏之冬也，烝正也。夏五月，夏之季春，烝非正也，欲再舉行盛祭，故再烝，禮之變也。易言用禴，書戒黷于祭祀，春秋譏再烝。

葬君、葬夫人，皆書「我」者何？對鄰國之辭也。葬則同盟畢至，故列國之君，喪從外辭，葬從内辭，我往會也。本國之君，喪從内辭，葬從外辭，人來會也。

先儒薄傳者母弟之云，故凡書兄弟者，雖仍同母之説，然別爲義例以通之。曰：或罪其溺寵愛之私，或罪其薄友于之義。如是，則共仲、莊公，異母兄弟，寵任之過，俾掌兵權，成弑逆之惡，亦當書兄弟以章寵愛之私矣，豈同母者寵愛則非，異母則無尤乎？其爲私益甚矣。罪其薄友于之義，此爲佞夫、鍼之事設爾。殺奔其同母兄弟則薄，殺奔其異母兄弟則不薄乎？本欲同之，徒以異之，則無以立説爲也。夫同母稱兄弟者，正嫡庶云爾，何嫌而畏之甚也？

齊於紀，晉於虞、虢，皆猶存其祀，祀存則非滅。或者見經不滅，則以爲賢襄公也，則以爲責虞公也。夫以襄公而賢之，移晉之罪以罪虞公，其非聖人之心必矣。然則如何？曰：興滅繼絶者，春秋之志也，彼存其祀而吾滅之，則無以書夫不存其祀者也。紀侯不名不奔。曰：大去其國，春秋與其不下齊也。與其不下齊則於義盡乎？曰：否。易曰：「震來厲，億喪貝，躋于九陵，勿逐七日得。」古之人太王是也。又曰：「震往來厲，億无喪有事。」古之人周公是也。居下位則可遠避以圖存，在上位則宜無失其有事不喪七鬯者，无喪有事者也。喪貝以躋陵，勿逐而復得者，權也。紀侯去國，合於太王之義矣，而所謂七日之得無聞焉。雖然，賢於服屬甚而囚俘者也。其下書齊侯葬紀伯姬，非與其葬也，屬辭見義焉爾。

人北杏之會，則曷爲於鄄焉爵？人北杏之會，則義見矣，於其始乎見義也。雖然，會盟則爵之，摟伐則猶人之也。摟伐之事大，蓋三王之罪人也。會盟皆先齊，摟伐多先宋，又以見霸者之譎也。若爲順人以興師，而已不爲兵主也。

自君殺之者，君殺也。國殺者，君臣共之也。人殺者，國亂而見殺，或衆討而殺之也。衆討而殺之者，必去其官與屬。國亂見殺，則不去其官與屬。

内於外諸侯不言朝，尊内也，聘無不可言者。内大夫於他邦亦不言聘，何也？曰：魯於大國，有比年而聘，有年而屢聘，而於天子略矣。故書聘則惡顯，書「如」則詞微。以聘行乎，以事行乎，悉以「如」書之。

自桓霸後，征伐皆人之。五霸者，摟諸侯以伐諸侯，無道之世也。雖然，一匡天下，民至于今受賜。義既明矣，功則可進而進之也。桓之功於中國，自救邢始也。稱師，别於人也，謂其能以衆正矣。

去夫人者，正其分也。去姓氏者，絶其屬也。正其分者，仲子、成風是也。絶其屬者，文姜、哀姜是也。或則因王命而正之焉，或則以霸討而正之焉。文姜之絶，義無所麗，故惟於孫出而正之焉。哀姜之罪浮，故并去氏。

古之侯伯，有存亡繼絶，急病分災，攘夷狄、安諸夏之義，修而行之，是天下之公利也。春秋書諸侯事，如内辭者四，城楚邱、戍虎牢、伐陳、歸粟于蔡是也。楚邱不城，衛入于狄矣；虎牢不戍，鄭入于楚矣；戍陳、粟蔡，皆公舉也；故以公辭也。齊桓存三亡國，獨楚邱公其辭，何也？同則舉重，救衛爲重也。或以爲抑專封而書法如此，葵邱之盟，曰「無有封而不告」，夫烏知桓之不告而封哉？

奚齊不稱君，未踰年也。卓稱君，踰年也。弑一君，復殺一君，克之惡甚矣。或曰：「爲世子討也。」曰：「不諫不奔，中立以免，作逆節而陵死君者，春秋之罪人也。」於獻無譏乎？曰：前書殺其世子，於奚齊之弑，則曰君之子，獻之罪亦明矣。然則荀息免乎？曰：不死於奚齊，更立卓而欲輔之。探先君之邪志，成驪氏之私人，春秋何取焉？不没其實焉爾。

存三亡國，其辭異。衛既滅矣，諸侯存之，天下之公也，故公其詞以見義也。邢、杞未滅也，其美之則猶衛志。於邢則再列三師，於杞則舉凡，凡皆美詞也。然則何爲或舉凡，或再列三師？曰：有我在焉則舉凡，無我在焉則再列三師。

終春秋言朝王者，踐土温之會而已。而又不成朝，何以不成朝？因會而朝，且一則降王而勞諸侯，一則以侯而召王，故謂之不成朝也。公朝則諸侯朝可知，不言諸侯朝，不與諸侯之能朝也。

王在京師，則曰歸于京師，義已備也，京師即王也。王在會所，則曰歸之于京師，義始備也。王既知其事矣，歸其人於京師焉爾。

自晉文侵曹伐衛之後，二國之君，一出奔，兩見執。然其出、執也皆爵之，其歸也皆名之，不爵無以見晉之專也，不名無以著曹、衛之罪也。曹、衛之罪云何？去夏即楚也。胡氏責其貨筮史、戕兄弟者，偏辭也。

以周禮大司樂章考之，既言四望，又言山川，則四望非泰山河海之屬可知。四望言祀，山川言祭，則四望附於天，山川附於地，又可知矣。四望蓋日、月、星、辰之屬也。兆日於東，兆月於西，兆星於南，兆辰於北，故曰四望也。後人因望於山川之文而云然，不知凡望遠而祭皆曰望。周官之四望，則非山川爾。

公羊屢言「辭」字，其義猶嫌也。曲禮：「客絮羹，主人辭不能亨；客歠醢，主人辭以窶。」解者作起而辭讓之辭。如是，則是章客失禮也，殊非禮意。竊疑此兩語是釋禮之文，記者誤收之。蓋嫌於主不能亯而已窶，故不可絮羹、歠醢也。以猶已也，若曰貧之甚。

敗績于茅戎可書，敗績于鄭不可書也。王伐戎而敗可書，狄伐周而入之不可書也。書其所可書者，是春秋所以施於周、魯之義也。

高子來盟，内辭也；屈完來盟，亦内辭也。以天下之大勢，而内齊桓之師也。不書使之者，齊、楚未有成命，而盟者二子之志也。

魯公廟不毁也，始封之君也。至季文子，以周有文、武不遷之廟，遂欲以伯禽擬文王，而以武公擬武王，故復立之，以爲世室，則明堂位所稱是也。晉立文、武宫者，亦以武公始受命，文公創霸，故其廟不遷，非凡廟皆在也。

天王尊而天子親，始錫桓，去天稱王，嚴其分，正其義也。繼錫文，稱天王，嚴其分也。終錫成，稱天子，蓋於時分義微矣，恩數加焉爾。賜與錫，義亦有輕重之不同。

文不稱夫人，自逆也。宣、成稱夫人，卿逆，臣子之詞也。逆女不氏，逆婦則氏者，成婦則氏之也。或曰氏，或不曰氏，何？禮不備則不氏，其著文、宣之以喪昏與？

晉文執衛侯歸于京師，其執則爵之，其歸則名之，晉、衛均有非焉爾。負芻弑其君，其執、其歸皆不名，何也？王始終不奪負芻之爵也。王始終不奪負芻之爵，故别其文，不曰復歸于曹，曰歸自京師也。王無非與？曰：非在王也。何以知其非在王也？書晉侯以執，而目其歸曰自京師，故曰非在王也。非在王，則春秋不正之與？曰：二百餘年，莫有執有罪聽於天子者，春秋貶有罪以達王事，代王也。今兹王自治之，而春秋烏乎代之？故仍其爵而不名，又曰自京師，以存其實而已。

戍陳、戍虎牢，與城楚邱同文，天下之公也。陳、鄭服屬於楚久矣，不有二戍，諸夏其入楚乎？

圍殺齊封不名，殺蔡侯般何以名？封，臣也，般，君也。般與虔，弑君類也，名般於下，則不得而爵虔於上也。或專以爲惡其誘而名之，末已。

春秋外吴甚于楚、徐，何也？曰：姬宗也，而干大號，别嫌明微，於是首焉爾。

邾者，魯之附庸，最近且親，不用講信修睦，而有一體之誼焉。此而疑貳，天下之邦交，其何禮義忠信之有？故盟邾者，春秋之盟之始終也。

傳紀閏者六，僖七年惠王崩，文元年閏三月，成十七年晉殺胥童，襄九年諸侯伐鄭，昭二十年盗殺衛縶，二十二年王子猛卒，是也，除文元年閏三月，及昭二十年閏八月，餘皆在冬末。故先儒謂周末秦世，曆家歲末置閏，以會歸邪於終之文，而反以文元年爲非禮也。傳譏三月，不譏八月，義見前也。春秋閏月紀事有矣，不書蒙上月也。失禮則書，不告月及葬景公是也。葬景公何以爲失禮？喪以年斷者，不以閏數，諸侯五月而葬，齊侯卒以九月，葬以閏月，是數閏也，故以失禮書。葬定姒閏九月也，而不書，明妾母之喪，得以閏數矣。

榕村全集卷四

尚書句讀

考定武成

惟一月壬辰，二日。旁死魄。越翼日癸巳，三日。王朝步自周，于征伐商。既生魄，庶邦冢君暨百工，受命于周。王若曰：「嗚呼！羣后，惟先王建邦啓土，公劉克篤前烈。至于太王，肇基王迹，王季其勤王家。我文考文王，克成厥勳，誕膺天命，以撫方夏。大邦畏其力，小邦懷其德。惟九年，大統未集，予小子其承厥志。底商之罪，告于皇天后土，所過名山大川，曰：惟有道曾孫周王發，將有大正于商。今商王受無道，暴殄天物，害虐烝民，爲天下逋逃主，萃淵藪。予小子既獲仁人，敢祗承上帝，以遏亂略。華夏蠻貊，罔不率俾，恭天成命，肆予東征，綏厥士女。惟其士女，篚厥玄黄，昭我周王。天休震動，用附我大邑周。惟爾有神，尚克相予，以濟兆民，無作神羞。」既戊午，二十八日。師渡孟津。癸亥，二月三日。陳于商郊，俟天休命。甲子四日。昧爽，受率其旅若林，會于牧野。罔有敵于我師，前徒倒戈，攻于後以北，血流漂杵。一戎衣，天下大定。乃反商政，政由舊。釋箕子囚，封比干墓，式商容閭。散鹿臺之財，發鉅橋之粟，大賚于四海，而萬姓悦服。厥四月哉生明，三日癸巳。王來自商，至于豐。乃偃武修文，歸馬于華山之陽，放牛于桃林之野，示天下弗服。丁未，十七日。祀于周廟，邦甸侯衛，駿奔走，執豆籩。越三日庚戌，二十日。○震川云：「先儒以漢志推此年置闰在二月，故四月有丁未、庚戌。」柴望，大告武成。列爵惟五，分土惟三。建官惟賢，位事惟能。重民五教，惟食喪祭。惇信明義，崇德報功，垂拱而天下治。

洛誥

周公拜手稽首曰：「朕復子明辟。王如弗敢及天基命定命，予乃胤保，大相東土，其基作民明辟。予惟乙卯，朝至于洛師。我卜河朔黎水，我乃卜澗水東，瀍水西，惟洛食。我又卜瀍水東，亦惟洛食。伻來以圖及獻卜。」

「其基」兩字，如傳屬下句亦可，屬上句更古。

王拜手稽首曰：「公不敢不敬天之休，來相宅，其作周匹休。公既定宅，伻來，來視予卜休恒吉。我二人共貞。公其以予萬億年敬天之休，拜手稽首誨言。」

周禮有「貞」龜，此「貞」字即其義。言卜既休而恒吉，即如我二人共貞者。

周公曰：「王肇稱殷禮，祀于新邑，咸秩無文。予齊百工，伻從王于周。予惟曰，庶有事。今王即命曰，記功宗，以功作元祀。惟命曰，汝受命篤弼，丕視功載，乃汝其悉自教工。孺子其朋，孺子其朋，其往，無若火始焰焰，厥攸灼，敘弗其絶。厥若彝，及撫事如予，惟以在周工。往新邑，伻嚮即有僚，明作有功，惇大成裕，汝永有辭。」公曰：「已！汝惟沖子惟終。」

詳此段自「王肇稱殷禮」，至「汝永有辭」，是一串口氣。始言王在洛，肇舉盛禮，廣釐庶祀，而尤以崇德報功爲先。故方我之率百工而從于周也，予固知王之將有事矣。有事，謂祀事也。春秋有事于太廟是也。今王果就而命之曰，其記功宗，而以功作元祀。且告其神曰，汝受兹寵命，當嘿有以厚輔王室也。夫報死者，乃所以勸生者。今視功宗記載，豈非汝之所以教戒百工者乎？雖然，今日之功宗，皆其先世有功德，或老成未凋謝者。孺子其引以爲朋助哉，用賢勿貳，圖功惟終，無徒若火之始焰焰而已。當使其所灼者，相續而不絶其可也。順道撫事，無改我之所爲，而所用之人，則惟以在周之工，使之就官供職，明作以勸一時之功。惇大以成裕後之業，則永有休稱于後世矣。蓋大意只是戒王之信用耆舊賢人，而從祀典説起者，因王舉功臣之祀，就其善意而引伸之也。

「汝其敬識百辟享，亦識其有不享。享多儀，儀不及物，惟曰不享。惟不役志于享，凡民惟曰不享，惟事其爽侮。」

諸侯立國，多仍其舊，不能如王朝百工之建官惟賢也。惟在敬以涖之，而辨其享不享者而已。蓋周公遷洛，元爲道里之均，朝會之便，則撫御諸侯之道，不可不講也。

「乃惟孺子，頒朕不暇，聽朕教汝，于棐民彝。汝乃是不蘉，乃時惟不永哉。篤敘乃正父，罔不若予，不敢廢乃命。汝往，敬哉。兹予其明農哉。彼裕我民，無遠用戾。」

頒，分也。言我勤勞于王家者，汲汲不暇，王當分我此心，以聽我教汝，而輔民彝可也。汝若不勸於是，則不永世。惟當厚繼乃考之道，而無不順焉，則予亦不廢汝之命，而盡心勠力。汝往敬其所事，予亦能明于農事，以左右斯民，庶幾民生優裕，不至於流離而遠去也。

王若曰：「公明保予沖子。公稱丕顯德，以予小子揚文、武烈，奉答天命，和恒四方民，居師。惇宗將禮，稱秩元祀，咸秩無文。惟公德明，光于上下，勤施于四方，旁作穆穆，迓衡不迷。文、武勤教，予沖子夙夜毖祀。」

成王稱周公之功，而言所舉祀典，及于無文。兹公功德之盛如此。雖當公之身，予夙夜敢忘毖祀乎？蓋没而後有祀，然古人嚴敬之至，則以事神之禮事之，享禮之設，意蓋如此。下文以秬鬯二卣曰明禋者，即其事也。此亦以答周公「王肇稱殷禮」一段意，言元功雖多，孰過於周公者。

王曰：「公功棐迪篤，罔不若時。」王曰：「公，予小子其退即辟于周，命公後。」

周公意欲成王居洛宅中，以定基業，成王則意謂洛邑新建，迫近頑民，非周公不能鎮撫。故既命公曰，公之輔我之功，啓我之篤，當常如今日，不可有替。乃復命之曰，予仍且辟於舊都，命公留後于洛也。

「四方迪亂，未定于宗禮，亦未克敉公功。迪將其後，洛〔二〕我士師工，誕保文、武受民，亂爲四輔。」

言四方雖開治，而宗周之禮樂未定，則公之功亦未能安也。故欲公之啓大其後，以爲士師工之永監，且保釐東都，以爲周之四輔也。成王其殆命公以制禮作樂之事乎？其後周公居洛而作周官，乃所謂定宗禮者。啓佑後人，咸正無缺，則所以「迪將其後，監我士師工」者，備矣。

王曰：「公定，予往已。公功肅將祗歡，公無困哉。我惟無斁其康事，公勿替刑，四方其世享。」

公其安居于洛，予今往辟于周矣。公之功無不肅將而祗歡者，公當泰然處之，不必過爲勞困也。蓋因公有不暇之言，故以此語慰答哉。漢書作「我」，乃王莽輩誤讀誤解，不足爲据也。君奭之去，公猶懇懇留之，豈有召公當作誥殷勤之時，而周公乃求去以困王？尚論其世，殆不如是。

周公拜手稽首曰：「王命予來，承保乃文祖受命民，越乃光烈考武王，弘朕恭。」

周公言，我固恭於事君者，今王命予來洛，以誕保文、武之業。所命之言，無非所以推廣我之恭敬也。

「孺子來相宅，其大惇典殷獻民，亂爲四方新辟，作周恭先。曰，其自時中乂，萬邦咸休，惟王有成績。」

又答成王定宗禮，啓大其後，監我士師工之意。言當王來相宅，即大加意典禮於殷之獻民，將開一代之規模，爲成周敬德之先。曰自此宅中爲治，必使萬邦咸休，然後爲有成績也。此即櫽括王言之意，蓋未至有成績，則所謂未克敉公功者。○觀武王訪道箕子，則商家文獻，周所監也。故惇典於殷之獻民，乃周公制作之藉。今考周禮，直是洪範義疏，聖賢源流可見。

「予旦以多子越御事，篤前人成烈，答其師，作周孚先。考朕昭子刑，乃單文祖德。」

遂以治洛自任，言我偕卿大夫士，厚前人之成烈，以對天下。又考我昭子之典刑，以盡文祖之德。蓋又以制禮作樂自任也。○作周孚先者，爲周家忠誠之先也。○昭子當是武王，對下文考言。故曰昭子武王既受命，故凡政事皆有典刑，文祖則只言德而已。周公欲考論武王之典刑，以盡文王之德。所謂丕顯哉文王謨，丕承哉武王烈，至周公而咸正無缺，如孟子引用之意也。○對成王言武王，則曰「乃光烈考」，周公自稱武王，則曰「朕昭子」。

「伻來毖殷，乃命寧予。以秬鬯二卣，曰明禋，拜手稽首，休享。予不敢宿，則禋于文王、武王，惠篤敘，無有遘自疾。萬年厭于乃德，殷乃引考。王伻殷，乃承敘萬年，其永觀朕子懷德。」

王言夙夜毖祀周公，故有以秬鬯休享之事。周公不敢越宿，而轉祭于文王、武王，爲王祝釐，使之順篤繼序，身其康强，子孫其逢吉。又言使殷都引長，而王能使殷繼序萬年，瞻仰于王而懷其德也。以殷名新邑者，本殷地也。

戊辰，王在新邑，烝祭歲，文王騂牛一，武王騂牛一。王命作册，逸祝册，惟告周公其後。王賓殺禋咸格，王入太室祼。

觀此節，似洛不立七廟，而但立文、武二廟也。但文、武二廟亦曰太室，疑於后稷太廟者。蓋世室、太室本通稱，如世子、太子之比。

王命周公後，作册逸誥。在十有二月，惟周公誕保文、武受命，惟七年。

此即就上文逸祝册，告周公後者，而申紀其月耳。或曰前祝册者告神也，此則作册以告周公。

君奭

周公若曰：「君奭，弗弔，天降喪于殷。殷既墜厥命，我有周既受。我不敢知曰，厥基永孚于休。若天棐忱，我亦不敢知曰，其終出于不祥。」

弗弔者，發語之辭。弗弔天降喪于殷，猶春秋傳所謂「無禄文公即世」者。

「嗚呼！君已。曰時我，我亦不敢寧于上帝命，弗永遠念天威，越我民罔尤違。惟人。在我後嗣子孫，大弗克恭上下，遏佚前人光在家。不知天命不易，天難諶，乃其墜命，弗克經歷，嗣前人恭明德。」

已，止也。君已者，呼召公而止之，留之之發辭也。曰時我者，兩承上文我不敢知而言，天命雖不可知，其可知者則在我而已。下文乃兩申時我之意，若我不敢安于天命而弗念其威，則民心必無怨背于我，而天命固矣。此固所謂永孚于休者，而惟人所召也。若我後嗣子孫，不能敬天畏民，使前人光烈之在家者，自我而遏佚。泰然不知天命之不易，而難信也，則必至於墜命，而不能經久歷年，以嗣前人敬明之德矣。此則所謂出於不祥者，而亦豈非自我致之哉？「不知」兩字，須屬下文讀。

「在今予小子旦，非克有正，迪惟前人光，施于我沖子。」又曰：「天不可信，我道惟寧王德延，天不庸釋于文王受命。」

公曰：「君奭，我聞在昔成湯既受命，時則有若伊尹，格于皇天。在太甲，時則有若保衡。在太戊，時則有若伊陟、臣扈，格于上帝，巫咸乂王家。在祖乙，時則有若巫賢。在武丁，時則有若甘盤。」

「率惟茲有陳，保乂有殷，故殷禮陟配天，多歷年所。」

惟茲有陳，指上文數人而言。率，猶悉也。悉由此有列者，保乂有殷，故殷得以禮終，而配天永世。以善終曰禮，楚辭禮魂是也。

「天惟純佑命，則商實百姓、王人，罔不秉德明恤，小臣屏侯甸，矧咸奔走。惟茲惟德稱，用乂厥辟。故一人有事于四方，若卜筮罔不是孚。」

惟茲，即惟茲有陳者，亦專指上文六臣而言。百姓、王人，皆能秉德分憂。小臣、侯甸，又能奔走先後。然惟此數人者，獨以德見稱於世，則實百官列侯之表率也。○純佑猶言良佐，天既純佑命，如所謂上天佑之，篤生良佐者。下章文王純佑放此。

公曰：「君奭，天壽平格，保乂有殷，有殷嗣，天滅威。今汝永念，則有固命，厥亂明我新造邦。」

平格，猶商書言格人，蓋元臣之美稱。如上文格于皇天、格于上帝，是其格也。然非和平之至，則不能格。詩言神聽而歸之正直，歸之和平者，此也。商之興正如此。汝能永念，則可以固天命矣。汝其治明我新造之邦哉！「亂明」兩字連讀。

公曰：「君奭，在昔上帝割申勸寧王之德，其集大命于厥躬。惟文王尚克修和我有夏，亦惟有若虢叔，有若閎夭，有若散宜生，有若泰顛，有若南宮括。」又曰：「無能往來，茲迪彝教文王蔑德，降于國人。亦惟純佑，秉德，迪知天威，乃惟時昭文王。迪見冒，聞于上帝，惟時受有殷命哉。」

當從禮記作「周由〔三〕觀文王之德」，蓋數字皆以相似而齊誤也。周遍由歷以觀，是詩所謂「鑒觀四方」者。惟文王之德，克享天心而集天命焉。然亦必賴五臣以濟，蓋五臣之迪彝教，以佐文王修和者，其業之盛也。而能秉德畏威，昭明文王之德，怙冒西土，聞於上帝者，其德之純也。

「武王惟茲四人，尚迪有祿。後暨武王，誕將天威，咸劉厥敵。惟茲四人，昭武王惟冒，丕單稱德。」

虢叔死矣，是無祿也。四人者尚存，故曰「尚迪有祿」。非謂武王富有天下也。四人逮事武王，故當武王奉天伐罪之時，昭明武王之功，覆冒天下，使天下咸頌其德。

「今在予小子旦，若游大川，予往暨汝奭其濟，小子同未在位，誕無我責。收罔勗不及，耇造德不降，我則鳴鳥不聞，矧曰其有能格？」

文、武之已事如此，在今日則老成凋謝，惟我與爾弘濟艱難，如涉大川，期於共濟。王雖在位而猶沖幼，固不大責于我。然使但爲身謀，收身以退，而不勉王之所不及，則老成之德，不下於民，而新進用事之人，將有不可知者。昔者吾嘗作詩，托諸鳴鳥，而猶未能自達，況驟能格君心之非乎？以見事勢之未可去也。

公曰：「嗚呼！君肆其監于茲。我受命無疆惟休，亦大惟艱。告君乃猷裕，我不以後人迷。」

公曰：「前人敷乃心，乃悉命汝，作汝民極。曰汝明勗偶王，在亶。乘茲大命，惟文王德，丕承無疆之恤。」

公曰：「君，告汝朕允。保奭，其汝克敬以予，監于殷喪大否，肆念我天威。」

予，指周家而言。

「予不允，惟若茲誥。予惟曰，襄我二人，汝有合哉。言曰在時二人，天休滋至，惟時二人弗戡。其汝克敬德，明我俊民，在讓後人于丕時。」

「嗚呼！篤棐時二人，我式克至于今日休。我咸成文王功于不怠，丕冒，海隅出日，罔不率俾。」

公曰：「君，予不惠若茲多誥，予惟用閔于天越民。」

公曰：「嗚呼！君，惟乃知民德，亦罔不能厥初，惟其終。祗若茲，往敬用治。」

立政

周公若曰：「拜手稽首，告嗣天子王矣。」用咸戒于王曰：「王左右、常伯、常任、準人、綴衣、虎賁。」周公曰：「嗚呼！休茲，知恤鮮哉。古之人迪惟有夏，乃有室大競，籲俊尊上帝，迪知忱恂于九德之行。乃敢告教厥后曰，拜手稽首后矣。曰宅乃事，宅乃牧，宅乃準，茲惟后矣。謀面用丕訓德，則乃宅人，茲乃三宅無義民。」

謀面之頃，用其順于德者，則色莊者有矣。蓋迪知忱恂之反也。此言夏之先后，能用三宅之人，而由大臣之知人信人者，啓迪其君，使無失於任用見已。今日所以告戒之意，亦若此也。

「桀德惟乃弗作往任，是惟暴德罔後。」

弗作往任，猶言弗舉舊職，蓋所用非人，則舊職不舉也。

「亦越成湯，陟丕釐上帝之耿命，乃用三有宅，克即宅，曰三有俊，克即俊。嚴惟丕式，克用三宅三俊。其在商邑，用協于厥邑，其在四方，用丕式見德。」

三有宅所以稱其位，由於三有俊之稱其才，兩句相承，觀「曰」字語氣可見也。丕式者，大法也。天命有德，五服五章哉，此大法也。嚴思斯義，而所用無失，故近者既合於大法矣，遠而四方，亦惟以此大法而見德於天下也。

「嗚呼！其在受德暋，帷羞刑暴德之人，同于厥邦。乃惟庶習逸德之人，同于厥政。帝欽罰之，乃伻我有夏，式商受命，奄甸萬姓。」

式商受命者，言其伐暴以德，與湯同轍，是法商之受命也。

「亦越文王、武王，克知三有宅心，灼見三有俊心，以敬事上帝，立民長伯。」

克知三有宅心者，知設官之意。灼見三有俊心者，識任官之材。似非已用、未用之謂。

「立政，任人、準夫、牧，作三事。虎賁、綴衣、趣馬、小尹。左右攜僕、百司庶府。大都、小伯、藝人、表臣、百司。太史、尹伯、庶常吉士。」

開首言常伯、常任、準人、綴衣、虎賁，此言三事，正與前應。以下則自綴衣、虎賁而推備之也。蔡傳既以第三節爲都邑之官，則太史、尹伯，亦不應復引史官、庖人、膳夫、鐘磬師之類。蓋是在都邑之太史、尹伯爾。

「司徒、司馬、司空、亞旅。」

天子備六卿，諸侯但有三卿。秦、漢間，習聞三卿，而周禮已去其籍。故設丞相、太尉、御史大夫爲三公，而後易以司徒、司馬、司空之號。

「夷、微、盧、烝，三亳、阪、尹。」

尹，如蔡傳説是。但阪即封疆之在版圖者，尹即所謂守封疆之官也。

「文王惟克厥宅心，乃克立兹常事司牧人，以克俊有德。」

文王惟知所以設官之心，而能盡其道，故能立此常事司牧之人，而皆能得其俊有德者也。蓋爲官而得人，則無用違其才之患矣。觀此節口氣，正是申明克知、灼見兩句意，益知以三宅、三俊分兩項人者非。○常事，是總三事而言。司，則常任、準人皆在内。牧，則是常伯，不必如蔡傳説。

「文王罔攸兼于庶言、庶獄、庶慎，惟有司之牧夫，是訓用違。」

庶言者，號令條教，常任之所掌。庶獄者，法禁刑罰，準人之所司。庶慎者，防守修禦，牧伯之所職。文王但訓戒其用違，而不侵其責任。蓋既克知而灼見之，則必信用不疑，而後有以致其誠，使之展布四體，得有所爲，然後可以盡其用也。○有司用「之」字者，蓋國之大政大法，皆有司之者，故言「有司之」，則常任、準人在其中。

「庶獄、庶慎，文王罔敢知于兹。」

「亦越武王，率惟敉功，不敢替厥義德，率惟謀、從容德，以並受此丕丕基。」

「嗚呼！孺子王矣。繼自今我其立政、立事、準人、牧夫，我其克灼知厥若，丕乃俾亂。相我受民，和我庶獄、庶慎，時則勿有間之。」

立政、立事，常任之職也，不曰任人者，政事之大，王與大臣共之者也。故上言罔敢知，偏以庶獄、庶慎言之。此亦只言庶獄、庶慎者，蓋丕乃俾亂，相我受民，乃立政、立事之大者。

「自一話一言，我則末惟成德之彦，以乂我受民。」

「嗚呼！予旦已受人之徽言，咸告孺子王矣。繼自今文子、文孫，其勿誤于庶獄、庶慎，惟正是乂之。」

「自古商人，亦越我周文王。立政、立事、牧夫、準人，則克宅之，克由繹之，兹乃俾乂。」

則克宅之者，所謂克灼知厥若也。克由繹之者，所謂自一話一言而思維之也。

「國則罔有立政用憸人，不訓于德，是罔顯在厥世。繼自今立政，其勿以憸人，其惟吉士，用勱相我國家。」

「今文子、文孫，孺子王矣。其勿誤于庶獄。惟有司之牧夫，其克詰爾戎兵，以陟禹之迹。方行天下，至于海表，罔有不服，以覲文王之耿光，以揚武王之大烈。」

「惟有司之牧夫」句，當連下文讀之。此段又於三者之中，專舉庶獄言之。蓋爲庶獄、庶慎并重，而庶獄尤不可以輕誤。古者兵刑同爲一司，故皋陶主蠻夷寇賊之事，戒王不可黷武尚威，誤於庶獄。惟使内之有司，如司馬、司寇之類，外之牧夫，如方伯、連帥之屬，治爾戎兵，以詰暴亂，以平邦國。則可以揚文、武之光烈矣。説者分爲兩段，故費説辭。

「嗚呼！繼自今後王立政，其惟克用常人。」

周公若曰：「太史，司寇蘇公，式敬爾由獄，以長我王國。茲式有慎，以列用中罰。」

「茲式有慎，以列用中罰」，作一句讀，言當以蘇公爲法式，敬慎以平刑也。

呂刑

惟呂命。王享國百年，耄荒，度作刑以詰四方。

王曰：「若古有訓，蚩尤惟始作亂，延及于平民，罔不寇賊，鴟義。姦宄，奪攘矯虔。」

爲寇賊則鴟義，爲姦宄則奪攘矯虔。

「苗民弗用靈，制以刑，惟作五虐之刑。曰法，殺戮無辜，爰始淫爲劓、刵、椓、黥。越茲麗刑并制，罔差有辭。」

「越茲麗刑并制」，言其不分輕重，凡麗於刑，并爲一條。

「民興胥漸，泯泯棼棼，罔中于信，以覆詛盟。虐威庶戮，方告無辜于上。上帝監民，罔有馨香德，刑發聞惟腥。」

「虐威庶戮」，言威之暴而所戮者衆。傳以庶戮屬下，則不能成句。

「皇帝哀矜庶戮之不辜，報虐以威，遏絶苗民，無世在下。」

「乃命重、黎，絶地天通，罔有降格。羣后之逮在下，明明棐常，鰥寡無蓋。」

至治之世，地天之氣未嘗不通也，天神未嘗不降，地祇未嘗不出也，而必絶之何哉？此則國語所謂民神雜糅，不可方物者，非理之正也。明明者，著明其顯明之理。棐常者，扶植其經常之道，傳精白一心，語未瑩。

「皇帝清問下民鰥寡，有辭于苗。德威惟畏，德明惟明。」

「皇帝清問下民鰥寡」爲句，清問下民鰥寡，即上文「鰥寡無蓋」。禹謨所謂不虐無告，不廢困窮者，德明惟明也。「有辭于苗」，即上文遏絶苗民。禹謨所謂奉辭伐罪者，德威惟畏也。

「乃命三后，恤功于民。伯夷降典，折民惟刑。禹平水土，主名山川。稷降播種，農殖嘉穀。三后成功，惟殷于民。」

明刑以弼教，典禮而播刑，無可疑者。三后首伯夷，蓋因上文言天地神人之事，而宗伯之職，治神人、和上下故也。

「士制百姓于刑之中，以教祇德。」

特言刑官，非輕之，乃重之也。

「穆穆在上，明明在下，灼于四方，罔不惟德之勤。故乃明于刑之中，率乂于民棐彝。」

德者刑之本也，穆穆明明，灼于四方，所謂明明德于天下者。然後繼之以刑之中，則德明、德威之下，莫不復其常性矣。所謂明明棐常者如此。

「典獄，非訖于威，惟訖于富。敬忌，罔有擇言在身。惟克天德，自作元命，配享在下。」

「惟克天德，自作元命」，是通篇最精微語。皋陶言天命有德，天討有罪，聰明、明威寄之於人。洪範斂福以錫天下，有仁壽而無鄙夭，所謂自作元命也。故陸子靜謂皋陶謨、洪範、甫刑三篇，乃傳道之書。

王曰：「嗟！四方司政典獄，非爾惟作天牧。今爾何監，非時伯夷播刑之迪？其今爾何懲？惟時苗民匪察于獄之麗。罔擇吉人，觀于五刑之中，惟時庶威奪貨，斷制五刑，以亂無辜。上帝不蠲，降咎于苗。苗民無辭于罰，乃絕厥世。」

王曰：「嗚呼！念之哉。伯父、伯兄、仲叔、季弟、幼子、童孫，皆聽朕言，庶有格命。今爾罔不由慰日勤，爾罔或戒不勤。天齊于民，俾我一日，非終惟終在人。爾尚敬逆天命，以奉我一人。雖畏勿畏，雖休勿休，惟敬五刑，以成三德。一人有慶，兆民賴之，其寧惟永。」

王曰：「吁！來，有邦有土，告爾祥刑。在今爾安百姓，何擇非人，何敬非刑，何度非及。」

「兩造具備，師聽五辭。五辭簡孚，正于五刑。五刑不簡，正于五罰。五罰不服，正于五過。」

「五過之疵，惟官，惟反，惟內，惟貨，惟來。其罪惟均，其審克之。五刑之疑有赦，五罰之疑有赦，其審克之。簡孚有衆，惟貌有稽。無簡不聽，具嚴天威。」

簡孚之道雖多，而惟容貌最不可掩。至于證驗無據，言貌無稽，則所謂無簡者矣。無簡者例在不聽，然豈可置之不聽而遂已乎？必也嚴敬天威，徐以察之，庶幾幽明之間，必有嚮應，善惡之報，必無僭差。此意尤竭忠誠、悉仁愛者，所當知也。

「墨辟疑赦，其罰百鍰，閱實其罪。劓辟疑赦，其罰惟倍，閱實其罪。剕辟疑赦，其罰倍差，閱實其罪。宮辟疑赦，其罰六百鍰，閱實其罪。大辟疑赦，其罰千鍰，閱實其罪。墨罰之屬千，劓罰之屬千，剕罰之屬五百，宮罰之屬三百，大辟之罰其屬二百。五刑之屬三千。上下比罪，無僭亂辭，勿用不行，惟察惟法，其審克之。」

「上刑適輕，下服。下刑適重，上服。輕重諸罰有權。刑罰世輕世重，惟齊非齊，有倫有要。」

「罰懲非死，人極于病。非佞折獄，惟良折獄，罔非在中。察辭于差，非從惟從。哀敬折獄，明啓刑書，胥占，咸庶中正。其刑其罰，其審克之。獄成而孚，輸而孚。其刑上備，有并兩刑。」

「非從惟從」，與上文「非終惟終」語氣正同。洪範言曰從，從謂順理也。「察辭于差，非從惟從」，言察其言辭於差互之間，觀其順理與不順理也。○有并兩刑者，或一人而犯二罪，或一罪而自重即輕，自輕即重，皆謂之兩刑。

王曰：「嗚呼！敬之哉。官伯族姓，朕言多懼。朕敬于刑，有德惟刑。今天相民，作配在下，明清于單辭。民之亂，罔不中。聽獄之兩辭，無或私家于獄之兩辭。獄貨非寶，惟府辜功，報以庶尤。永畏惟罰，非天不中，惟人在命。天罰不極，庶民罔有令政在于天下。」

朕之敬畏于刑者，以有德于人，莫如明刑。上天相助下民，而我作配之故也。無簡不聽者曰單辭，明清者，所謂具嚴天威也。兩造具備者曰兩辭，五疵之中，惟貨爲甚。私家于獄之兩辭，言不可藉獄貨以爲私家，猶禮記言君子不家于喪也。又申言永畏哉，其惟刑罰乎。蓋刑罰在天自有定理，其失當者，皆人以私意輕重之，是非天之不中也，惟人所爲而已。若使所刑罰之人，在天命未嘗極者，而我極之，則下失仁恕之心，上干陰陽之和，禮樂教化，徒具文而已，豈復得有善政在于天下乎？

王曰：「嗚呼！嗣孫，今往何監？非德于民之中，尚明聽之哉！哲人惟刑，無疆之辭，屬于五極，咸中有慶。受王嘉師，監于兹祥刑。」

平水土者德於民之家，播嘉種者德於民之身，明刑者則德於民之中也。蓋用五刑而咸中，則民亦自得其中矣。

【校勘記】

〔一〕「洛」字誤，當爲「監」。

〔二〕依禮記緇衣，「由」字作「田」。

榕村全集卷五

周官筆記

天官

冢宰兼統百官，理萬事，而其要以正君身爲本。故自王及后、世子，凡内外之飲食、服用、居處，以至閹豎，閽寺、婦職、女功，皆兼而掌之。蓋所以相天子修身、齊家，而爲治國、平天下之本。其慮至遠，而義至精也。惟小宰、宰夫，則佐冢宰兼總大體，紀綱内外之政。此外宫正、宫伯，則掌宿衛居守王宫之事，事之最要者也。膳夫、庖人、内饔、外饔、亨人、甸師、獸人、𩟗人、鼈人、腊人、醫師、食醫、疾醫、瘍醫、獸醫、酒正、酒人、漿人、凌人、籩人、醢人、醯人、鹽人、幂人，皆飲食之事。宫人、掌舍、幕人、掌次，皆王寢處次舍之事。大府、玉府、内府、外府，皆蓄藏之事。司會、司書、職内、職歲、職幣，皆會計之事。以上諸職，雖兼掌宫内之服食器用，然皆外職也。故以司裘、掌皮繼之，蓋裘皮雖衣服之類，然不出婦功，故於内職無所附屬。而自内宰以下，則皆内職也。内宰、内小臣、閽人、寺人、内豎，皆内之男官。九嬪、世婦、女御、女祝、女史，皆内之女官。典婦功、典絲、典枲、内司服、縫人、染人、追師、屨人、夏采，則皆服飾之事也。服飾成於婦功，故次於内職之後也。

天官以八法治官府。官屬，即六官之屬也。官職，即六官之職也。官聯，六官之聯事也。官成，官府之成式也。官計，考績之科條也。此五者，小宰具之矣，惟官常、官法、官刑，則其目未載。竊詳小宰篇所謂官敘者，疑即官常也。蓋官之尊卑，秩次有常，是之謂官常。其所謂以法掌七事之戒具，則鄭氏以爲即官法也。又其卒章云：「正歲，帥治官之屬，而觀治象之法。徇以木鐸。曰：不用法者，國有常刑。」又：「令於百官府曰：各修乃職，考乃法，待乃事，以聽王命。其有不共，則國有大刑。」此則所謂官刑也。意者小宰所職，乃次序班聯，糾察禮儀，稽核功過之任，故官常、官法、官刑，特其所司，而首尾互見之與？官常，注解以爲「各自領其官之常職，非連事通職所共，故謂之官常」。愚謂上既言官職矣，而此又言官常，不幾於複乎？故知官常者，謂官之尊卑秩序，各有常分，恐得其解。

以八則治都鄙。凡有國家者先事神，故首之以祭祀。官、吏、士，皆所以治其民者也。賦貢，所以供四者之用也。治民以禮俗爲先。刑賞，所以佐成禮俗也。田役者，除戎講武，知急公趨事，民乃可用矣。曰民又曰衆者，平居曰民，寓兵曰衆，易曰「容民畜衆」是也。

以八統詔王馭萬民。親親、敬故，則民歸厚矣。進賢、使能，則民有所勸。保庸，則民興功。尊貴，則民達禮。吏，庸之細也；賓，貴之屬也。

以九職任萬民。以農、圃、山澤、藪牧之利爲本，工、商次之，女工、臣妾之事次之，閒民又次之。

以九賦斂財賄。自邦中至幣餘，輕重各有差也。以遠近爲差者六：邦中、四郊、邦甸、家削、邦縣、邦都。以農末爲差者三：關市、山澤、幣餘。

以九式均節財用。九式之序，祭祀、賓客、喪荒居先者，皆大事也。其次則王之羞服及興造工事。又其次則贈勞之物，芻秣之費。又其次則頒賜燕好之需。蓋皆以事之大小爲序，不以費之多寡爲序也。若論費之多寡，則大府所掌頒財之式法，以九賦所斂，共九式之用者是已。蓋自邦中至於邦都，地之大小不同，而賦之輕重又異。四郊大於邦中，邦甸大於四郊，家削大於邦甸，邦縣大於家削，邦都又大於邦縣。是地之大小不同也。近者賦輕，遠者賦重，是賦之輕重又異也。遠者雖地大而賦重，然王子弟及公卿大夫之采地，皆在其間，則賦之入于王朝者，亦必寡矣。此於經大概不謬，亦恐有未盡者，更細考之。關市、山澤，以其占會百物。幣餘，以其占賣斥幣。故又增重賦焉。然王城之内，人民聚集，故賦雖輕而得亦多。先王之世，專利有禁，故斥幣之賦重而得亦少。是故邦都之賦以待祭祀，邦中之賦以待賓客，山澤之賦以待喪紀，關市之賦以待王之膳服，皆費之最多者也。邦縣之賦以待幣帛，家削之賦以待匪頒，邦甸之賦以待工事，皆費之次多者也。四郊之賦以待稍秣，幣餘之賦以待賜予，皆費之差少者也。歷觀周官之職，凡祭祀、賓客、喪紀諸大事，自邦中以至郊野，凡需用者，莫敢不共。何嘗拘拘焉此用取於此、彼用取於彼哉？蓋計其大凡，某費多少，某事所出，約略足以供之耳。讀周禮者，須善觀之。

以九貢致邦國之用。自九式以前，皆言王畿内事。九貢致用，九兩繫民，通言邦國，則達之天下者也。祀貢居先，嬪貢即次之者，謂以共祭服也。器貢又次之者，爲其備禮器也。幣帛又次之者，謂以共賓客也。材貢在貨貢之先者，先器用，後寶貨之義也。衣服燕好雜物，皆私事也，故後之。

貢出於邦國，賦出於九職之民，而大府所掌，九貢、九賦之外，又有九功。曰「凡萬民之貢，以充府庫」者何也？蓋九貢，畿外諸侯之貢；九功，畿内九職之民所貢也。據禹貢冀州無厥貢之文，則畿内無貢。故鄭氏以爲九功者，九職之財也。愚以爲先王之世，取諸民者，貢、賦、税三者而已。貢其地所有之物，則爲貢。計其夫家，出兵車、牛馬、器械，則曰賦。田野、山澤、關市之税，則曰税。此外不應復有名條，如後世之苛政。今鄭氏以九功爲九職之財，則是謂九職之税矣。其釋九賦，則謂口率出泉，所謂口賦也。夫有田則有税，有身則有役，計口出財，古疑未有焉。況九職之税，所得至多，而掌在大府者，特以充府庫而已。口賦所出，疑於無幾，而九式皆取共於此，則是國家之經費，盡倚給于口賦一事，其所以取諸民者，爲不貲矣。外此尚有田野、山澤、關市之征，兵車、牛馬、器械之具，民生其間，不亦難乎？由此觀之，則謂賦爲口率者，誣也。蓋賦對税而言之，則税爲財物，賦爲兵車。專以賦言，則賦税统之矣。禹貢亦言田賦，而不言税，是賦其總名也。九賦斂財賄，即九職之税也。九功之貢，則九職之貢也。蓋王畿之内，采邑既多，亦有諸侯之義焉。以九職之所出爲貢，此情理之常，無可疑者。事異夏、殷，禮從而變，未可以一概説也。姑記所疑於此，以待詳考焉。禹貢冀州賦先於田，説者以爲它州之賦，田賦也。冀州王畿，蓋合山澤、園廛、漆林之類而征之，賦不盡出於田故也。如此，則賦不但税田之名，亦凡税之總名矣。

以九兩繫邦國之民。牧、長以治之，師、儒以教之，宗、主以繫之，此三者，尊尊、賢賢、親親，人心之所以聯屬維繫，而不可一廢者也。吏非牧、長，而有相承之責；友非師、儒，而有相成之誼；藪非宗、主，而有相濟之權。

地官

大司徒主於教民，然教民者以養人爲本，故自土地、田野之事，賦稅、兵車之政，皆司徒掌之。蓋古者養即爲教，教即爲養，養教不相離，非如後世之截然爲二物也。鄉師、鄉老、鄉大夫、州長、黨正、族師、閭胥、比長，皆六鄉之官也。六鄉之民居王城之中，其受田在近郊百里之内，其施教最先，其立法最詳。蓋其所謂教民讀法，序齒興賢，其紀綱條具，布之六遂、都鄙、邦國，所以化民成俗，無不由是。故下六遂之官，詳于田野稼穡，而略於教事，非遠近異施也。其法已具於六鄉，故於遂略其詞，立文不同而義相備也。封人，主封社稷。鼓人、舞師，主鼓舞祭祀。牧人、牛人、充人，主祭祀之犧牲。皆國之大事，故次之。載師、閭師、縣師、遺人、均人，主賦斂力征之事，故又次之。師氏、保氏、司諫、司救、調人、媒氏，掌教萬民德行道藝，匡其過惡，勸其親睦之事，乃教所以成，故又次之。蓋六鄉之官爲之經，而封人以下至媒氏爲之緯，各主其鄉之祭祀、賦役。教化者，經也，又各爲之專官者，緯也，此其序也。司市、質人、廛人、胥師、賈師、司虣、司稽、胥、肆長、泉府，皆市官也。司門、司關、掌節，皆關吏也。市在王朝之後，關在王城之外，故關市次於此。而山林川澤之官，則列於六遂之終者，亦重王城之義也。遂人、遂師、遂大夫、縣正、鄙師、酇長、里宰、鄰長，皆六遂之官也。旅師、稍人、委人、土均，亦主賦役力征之事者也。旅師猶載師也，稍人猶縣師也，委人猶遺人也，土均猶均人也。其職蓋相成，而或屬於鄉，或屬於遂，亦以所職之遠近，爲先後之次也。草人、稻人，蓋農師也。繼於土均之後，猶師氏、保氏之繼均人，鄉主教而遂主耕也。土訓、誦訓，辨四海九州之土宜地俗，因草人、稻人辨地物而並及之也。山虞、林衡、川衡、澤虞、迹人、卝人、角人、羽人、掌葛、掌染草、掌炭、掌茶、掌蜃，皆山澤之官也，次於此者，猶關市之次六鄉也，關市近故內之，山澤遠故外之也。囿人、場人，園圃之官也，故次山澤也。廩人、舍人、倉人，司祿、司稼、舂人、饎人、槀人，皆倉廩粟米之官也。國之積貯，民之司命，故以是終焉。

周司徒之官，實兼古司空、司徒之職，蓋合養教爲一官也。其司空一官，亦掌土田之事而加密焉。劉歆以考工記補其闕，雖非本經，然中間如匠氏等官，必古司空所屬。又司寇罷民，有役於司空之文，則意者周之司空，兼主百工，亦或有据。惜乎其篇亡，而詳不可得見耳。諸儒紛紛更置，皆非也。

「以天下土地之圖」，至「遂以名其社與其野」，此司徒所職之綱要。自土會至土均，皆申章首辨「九州地域廣輪，山、林、川、澤、邱、陵、墳、衍、原、隰之名物」之意。十二教，因五物及之，土宜、土均，亦因土會及之。自土圭至地法，皆申章首「辨其邦國都鄙之數，制其畿疆而封溝之」之意。

山、林屬火，川、澤屬水，邱、陵屬木，墳、衍屬金，原、隰屬土。宜毛者，火生金也。火克金，亦生金，金非火煉不成。宜鱗者，水生木也。宜羽者，木生火也。宜介者，金生水也。毛而方者，土金之交也。黑而津者，水木之交也。專而長者，木火之交也。皙而瘠者，金水之交也。倮正屬土，而人爲之長，豐而庳，土形也。

林麓積草，故毛者依草食草，而毛如草之莖。山陵生木，故羽者栖木食木，而羽如木之葉。川澤積水，故鱗者居水，而鱗象水之紋。墳衍積石，故介者潛石，而介類石之體。其性則從其所稟之氣也，其體則肖其所生之形也。所稟之氣，謂鱗，水中之飛，陰中之陽，屬木。羽，陸中之飛，陽中之陽，屬火。毛，陸中之伏，陽中之陰，屬金。介，水中之伏，陰中之陰，屬水。

羸物，裸身無羽毛鱗介者也，人爲之長。叢物，叢生之物也，五穀爲之長。

十二教。敬、讓，教之本也，故先以祀禮、陽禮。親愛和樂，民之情也，故次以陰禮、樂禮。安其分，樂其俗，而後教行，故儀與俗次之。董之以刑，警之以誓，而後教不廢，故刑、誓又次之。節用務本，則民得所養，而教愈易施。用賢報功，則民知所勸，而教乃有成。以誓教恤，謂如誥、誓之屬，所以教民知憂恤，不至懈怠。詩曰「無已太康，職思其憂。」

土圭條所謂地中，及東西南北之偏，就九州以内言之耳。如今南方多熱，北方多寒，近海處多風，近山處多陰，故惟中州氣候，爲得其正。而其日景，則夏至之日，適與土圭齊，故取以爲準。是日景以土中而定，非土中因日景而得也。經云「正日景以求地中」，所謂求者，猶標識之義耳。解者穿鑿附會，要歸於臆説，不可行也。景短多暑，言景短時多暑也。景長多寒，言景長時多寒也。景夕多風，言景夕時多風也。景朝多陰，言景朝時多陰也。景短謂夏，景長謂冬，景夕謂午後，景朝謂午前。

自古天地、道里、日月、晷景之説多矣，至於今日，西曆之家，其説彌詳。蓋以爲地在天中，止一彈丸，四方上下，去天之數皆均。其四表極處，非能與天相際也。所謂天圓地方者，言其動静之性耳。實則地亦圓體，如卵裹黄，上下周圍，與天度相應。其地氣寒暑，則以去日遠近爲差。赤道之下，正與日對，其地最熱，其景則四時常均，無冬夏短永。兩極之下，取日最遠，其地最寒，其景則短者極短，長者極長。正當兩極之處，常以半年爲晝，半年爲夜。惟二極與赤道相去之間，當日南北軌之外，起二十三度，至四十度許，其地不寒不熱，温和可居，其景則與冬夏進退，長短之極，皆無過十之七。此氣之平而數之中也。環地上下，皆有國土人居，各以戴天爲上，履地爲下。南北東西，隨處改觀，午夜晨昏，每每相反。蓋皆附氣而生，麗陽而明。周游環匝，初無定位，其名有亞細亞、歐羅巴、利未亞、亞墨利加四大洲。今之九州及四夷之地，皆亞細亞國土也。其所記親歷各州，風土山川，寥廓荒忽，雖不可盡信，然其實測晷景，見諸施行者，頗爲信而有徵。其理蓋不可誣。今以其説考之，則中國九州，正當黄道北軌，距赤道二十四度之外，起於廣州夏至戴日之下，迤邐而北，至於夏至去日十六度許，則今直隸也。自此復出塞而北，風氣漸寒，晝夜短永漸踰其度。自廣州越海而南，則氣漸酷熱，而晝夜之刻，漸無短永矣。故惟九州之内，風氣和，時刻平，而洛又其中之中也。是以天地四時之所交合，陰陽風雨之所和會，昔之達者其知之矣，而周公豈欺我哉！或曰：此以言南北暑寒則可矣，東西風陰之理，亦可得聞歟？曰：由前之説，則環處於地者，迭爲東西，未可以先儒日出日入、午前午後之説拘之也。蓋九州之域，西則多山，而東際海，近山則多陰，濱海則多風，驗之閩、蜀之地可見。然則周禮之風、陰，亦就九州言之，明洛邑之爲中耳。其所以風，所以陰，恐山水之爲，而非日出入朝暮之故也。

五等之地，「食者半」、「參之一」、「四之一」，二鄭之説，皆有可疑。愚意恐是除城郭、宫室、塗巷、溝澮之屬，及田有一易再易之類。故君其地者，所食租税止於此耳。大國地廣，除此數者，所餘猶多，漸小則漸以寡矣。或曰：大國事繁，故優之，小國事簡，故儉之。

王制曰：「天子之縣内，方百里之國九，七十里之國二十有一，五十里之國六十有三。」説者以爲夏時采地之數也。周制雖不可考，然其食采於畿内者，必多矣。外諸侯既有方物之貢，故内諸侯亦各以九職所出爲貢。大府所掌所謂九功者，意此是也。然王畿千里，自農、田、關、市、山、澤雜税，兵車、牛馬征役之外，復有九職之貢。則其爲貢也，甚輕且微。故冢宰之掌所不載，而第於大府言之。而稽其所入，亦但以充府庫而已。國之經費，不藉乎此也。

荒政、保息、本俗三條，疑當在頒職事十有二之下，鄉三物之上。蓋十二職事者，養民之經也；十二荒政者，濟民之權也。保息以均其惠，本俗以安其居，然後可教以三物，而糾以八刑。此王道之序也。

「令五家爲比」一條，疑當在小司徒「乃頒比法於六鄉之大夫」云云，「以施政教，行徵令」之下。蓋五家爲比云云者，六鄉居民之法也。其下「五人爲伍」云云者，則六鄉賦兵之法也。又其下「九夫爲井」云云者，則都鄙居民受田之法也。司馬法凡田一甸，出兵車一乘，甲士步卒牛馬之屬。此則都鄙賦兵之制，而周禮闕焉。僅稍人之職，有所謂掌邱乘之政令者，而其數不詳。要當采司馬法之相合者補之，乃見成周内外兵農之制。

小司徒起徒役。上地、中地、下地，即遂人之上地、中地、下地也。鄉以兵制言，遂以田制言，皆互相備耳。大司徒以室數制地域，有不易、一易、再易之地，則謂都鄙也。上地即不易之地，中地即一易之地，下地即再易之地。中地、下地，鄉、遂與都鄙同。而鄉、遂雖上地，猶加萊五十畝，蓋所以優近也。而注乃云饒遠，誤矣。

「乃經土地而井牧其田」爲句，「野」字，似當屬下讀之，野謂都鄙也。言野以別於上文六鄉也。

鄉大夫以「五物詢衆庶」，二鄭説亦皆可疑。愚意五物，似即是射中之五事耳。「詢」，疑是問其然否而試之。和，内志正也。容，外體直也。主皮，中也。和容，其節比於樂也。興舞，其進退揖讓比於禮也。大司樂，王大射，則語諸侯以弓矢舞。注謂舞者，執弓挾矢，進退揖讓之儀。

鼓人隸於司徒者，爲司徒掌徒役，凡軍旅、田役之事，鼓用爲多也。舞師不隸宗伯，而亦在此。則此四祀，亦當是民間之祭，與大司樂所掌不同。社稷，即上所謂歲時祭祀州社者也。山川四方，亦恐各於其地。旱暵，亦恐民間自祈禱也。天子大雩帝，用盛樂，豈特皇舞而已哉？且曰「凡野舞皆教之」，則非大司樂所教國子之舞用之祭饗者，明矣。

載師，任地之法，國宅即上廛也，園廛即上場圃也。其近郊、遠郊、甸稍、縣都之征，朱子以爲皆田税也，輕重不等者，皆合雜税并算之耳。考冢宰九賦，尚有關市、山澤、幣餘，而此不及之，則朱子所謂并雜税者，諒矣。近郊無雜税，故止於什一，田賦之正也。鄭注似以九賦及此俱爲口賦，恐非聖人良法。

里布，乃布帛之布也。蓋不桑麻則出布，不耕則出粟，無職事則出征。征者力役之政也，皆各以其類。

閭師所掌貢，即九功之貢也。蓋自國中及四郊、六鄉之地，閭師所貢。其餘則食采之君貢之歟？

司市「凡市飾僞之禁，在民者十有二，在商者十有二，在賈者十有二，在工者十有二」，此一條文義，似當與老子「生之徒十有三，死之徒十有三，動而之死地者十有三」參看，皆言於十分之中，得其二，得其三也。生之徒三，死之徒三，動而之死地者三，則三分之而十分盡矣。在民者二，在商者二，在賈者二，在工者二，則四分之而十分亦盡矣。蓋皆舉成數而約計之也。市中飾僞之物，民及商、賈、工皆有之，故言十者之中，各居二焉，皆在所禁也。解者泥於「有」字之説，必以爲十有二者，十又二也，十有三者，十又三也，故卒難通。

泉府「凡國之財用取具焉」，非謂取具於國服之息也，蓋并所征布而言之耳。財用亦非謂凡國用也，蓋謂當用泉布者耳。其義不明，則王莽、王安石以之害民亡國。

遂人，五溝、五塗之制，六遂、阡陌之法也。六鄉當亦相同，於遂言之者，互相備耳。都鄙、井田、溝洫之法，又與此不同。見考工記匠人之職。井間有溝，成間有洫，同間有澮。

稍人「掌邱乘之政令」，言「稍」以包縣鄙也。四邱爲甸，出車一乘，故曰邱乘。周禮於都鄙軍制不具，僅此略言之。蓋稍人所職，實與縣師相贊，而掌兵車賦役之事。故縣師云「受法於司馬」，稍人云「聽於司馬」。

春官

宗伯職掌邦禮，而以祭祀爲主，蓋所以治神人而和上下。故凡有事於禮，及司神之官，皆屬焉。小宗伯、肆師，佐大宗伯者也。其次則鬱人、鬯人、雞人、司尊彝、司几筵，皆掌祭祀之重器。其次則天府、典瑞、典命、司服，皆掌禮秩之大儀。又其次典祀、守祧、世婦、内宗、外宗，則守廟兆之官及祭事之職也。又其次冢人、墓大夫、職喪，則守墓域之官及喪事之職也。行禮必有樂，然後神人以和。故大司樂、樂師、大胥、小胥、大師、小師、瞽矇、眡瞭、典同、磬師、鐘師、笙師、鎛師、韎師、旄人、籥師、籥章、鞮鞻氏、典庸器、司干，皆樂官之屬也。卜祝、筮史，明鬼神之理，通陰陽之道，故次於司樂之後，而俱隸於宗伯之職。太卜、卜師、龜人、菙氏、占人、簭氏〔二〕、占夢、眡祲，卜官之屬也。大祝、小祝、喪祝、甸祝、詛祝，祝官之屬也。司巫、男巫、女巫，巫官之屬也。大史、小史、馮相氏、保章氏、内史、外史、御史，史官之屬也。巾車、典路、車僕、司常，掌車旌之事，宜次於典命、司服，而敘在巫、史之後，蓋車所以乘，旗載於車，後之者，貴賤之等也。都宗人、家宗人，主食邑采地之官，後之者，内外之辨也。凡以神仕者無常數，未有官職，故又後之也。

四望以日、月、星、辰爲主，然望祭嶽、瀆、河、海，亦可通稱。鄭康成謂偏指嶽、瀆，則非也。大司樂掌祀、祭、享三禮，分屬天神、地示、人鬼，明以四望屬之天，安得以嶽瀆爲天神之類乎？

小宗伯言「兆五帝於四郊」，而不及南、北郊天、地之大祭，何與？蓋大宗伯之掌，既言「以蒼璧禮天，黄琮禮地」，而大司樂有圜丘、方澤之文，則互相備矣。此所掌神位，以内外爲序。既先言宗廟社稷，而後及天地，則非所以尊天地，而失立文之體矣，故略之也。

四望，日、月、星、辰也。四類，司中、司命、風師、雨師也。兆日於東，兆月於西，然則兆星當於南，星見南方。兆辰當於北辰以北爲尊。歟？四類之兆未有考，以理推之，兆箕當於東，兆畢當於西，司命、司中，南北未詳。

大宗伯，吉禮，於天神言昊天上帝，而不及五帝，舉大以見小者；於地示言社稷，而不及方澤，舉小以見大者。小宗伯言社稷、五帝，而並無天地。大司樂言天、地而並無社稷、五帝，皆互相備也。蓋祀五帝禮，差擬於天；祭王社禮，差擬於地。

典瑞「兩圭有邸以祀地」，而無社稷。司服「祭社稷」以「希冕」，而不及地。故或謂古無祭地，祭地即社祭也。然觀大宗伯、大司樂，皆以天地對言之，其尊可知。而司服冕服之等，乃以社稷敘於山川、四望之下，則恐別有祭地之禮，而非即社也。

大宗伯既云「以蒼璧禮天，黄琮禮地」，而典瑞又云「四圭有邸以祀天，兩圭有邸以祀地」，鄭注見其抵牾，故云「禮天，神在北極者也；禮地，神在崑崙者也，以冬、夏至禮之。祀天，夏正郊天也；祀地，神州之神也。」凡此皆附会不經，不可爲据。愚謂下云「祼圭有瓚，以肆先王，以祼賓客」，則是圭頭有器，可以挹鬯。恐邸亦或其類，而字訛義謬，不可考矣。

十二辰有天地人三统焉。子、丑、寅、卯、辰、巳，天统也，自夜半至日中，自冬至至夏至，陽生至於陽極是也。午、未、申、酉、戌、亥，地统也，自日中至夜半，自夏至至冬至，陰生至於陰極是也。卯、辰、巳、午、未、申，人统也，自日出至於日入，自春分至於秋分，品物生成，人事作息是也。蓋天之終乃人之始，地之始乃人之終。故人也者，各用天地之半，而參乎天地者也。然陽極於巳，而巳爲陰辰，故陽終於辰；陰始於午，而午爲陽辰，故陰始於未。陽以始爲尊，故子以祀天而丑合之，辰以祀四望而酉合之也。陰以終爲大，故亥以祭地而寅合之，未以祭山川而午合之也。祖妣者，生人之本也，申者，人统之終，其位居西，物之所以成，故申以享妣而巳合之也。卯者，人统之始，其位居東，物之所以生，故卯以享祖而戌合之也。

圜丘、方丘、宗廟三樂，圜丘圜鐘，當爲黄鐘，宗廟黄鐘，當爲圜鐘，文互也。方丘南吕，當爲小吕，字誤也。黄鐘宫，黄鐘角，大簇徵，姑洗羽，皆調名也。餘倣此。黄鐘宫爲黄鐘，則黄鐘起調，黄鐘畢曲。黄鐘角爲姑洗，則姑洗起調，姑洗畢曲。大簇徵爲南吕，則南吕起調，南吕畢曲。姑洗羽爲大吕，則大吕起調，大吕畢曲也。餘亦倣此。所謂起調、畢曲者，蓋如唐人所傳樂譜。以鹿鳴爲黄鐘宫調，則即黄鐘也，其歌之，則鹿字叶黄鐘，行字叶黄鐘，其餘雜用黄鐘爲宫所生之七律，而首尾二字，則必歸於本調。關雎爲夷則商調，則亦黄鐘也，其歌之，則闕字叶黄鐘，逑字叶黄鐘，其餘雜用夷則爲宫所生之七律，而首尾二字，亦必歸於本調。此之謂起調、畢曲也。十二調分祀天神、人鬼、地示，而不用商調者，商爲金行殺聲也。人樂當用無射，而複用南吕者，無射居乾維，亦殺聲也。蓋去商者，去商調也，去無射者，亦去無射調也。至於調中之聲，則五音十二律並用，不必嫌避，初無欠缺。

馮相氏「冬夏致日，春秋致月」。疏以爲日實也，故於陰陽極之時致之；月有盈虧，故於陰陽中之時致之。此附会爲之説耳，於曆義無當也。蓋曆法之要，惟定二至、二分爲先，二至定則曆元正矣。必也立表測晷，撿驗長短之極，如祖沖之及今曆之密焉。此冬夏致日之説也。月行有贏縮曆，自秋分至春分之前縮，自春分至秋分之前贏。若但以百八十二日中分之，以求赤道之交，則晷景不得矣。此亦可以立表參求。而今曆更得一術，用日月東西對望撿之，便得二分之正。蓋冬行南陸，則地上之天少，而地下之天多。夏行北陸，則地上之天多，而地下之天少。其日月之東西相對者，非望也。惟春分、秋分，行於中道，則日月對衡於地平，即真望矣。以其真望之在何時，撿二分之所在，此春秋致月之説也。冬夏致日者於南北，春秋致月者於東西，亦各以其方位。爲此説者，以爲獨得之秘，而不知古之聖人知此久矣。

夏官

大司馬掌邦政，而以兵事爲主，故凡兵、甲、車、馬之政，隸、御、僕、從之官，九州邦國之形勝，阨塞要害，皆屬焉。司勲者，兵事以賞罰爲主，故先之也。兵莫重於馬，故馬質次之。政莫重於地，故量人又次之。繼以小子、羊人者，祭祀之事也。繼以司爟者，火政，兵事之要也。設險守固，制勝於未形，故掌固、司險次之。候望、譏察，簫勺羣慝，故掌疆、候人、環人又次之。挈壺氏，三軍之耳目，故又次之。射，兵事所急，故又次之。服不氏、射鳥氏、羅氏、掌畜，因射而及，故其職并屬焉。司士以治官，諸子以治國子，司右以治戎右。司士所掌非兵也，而屬于司馬者。案王制曰：「司馬辨論官材，論進士之賢者，以告於王，而定其論。論定，然後官之。任官，然後爵之。位定，然後禄之。」此即司士之掌，而古司馬之遺也。虎賁、旅賁，夾衛王車。節服、方相，皆因衛車而及，故相次焉。太僕、小臣、祭僕、御僕、隸僕，皆侍御之官。弁師、司甲、司兵、司戈盾、司弓矢、繕人、槀人，皆掌弁甲兵器之職。戎右、齊右、道右，爲右者也，所謂勇士也。大馭、戎僕、齊僕、道僕、田僕、馭夫，爲御者也，所謂僕夫也。校人、趣馬、巫馬、牧師、廋人、圉師、圉人，則皆掌馬之官，司馬官之所以名者，此也。職方、土方、懷方、合方、訓方、形方，以及山師、川師、邍師、匡人、撢人，皆所以周知天下之土地形勢，山林、川澤、原野之險易，而施其訓道匡正之法焉。司馬之職，於是盡矣。都、家司馬，在食邑采地者，故附之。

【校勘記】

〔一〕依周禮正義，「氏」字當作「人」。

榕村全集卷六

初夏録一

誠明篇

性，誠而已矣，故聖賢之學，亦誠而已矣。明根於誠，而誠又根於明。誠者，成始成終之道，而明在其間。故中庸曰：「自誠明謂之性，自明誠謂之教。誠則明矣，明則誠矣。」實理渾然，而萬物皆備於我，此所以謂自誠明而爲性之體。萬物散殊，無非完其性之固有，此所以謂自明誠而爲教之用。事於性者，尊德性之事也。事於教者，道問學之事也。易曰：「忠信，所以進德也。修辭立其誠，所以居業也。」忠信即誠也，主於忠信，以誠致明，尊德性也。故德修而爲業之本，辭修誠立，以明致誠，道問學也。故業可居而爲德之資，德業相資，故誠明相生也。曾子曰：「夫子之道，忠恕而已。」忠其德也，恕其業也。孟子曰「反身而誠」，忠也；「强恕而行」，恕也。忠恕皆誠也。忠則所謂大哉乾元，萬物資始，誠之源也。恕則所謂乾道變化，各正性命，誠斯立焉。終始於誠，而明在乎其間。此聖學相傳之要，二千年之遠，而有周子知之。故曰：「君子乾乾不息於誠，然必懲忿窒欲，遷善改過，而後至。」此則存誠以爲克己之地。又曰：「誠心，復其不善之動而已。不善之動，妄也。妄復，則无妄矣。无妄則誠矣。」此則克己以致立誠之功也。

誠，實也。草木以實種，其終也成實而止，故始終一實也。然非舒其枝條，展其華葉，則實無自成。誠者德之實也，明者德之華也。天包地，性涵理，果實之心，有華葉形者，是實之所含而發之，而依以立者也。故韓子曰：「其所憑依，乃其所自爲。」

古人小學，大要且養其誠心，而漸開明其知識，猶下種而使舒根也。及大學，則遂使之明理以誠其身，猶盛其枝條華葉而使成實也。夫子言弟子職，先以孝弟謹信，而後學文。成人之教，則修其文行，以歸於忠信。譬諸草木，區以別矣。此聖人成己成物之道也。故朱子小學題辭：「惟聖斯惻，建學立師，以培其根，以達其枝。小學之方，灑掃應對，入孝出恭，動罔或悖。行有餘力，誦詩讀書，詠歌舞蹈，思罔或逾。窮理修身，斯學之大，明命赫然，罔有内外。德崇業廣，乃復其初，昔非不足，今豈有餘。」

聖人言誠又言敬，誠則其心實而有物，敬則其心虚而無邪，二事一心也，而有虚實之德。故夫子於乾坤分言之，蓋乾實而坤虛也。心苟無實，即常存而未免於空虛之弊，故誠爲敬之體。程子曰：「有主則實。」又云：「有主則虛。」虛實皆歸於有主，誠之體乎心可知也。又云：「主一之謂敬，一者之謂誠。」中孚卦傳云：「中虛信之本，中實信之質。」如此，則敬又爲誠之要。蓋誠敬者，乾坤合德之謂。非乾元周流统貫，則地道不生，然非坤貞翕受凝密，則天德亦不固。下學之功，則無所不用其力也。

忠信，心之實也。修辭立誠，事之實也。敬以直内，涵理於心也。義以方外，順理於事也。誠與敬，立誠與守義，其實一也，而有乾坤之德之不同。人心兼體乎乾坤，則存誠立誠，主敬行義，皆一人之事也。程子言有聖賢之别者，猶所謂誠無不敬，敬而後誠之意爾。不然，則夫子屢教學者以忠信矣，豈非誠乎？聖敬日躋，豈非敬乎？

誠敬者，德性之事，德也。修辭立誠，義以方外者，問學之事，業也。然問學之業，兼知與行，故修辭立誠，則所明皆實理，所行皆實事。義以方外，亦兼乎精義、集義之兩端。聖賢之言，或以行而包知，或以知而該行，大約舉一足以相備矣。知以該行者，如所謂居敬窮理，存心致知，則窮理致知，已兼乎踐行而爲言。故朱子以釋尊德性、道問學之事，亦曰存心致知而已。然問學之目，盡精微，知也；道中庸，行也；知新，知也，崇禮，行也。程子雖曰：「涵養用敬，進學在知。」又曰：「知之明則信之篤，信之篤則行之果而守之固。」此見舉知足以該行也。行以包知者，如中庸以謹獨與戒慎、恐懼對，則謹獨中有窮理，非窮理而能謹之乎？周子以慎動與存誠對，則慎動中有知幾，非知幾而能慎之乎？此見舉行足以包知也。又有並舉三者爲言，如書所謂「安汝止，惟幾惟康」；夫子所謂修德、講學、徙義、改過；中庸末章立心、知幾、謹獨；孟子所謂持志、知言、養氣；朱子所謂存養、省察、克治，又云操存、體驗、擴充，皆是也。其但舉知行者，如精一博約、擇善固執、知天、事天之類，則誠敬在其中矣。非誠非敬，將何以察理義之精而踐其實乎？就誠敬二者，則如敬勝、義勝、制心、制事、居敬、行恕之類，是以敬爲本者也。夫子之道，忠恕而已；忠信徙義，質直好義之類，是以誠爲主者也。又有兼言誠敬，如居處恭，執事敬，與人忠；言忠信，行篤敬；不動而敬，不言而信之類。要之，未有真能誠而不敬，真能敬而不誠者。又析言之，則誠者躬行之本，敬者窮理之要。故夫子謂不重不威，學則不固。必重厚謹嚴以爲學，乃能得之堅固。此講學必先於持敬也。又主忠信，然後可以取善改過。此力行必本於存誠也。聖人開示學者，無如此章之約而備。

朱子言學，敬、知、行三事。五峰胡氏則前有立志，北溪陳氏又加以虚心。今觀虚心在立志、居敬之内，雖不別爲條可也。故曰立志所以植其本也，居敬所以持其志也，窮理所以致其知也，躬行所以蹈其實也。此非獨近儒之説，蓋上古聖賢之説也。四事者一時並用，非今日此而明日彼。故欲行而不知，則倀倀然其何之；求知而不敬，則心昏然不能須臾；敬而非志，則又安得所謂日强之效也？且志而非敬，則此志何以常存；敬而非知，則措其心於空虛之地；知而非行，則此理皆非在我而無實矣。然四者雖相須並進，而其序既有先後，則得效亦有難易淺深。故夫子曰「吾十有五而志于學」。志已立矣，「三十而立」，蓋敬始成也。自「不惑」、「知命」、「耳順」，而知始精。又至「從心不踰矩」，而行始熟。先儒以爲，因其似以自名，爲學者立法，是已。古學校之教亦然。始視離經、辨志，觀其志之如何也。繼視敬業、樂羣，察其能敬與否也。又視其博習、親師、論學、取友，則知其學問思辨之日新。卒乃知類通達，强立不返，則知其力行之有成矣。然則此四者，循環迭用，日月有日月之功，終身有終身之驗，聖人有聖人之效，學者有學者之益。雖一日服行之，朝暮之間，亦可以旋變。又如志於道，亦立志之謂也；據於德，亦持志之謂也；依於仁者，真知允蹈乎天理之中；游於藝，則義精仁熟之事也。立志之與存誠異者，誠其存主，志其趨向，蓋誠又志所自出也。然未有志不立而誠存者，立志而居敬以持之，則存之又存，而成於性矣。

大學篇

大學一書，古人之學的。至宋，程、朱始表明尊行之。然因明道、伊川、紫陽三夫子，各有更定，故羣議至今未息。方遜志采元儒之論，以「知止」兩節，合下「聽訟」一節，爲釋格物、致知之義。而去朱子補傳，謂傳原未失，而錯經文之中，不必補也。蔡虛齋、林次崖是之，而又升「物有本末」一節，於「知止」之上。王姚江則俱非之，而有古本之復。姚江之言曰：「大學只是誠意，誠意之至，便是至善。中庸只是誠身，誠身之至，便是至誠。」愚謂王氏此言，雖曾、思復生，必有取焉。然他言説，不能發明此指，而多爲溷亂。其言「明德」、「新民」也，則以親民爲明德功夫。其言「致知」、「誠意」也，則以格物爲誠意功夫。夫以格物爲誠意功夫，似乎未悖也，然以爲善、去惡爲格物，則謬矣。其謬之謬者，曰「無惡無善心之體」。此則於聖門傳授全失，宜乎其學大弊而不可支也。愚謂大學初無經傳，乃一篇首尾文字，如中庸之比耳。「明德」三言者，古人爲學綱領也。「知止」一條者，古人功夫次第也。「知止」與下「知至」不同，蓋知所望慕歸向而已。所引孔子人不如鳥之歎，可知知止者開端淺切之事也。知止則志有定向，所謂立志以端其本。至於能靜，則心不爲物動；能安，則心不爲物危。此則又有以繼其志而持乎其志也。能慮，即下之格物、致知；能得即下之誠意，而有以得乎明德、新民、止至善之實也。此兩節，自小學入大學之規模節次，一書之指要也。物有本末，至知之至也，自此以下，所援引皆古本次序。以能慮言也。繼小學有事，故知止、定靜不詳。凡物則有本末矣，凡事則有終始矣。循其本末、終始而先後之，此大學之道也。然必於本末、終始而知所先後，乃可以近道。故古之欲明明德於天下者，當自國而遞先之。至於誠意，而尤在於究極事物，以致其知。正以物格知至，然後能誠意，以正心修身，而家國天下可得而治也。何謂知至？知本之謂也。蓋家國天下末也，身者本也。天子有天下，等而下之，雖庶人亦有家，本亂則末亂，厚者薄則無所不薄也。能知乎此之謂知本，能知乎此之謂知之至也。所謂誠其意者，至此謂知本，以能得言也。自曾子所受於夫子，而傳之子思、孟子者，一誠而已。大學自均平齊治，本之誠意，猶中庸、孟子自治民、獲上、順親、信友，本之誠身也。誠則有以成己，有以成物，而明德、新民、止至善之道在我，所謂明善格物，蓋所以啓思誠之端，而非思誠以外事也。誠身者，統言之也。自此心之存之發，至一言一事，皆必致其實焉之謂也。誠意者，誠身之要也。意者心之所主也，心主於爲善，然而存之不固，發之不果不確，是無實也。欲善者，本心之明，今而無實，非自欺而何？原其所以如此者，蓋以意藏於內，其實不實，己所獨知，非人之所及檢，是以每陷於自欺之域而不顧。惟君子慎獨以誠意，誠意以誠身，則心正身修，而明德明矣。故曰「德潤身，心廣體胖」也。夫誠則形，形則著，著則明，明則動。至誠而不動者，未之有也。故引淇澳，以證其表裏之符，暉光之盛，感人之深。終之以盛德至善，民不能忘，則明德、新民、止至善三者，皆總之矣。自明者，以誠明之也。新民者，以誠新之也。仁、敬、孝、慈、信，各止其所，以誠止之也。以其分有明德、新民之殊，而貫之者，一誠而已。無訟，民之新也。使民無訟，明明德於天下之極也。無情不盡其辭。蓋民不自欺，大畏厥志，則民自有指視之嚴，而謹其獨也。誠之效至於如此，故復結以知本，與上章相應。不曰務本而曰知本者，蓋知本而後能務之，此欲誠其意所以先致其知也。自釋正心、修身，以至終篇，不過著其展轉相關之效，以見一誠之盡乎修己、治人之要而已。喜怒哀樂之不得其正，與夫心不在者，不誠也。好惡之辟，亦不誠也。所令反其所好，以及好惡拂人之性，亦不誠也。語其功之不可闕，則自身、家而國、天下，蓋有言行坊表之著，紀綱法度之施。然非誠則無所以行之，故曰：「誠者聖人之本。」又曰：「王道本於誠意也。」或曰：「子之說，於經意似矣，然程、朱以窮理言格物、致知，蓋其重也。今第以知本當之，可乎？」曰：「夫窮理而至於知本，然後其理窮。致知而至於知本，然後其知至。」曰：「朱子言知至者，全體大用無不明。今第曰近道而已，何也？」曰：「小知則已近，大知則彌近，知之至則將與道爲一矣。朱子所言，極至之地，經文所言，入德之初也。」曰：「知性明善之云，與此合乎？」曰：「性者善而已矣。物之性猶人之性，人之性猶我之性。知其性善之同，而盡之之本在我，此所以爲知性明善也，此所以爲知本也。」曰：「朱子謂正心修身自有功夫，而今但以誠意概之，可乎？」曰：「不獨身心，家、國、天下亦可以誠意概之矣。若其功之不可闕者，則前既言之也。大抵此篇誠意，如中庸之戒懼、慎獨也，正心，如中庸之致中和也。戒懼、慎獨，即所以致其中和。然朱子又有彌約、彌精之云，移之以説此篇，則不以枝離爲朱子病矣。」曰：「中庸之謹獨，則大學之誠意事也。子於此又連戒懼説之，何與？」曰：「凡言誠者，皆兼乎存誠、立誠之兩端，夫學豈有無敬之義哉？朱子補言敬字，蓋以此也。」曰：「經文不言而待朱子言之，何也？」曰：「知止而定、靜、安，即其事也。貫乎知行而無不在，奚謂其不言也？」曰：「異於朱子章次奈何？」曰：「章次異矣，而義不異，而文同於古，疑朱子未之棄也。又竊謂如是以説經，頗爲不費辭而理明，且使姚江之徒，無所容其喙焉。姑以俟夫後之君子正之。」

中庸篇

中庸一書之旨，括於首章，以後申説其義而已。性、道、教三者，學之本也。戒懼、謹獨，敬義夾持之事，學之要也。喜怒哀樂，中、和之感，位、育之應，明性之不能不乘于情，以見戒懼、慎獨之不可已，而因極其效也。性殺於氣質，而有智愚、賢不肖之分，必如大舜、顔淵及夫子之告子路者，然後三德備而天命全矣。「素隱」至「鬼神」，申率性之道也。「道之不行」至「問强」，申天命之性也。兩引「中庸」之云，見作書名篇之指。「道道薄於衰晚，而有素隱行怪者，有半塗而廢者。必知道之費而隱，而不離乎子、臣、弟、友之間，且存於己無與於人，而不害其反身修德之實，然後知循序以達於高遠之域，而確然無惑於幽隱之際矣。舜、文、武、周公，申修道之教也，數聖人者，皆自爲人子、爲人臣、爲人弟，而充之至於誠神、受命，事天、饗帝，爲法當時，可傳後世，立教之極也。「問政」章，乃夫子告君之言，傳心之典，曾子、子思、孟子轉相付授，蓋中庸之書所緣以作者。故以繼舜、文、武、周公之後，而爲一書之樞要。達德者，天命之性也；達道者，率性之道也；九經者，修道之教也；誠明者，中和之德也。事於性者，誠則明矣，無體之非用也，所以貴於誠也。事於教者，明則誠矣，無用之非體也，所以貴於明也。「惟天下至誠」至

「純亦不已」，言誠之極至，申致中也。「大哉聖人之道」至「有譽天下」，言明之極至，申致和也。體天地萬物之性於身者，誠之至也。致曲而能誠者，其次也。知幾如神，性之體也。一始終之運，不二不息，以盡其性，則文王之純也。體天地萬物之性，而能盡事理精微之極者，聖人也。尊德性而能道問學者，君子也。明哲保身，道之用也。通古今之宜，知天知人，以善其道，則仲尼之教之盛也。「仲尼」以下，又總以夫子建中和之極，而由明以歸誠。小德，明也，和也。大德，誠也，中也。「至聖」，申前聖人也。溥博淵泉而時出者，川流也，中節也。莫不敬、信、悦，和之至也，聲名尊親，無斁無惡，而有譽於天下者也。「至誠」，申前至誠也。經綸，立本知化而不倚者，敦化也，中也。肫肫、淵淵、浩浩，未發氣象也。達乎天德，純亦不已於維天之命者也。申明首章之旨，至此盡矣。卒章自下學立心，推而及於上達之至，蓋與首章相發，而以一誠盡中庸之道也。立爲己之心，以知遠近、微顯之幾者，誠明也。由知幾、謹獨而入敬信，篤恭之域者，明誠也。闇然，無色也；淡，無味也。與無聲無臭之體，其原一也。誠者實也，在事之謂道，在心之謂性，在上天之載之謂命。實理自然，無聲色臭味之可玩，此所以爲中庸也。基之以務實之心，終之以篤敬之德，此誠所以爲聖人之本，而體合乎無極之真也，故曰至矣。

中庸戒懼、慎獨，自來通言之，雖程子猶然。朱子以爲涵養、省察，而今又以敬義説之，何與？曰：涵養、省察之要者，敬義也。敬義乃朱子文集中庸首章説之語，非吾之言也。敬生於耳目、形神之交，故言睹聞者，知其爲説敬也。義存乎立心、行事之實，故言隱微顯見者，知其爲説義也。朱子曰：「不睹聞，己所不睹聞也。隱微，人所不睹聞也。」則二義有感應之不同，固不可混而一。又敬之道通於無感，蹔焉息之，而天命不行矣，故以須臾言之，而極之於不睹聞之域。辨義者始於幾微之動，苟焉恕之，則自欺矣，故以隱微言之，而謹之於獨知之際。察乎表裏動静之分，則知朱子之言之審矣。況中庸自忠恕、誠明，以及尊德性、道問學，川流敦化，體用互發，一篇之中，累反覆焉，而要之不離乎中、和二者而已。中即直内之謂也，和即方外之謂也。敬立故内直，義形故外方。苟非二者夾持，則德孤而道小，又何以致於位、育之盛乎？自及門如勉齋黄氏，乃謂首章功夫止於持敬，及下智、仁、勇之德，方以知、行之學言之。自時以來，宗此以爲説者多矣。至于言敬而無别，則以兩節分屬動静。又或覺其非朱子之意，則以上節爲通動静，而下節爲静之終、動之始。不知知行之學，所謂謹獨者皆已盡之，而持敬之功，蓋舉静以該動，集義之要，亦以微而包顯也。文集既以「敬義」爲言，而語類又云：「大本須涵養，中節則用窮理之功。」可見戒懼是敬，而謹獨則已兼乎知行，勉齋黄氏之説非也。章句云「自戒懼而約之，以至於至静之中」，「自謹獨而精之，以至於應物之際」，可見敬貫動靜，而義該顯微。虛齋、次崖說，亦皆非也。但本文是言敬義之功之密，故皆自外而內，而曰不睹聞，曰獨。章句將言其直內、方外之效，以合於未發、已發之意，故一則自外而內，一則自內而外。蓋至靜之中，即大本之所以立，而應物之際，即達道之所以行矣。此條注，史氏伯璿所疏，蔡虛齋所解，及王姚江所疑，俱錯。

敬以直內，義以方外，非是兩時事。且如應酬一人，處置一事，以至一坐、立、言、動之微，皆須心存在此，此直內也。其所以應之、處之之宜，與夫動容、周旋之則，務盡道理，是方外也。有以敬義分屬動靜，及平日與臨事者，皆易於錯說。蓋平時日用、食息、起居之際，則敬德之容表著，而義爲之隱。及乎邪正、是非之關，利害、成敗之頃，則又見其大義昭灼，而徒敬不足以言之。所謂平日臨事者，各就敬義之盛言之，而二者初不可以孤行也。動靜之說，抑復不同。平日則已該動靜而言之，臨事又指動時、事幾之大者言之。動無大小，皆有義焉。惟蹔焉無感，忘念之須臾，未有理義之迹。而心之主宰，至此不墮，故又或以動靜言敬義，亦所謂指其盛者類爾。

朱子謂：致知不以敬，則昏昧紛擾，而無以察理義之歸；力行不以敬，則頹墮放肆，而無以踐理義之實。然則敬與知行，混而爲一，蓋可見矣。其曰昏昧，曰頹墮，以靜之時言也；曰紛擾，曰放肆，以動之時言也。則敬貫乎動靜，而知行亦通乎動靜，又可見矣。

蓋方其靜之中，雖未有致知之事，而炯然常覺者，即知之體。雖未有力行之迹，而肅然就檢者，即行之基也。大抵敬義、知行，如目視足履，一時並用，有此則有彼，初無獨任之時。敬雖稍先於義，知雖稍先於行，然正如目之於足，幾微毫髮之間耳。今執儒先之論，其在於所盛所主者，而割截疆界，玩愒日時，致有放神冥寂以爲敬，空言講論以爲知之失，則已誤矣。

仁智篇

仁、禮，陽也。義、智，陰也。此語性，而以動靜之分言也。氣有昏明，陽之爲也。質有厚薄，陰之爲也。此語氣稟，而以清濁之分言也。知陽行陰，此語學，而以先後之序言也。然氣稟以天命而分，學以氣稟而起，蓋陰陽者，交根之名。知爲貞之德，其屬陰，其起乎元，則陽矣；禮爲亨之德，其屬陽，其向於義，則陰矣。且智之爲陽，知大始者也，以智爲始，則不獨禮義陰，仁亦陰也。何則？仁以行之，已屬乎簡能之分故也。夫仁也者，心德也。專言之，則不獨包乎禮義，而亦包智。偏言之，則禮義居仁之後，智居仁之先。在仁後者仁统之，在仁先者則與仁對而並行，而要之，亦歸於所謂專言之仁而已。夫子既言修道以仁矣，下又曰仁、義、禮，而本之於天人之知。上仁專言之，而包乎義、禮、智者，下仁偏言之，與義、禮、智對者。及言達德，則有智仁，無禮義，是又以仁包禮義，而與智對者也。智所以得與仁對者，以其在仁之先也。性之德既如此，故下言氣稟，亦先之以三品之知，後之以三品之行。言學，則先好學而後力行，先明善而後誠身。此自唐、虞至閩、洛，未之有改也。然達德有三，而行之者一。明誠二者，皆歸之於誠，則明之本亦在乎誠而已矣。誠者一也，五常之信也，專言之仁也。其在天，則太極之實體，而陰陽之分不足以言之也。或曰：明之又本於誠，何謂也？曰：言仁義禮智，而復言智仁勇，則四而三之，仁统禮義也。言智仁勇，而復言明誠，則三而二之，仁统勇也。言明誠，而要歸於誠，則二而一之，仁又统乎智也。五殊二實二本，則一專言仁，則三德五常，無不具舉。故孔門以仁立教，而告君曰修道以仁也。蓋仁有在智後者，有在智先者。在智後者仁之用，在智先者仁之體。體者粹然心之德也，渾然未發之真也，豈智所得而先哉？見於用，則智先仁後，智者非他，仁之端倪發露者也。聖賢之教人也，養其心以致其知，致其知以踐其事。故張子曰，自誠明，由盡性而窮理也；自明誠，由窮理而盡性也。此子思因夫子之言，發此二義，以盡聖學之要者也。聖人之學，惟知與行，知行之本，在立志與持敬。然立志、持敬者，亦主於誠而已矣。好學力行根乎知恥，此立志之說也。非禮不動者，自齊明盛服始，此持敬之說也。無誠則志非所志，敬非所敬，而知行皆謬。故三德、九經，皆曰「行之者一也」。此所謂自誠明。

夫子教仲弓以敬恕，敬恕即敬義也。義以處事言，恕以處物言也。亦即忠恕也，敬而後誠，誠即忠也。此求仁之要。乃其告顏子反不詳者，顏子清明而純粹，故與之言克己復禮，而體用皆在其中。蓋凡不敬之心，不義之事，皆己爲之也。克之以復於禮，則天理周流於一心，公道顯行乎事物矣，非仁而何？聖人言學，隨其所指而不同，而要無偏義。不獨其告顏子，即教司馬牛者，雖偏於言之一事，然語默之宜，即所謂義，而出之以難之心，即敬也。

書洪範「敬用五事」。夫子告子路「修己以敬」，似專以敬言。然自一身至萬事，當然之則，貌、言、視、聽、思五者盡之，皆所謂義也，而總以敬用。此所謂「敬以行義」一言，傳心之要典也。修己以敬，亦若是爾。子路不知「修己」兩字之無窮，而益求其說，故夫子極其量而究言之。蓋知所以修身，則知所以治人，及所以治天下國家矣。或問：告曾子、子貢一貫之說。曰：其指一也。因曾子推其意以告門人者，以忠恕爲說，而夫子之問子貢，以學識開端，故以爲有知行之别耳。夫由二子所得言之，則所入誠不同，疑夫子所以發之亦異。然既謂之一，則無二，若所謂一者有異，是二之也，非一也。子之告君，曰智仁勇，所以行之者一也。一者聖人之本，仁者見之謂之仁，曾子是也；智者見之謂之智，子貢是也。曾子已見仁體，故能以忠恕發其藴，子貢見爲智而未至，故待問以啓之，而亦未聞更有所發明也。竊意當時若有問者，如曾子之門人，不知子貢如何告之。使以誠明之義闡發其意，與忠恕之旨互相證明，則所以啓萬世無窮者，益精切矣。

周禮三德，一曰「至德以爲道本」。至德者，主忠信存誠之事。道者達道也，察之由之，必以誠一爲基，故曰道本。二曰「敏德以爲行本」。敏德者，好學之事，書曰「惟學遜志務時敏」是也。學問思辨，爲篤行之地，故曰行本。三曰「孝德以知逆惡」。孝德者，舉孝以該衆德也，此躬行之事也。孝德在於身，則能知人之逆惡，而有以化之。此治本也，不曰以爲治本者，通上下也。蓋道者對性之稱，曰道本。則知至德之爲性行者，對知之目，曰行本。則知敏德之爲知，下三行皆孝德之行也，而至德、敏德無聞，斯知孝德之爲行矣。成周學校教學之綱如此。

「顯諸仁」，仁即德也，仁在内，而顯之則日新，此德之所以盛。「藏諸用」，用即業也，用在外，而藏之則富有，此業之所以大。此天地之誠明、明誠也。夫易聖人所以崇德而廣業者，何也？凡人性之智，極其高明，其崇如天。而人性之禮，極其敦厚，其卑如地。萬物變化，不出於天地之中，故言崇廣者，未有過於天地者也。萬事之理，亦無不出所性之内。聖人以易進德修業，則智禮成性，存存不息，而道義出，極於崇廣而不自知矣。蓋德進於心，則所知者高大光明，而有以致道之用，仁之所以顯而日新也。業修於身，則所行者切近精實，而有以立義之體，用之所以藏而富有也。此聖人之誠明、明誠也。「精義入神，以致用也。利用安身，以崇德也。」又曰：「窮神知化，德之盛也。」用以知而利，德以用而崇，知以德而化。然則欲從事精義者，舍德奚本哉？故夫子欲修德以講學，默而識之，而不息於學誨之事也。又曰：「神而明之存乎其人。默而成之，不言而信，存乎德行。」

「易則易知」，以其知之易也。「簡則易從」，以其能之簡也。所以然者，誠也。誠不二故易，誠無爲故簡，惟至健而無息者爲能體此，惟至順而有常者爲能行此。易言盛德大業，崇德廣業，則上下同流天地。疑其不可易至，故首則以易知簡能爲言，終曰德行恒易恒簡。如是，則天地之道，可一言而盡也。聖人之道，一以貫之，忠恕而已。忠者易，恕者簡也。

孟子篇

孟子之不動心，與告子之不動心，所爭者心之生與熄爾。告子之心，以熄而不動，以熄而不動，故雖根心而發之言，與志爲用之氣，皆以爲無與於心也。孟子之心，則以生而不動。以生而不動，則言心之聲也，氣志之用也，孰者而非心乎哉？所以然者，告子之於心，逆而制之也。孟子之於心，順而充之也。逆而制之者，以本有之義爲外而不事，且速其不動而助之長也。順而充之者，有事於本有之義，至於久而自然不動也。蓋義理者心之所固有，而心能生之物也。心固生物，然不以其所固有者而充之長之，未有能生者也。告子、孟子之學，原於見性之殊，而究於事心之異。謂性無仁義故外義，外義則失其所以爲心，而何有於言與氣。惟知性者則操存吾仁義之心，而言者道之所寓也，氣者理之所乘也，無非心也，故不得而棄之也。然告子之心，所以亦至於不動者，極其强制之效，而泊然無所思，寂然無所起，所謂以熄而不動者也。孟子之所謂助長也。彼自謂得心之本然，窮心之至妙，而聖賢視之，其心已枯絶灰滅而不足用，非復本然理義生生之心矣，豈不反以害乎心哉？聖賢之心，周流乎事物，其於不動，非意之也。理義充于心，而沛然其無所疑，浩然其無所畏，即欲以事物摇惑之而不能，故見爲不動焉耳。爲告子之心者，不得不外乎言與氣也，外義故也。爲孟子之心者，不得不兼乎言與氣也，集義故也。然則言亦氣也，何以别乎？曰：載心而行者之謂氣，言之在氣，尤其精者也。精故不混於氣，而與氣並論，且特論之也。不得於言，勿求於心，於己之言然，於人之言亦然。如是，則無以知人詖淫邪遁之言，而已且爲詖淫邪遁之言，無以知人蔽陷離窮之心，而已且爲蔽陷離窮之心。以蔽陷離窮之心，發而害政害事，無義可知矣。於是而責之以養吾浩然之氣，以得其所謂心，豈不遠哉？是氣也，賁、育、黝、舍亦有之，何也？曰：誠如賁、育、黝、舍之氣，則告子之賤之者是矣，而非所謂吾浩然之氣也。是故不動心一也，知氣而不知心者，黝、舍、賁、育是也；知心而不知氣者，告子是也；心與氣合，氣與心合者，曾子、孟子是也。所以然者，以本然之理義養之，無氣之非心也。夫志氣者，合之斯爲一，析之斯爲二。孟子志氣之辨，蓋爲告子言之也。

象山、姚江之譏朱子，動曰義襲而取。想告子之於孟子亦然，故孟子説之曰，吾浩然之氣，是集義所生者，非義襲而取者。告子意謂義襲而取者，外義也，不知義者也，不知義故不知言，而不能集義以養氣，皆一事之病耳。然告子意中，疑儒者以義襲取氣，非謂襲取義也。告子意中如此，而孟子解之，非告子襲取，而孟子非之也。象山、姚江以孟子譏告子襲取，於本指既乖矣，又曰襲義，則文意復反，是兩失也。夫告子之外義，蓋外之而不求，非求而乃之於外。今以錯説，而因以朱子爲告子義外之學，是徒以自證其遺棄禮義之偏，而果域於告子之域也。然陸、王謂朱子襲義，告子疑孟子襲氣，意雖不同，而適相發。蓋告子謂氣爲襲取於外者，正其謂義爲襲取於外者。孟子直究根源，不復指其暴氣之非，而斥其外義之謬也。

心者本體之妙也，氣者所乘之機也。心之生理乘於氣，猶苗之生氣乘於土。告子守其虛寂之心，而猶以之自妙。正如宋人指其枯槁之苗，而猶以之自功。蓋其以滅爲生，以槁爲長，以無事爲必，以忘爲助，真後世釋氏之學之比。豈知心離於氣而生理絕，苗離於土而生氣熄矣。向來謂無事而忘者一病也，正而助者又一病也。夫四者之病，正相因耳。以芸爲無益於苗而不芸者，即其助之長而揠之者，使其不助之長，則知芸之不爲無益也，使其知芸之益，則必不助之長也。

七篇所言，如「學問之道無他，求其放心而已」，此操存涵養之要也，而以爲多於發用，略於本體，何也？曰：凡此篇所謂心者，皆仁義之心爾，故曰放其良心，曰失其本心也。良心也，本心也，即仁義之心也。仁義之心放失之後，追求復之，是之謂求其放心。非體驗，無以發其端；非充廣，無以盡其實；非操存涵養，亦無以爲體驗充廣之地也。操存涵養，體驗充廣，皆學問之道，皆所以求其已放仁義之心而已。夫豈以求放心者，爲以操存涵養言，然後由此以進於學問之道哉？且孟子所謂操則存者，即求放心之説，其意皆兼乎敬義之兩端，存養亦孟子之言，其意亦猶是耳。朱門曰操存，曰存養者，往往借之以對省察克治之目。殆斷章之取，而非孟氏之本意也。然則明道之言非歟？曰：明道之意，蓋謂學而能得其本心，然後日充月明，上達而不可禦。其與伊川之言，一而已矣。若援以合於尊德性、道問學之説，則於思、孟全書之指，殆弗深考者耳。

孟子之後，識聖人之道者，董氏而止爾。蓋孔子之言道也，莫大乎言仁義禮智施於五倫之際。故曰「修身以道」，即達道也。曰「修道以仁」，達德之總名也。「仁者人也」，至於「知天」，則推仁義禮智之施之輕重先後，以釋「修道以仁」之意也。蓋仁也者，偏言則一事，專言則包四者，故仁義禮智皆仁也。親親、尊賢，五品達道之總名也。親親莫如父子，尊賢莫如君臣，由父子而殺之爲兄弟，皆謂之親親，由君臣而等之爲朋友，皆謂之尊賢。然有夫婦然後有父子，有父子然後有長幼、上下、君臣，而禮義有所錯也。故夫婦人之所以自別禽獸，生理之原也。父子主恩，故仁以親親爲大。君臣主義，故義以尊賢爲大。禮自父子君臣之大，以行於親疏長幼上下之間，故等殺由禮而生也。夫是則人倫備矣，而事親爲之首，故曰「不可以不事親」。修道以仁，而仁者人也，不知之，何以體之哉？故曰「不可以不知人」。人所以爲人者，其性天命也，其倫天序也，故曰「不可以不知天」。知人、知天者，智也，仁義禮所由以行也。合而言之，亦统於一仁而已。故曰「修道以仁」也。惟孟子知之，故曰：「仁之實，事親是也。義之實，從兄是也。禮之實，節文斯二者。智之實，知斯二者。」惟董子知之，故曰：「明於天性，知自貴於物。知自貴於物，然後知仁義。知仁義，然後重禮節。重禮節，然後安處善，樂循理，而謂之君子。故曰不知命，無以爲君子也。」循理謂修道，處善謂安仁，仁義禮節皆善也。明於天性，知自貴於物，知天知人也，智也，明善也。蓋性之德，仁義而已。仁義經而禮智緯之，行之者一，信以成之。聖賢論道，無以加此。

韓子引大學，斷自「誠意」，先儒或譏之。殊不知大學以誠意正心爲治家國天下之本，而其知此者謂之知本，謂之知之至。佛氏不知此者也，故欲治其心而外天下國家。此於立言之指既然，而又深得古文之意，韓子所謂善讀大學者也。道易明而教易行者，本於性而已。性者仁義也，其文易、書、詩、春秋總言之也。禮樂刑政，對老氏言之也。士農工賈以下，對釋氏言之也。仁則順而祥，愛而公。義則和而平，處而當。以生以死，以假以享。然則修身治天下，果不出於禮樂刑政，以之爲己四句，亦對老氏。而羣倫日用之質，雖生死鬼神之理，不能外之矣。生得其情四句，亦對釋氏。約曾、思、孟子之指以成文，故程子謂秦、漢以來一人而已。

程子謂退之以博愛爲仁爲非，蓋謂其舉用而遺體。然以愚觀之，欲以一言盡仁體，未有善於博愛者也。易曰「天地之大德曰生」，又曰「大生廣生」。夫此即博愛之謂也。程子曰「仁，生理也。」朱子申之，曰：「天地以生物爲心，而人物之生，因各得夫天地生物之心以爲心。」夫此亦博愛之謂也。論語立人達人，程、朱以爲狀仁之體。夫立人達人者，博愛而已，言博愛則體用具舉，固無嫌於體之遺也。行而宜之意亦如是，蓋行者用，而宜之者心。故周子亦取其語，曰：「愛曰仁，宜曰義，愛宜心也，愛宜之德性也。」朱子曰：「愛者仁之情，仁者愛之性。」然則性情一也，而以愛言仁者，豈有疵哉？

自「博愛之謂仁」至「一人之私言也」，言道德不離乎仁義，而老子離仁義以言道德之過。自「周道衰」至「孰從而求之」，言老、佛顯行，孔道不著。舉之於口，而仁義無所從聞；筆之於書，而仁義無所從考。「今之爲民者六」，言惰游士農工賈之外。「今之教者處其三」，言鼎立儒道之中。「農之家一」至「民窮且盜」，則是六四民之爲蠹也。「古之時民害多矣」至「胥而爲夷」，則是參儒道之爲禍也。然此一節自分四節。「古之時」至「無爪牙以爭食也」，斥老氏之非禮樂刑政也。「君者出令」至「不見正於禹、湯、文、武、周公、孔子」，斥釋氏之棄父子君臣民事也。「帝之與王」以下，又原老氏欲爲太古無事之弊。「傳文」以下，又究釋氏欲治其心之失。生三代後，及夷狄之教之云，皆指佛也。其時佛教尤盛，故其辭而闢之，尤嚴且切如此。「夫所謂先王之教者何也」以下，言道德仁義之大用盛效，蓋老、佛之所欲撤而廢之，而其功化與我殊歸者。「堯傳之舜」以下，則言此道傳授之正。「然則如之何而可也」，至篇末，乃言反經滅邪之方也。

榕村全集卷七

初夏録二

通書篇

通書四十章，皆錯綜以闡太極之藴，然其義各有攸當，而前後諸章，蓋互相發。首兩章言誠，誠即太極也，所謂無極之真也。無極之真，有善無惡。首章言其在天者，而一通一復，爲四時之紀，萬物之命。次章言其在人者，而一動一静，爲五常之本，百行之原也。三章、四章，兼誠、幾言之。三章言凡人之幾，有善有惡，所謂五性感動而善惡分者也。四章言聖人之幾，有善無惡，所謂無欲主静，而天下之故，常感通於寂然不動之中也。五章又以凡人言之，以明五性感動之旨也。六章又以聖人言之，以明定之以中正仁義之意也。後九章，乃言爲學變化氣質，至聖賢之道。七章言有氣質之性，而師教不可不立也。八章則言必聞過知耻，以爲受教之地。九章則言必窮理知幾，以爲入聖之門。十章則遂言學聖之至，必如伊尹、顏淵而後可也。十一、十二、十三章，所謂志伊尹之所志也。十四、十五章，所謂學顏淵之所學也。十六章，申太極前半篇之意。動靜者，陰陽也，化也。動而無動，靜而無靜者，陰陽互根也，神也。神之所以不二者，以其理之一也。混之斯爲一，闢之斯爲萬，神聖之妙乎萬物而不可窮也。十七、十八、十九章，言樂。樂者樂也，性情之極也，其本亦在於淡而已。此中庸「尚絅」、圖説「主靜」之指。故二十章遂言無欲，以申太極後半篇之義。二十一章又言公明，以申明通公溥之説也。二十二章總理性命言之，實太極一圖之體要，奥指微言，至此盡矣。以後雜申前文之意而已。二十三章，申志學也。二十四、二十五章，申師也。二十六章，申幸也。二十七章，申思也。二十八、二十九章，申務實也。三十、三十一、三十二章，皆言易，以申首章性命之源之意。性命之源，誠而已矣。乾損益動章，言存誠而慎其動也。家人睽復无妄章，言慎動以歸於誠也。此蓋易忠信立誠之道，敬義夾持之要，而首數章言誠、幾、道、德、慎、動者，皆舉之矣。三十三章，又申顏子也。三十四章，又申文辭也。三十五章，所謂蘊之爲德行也。三十六章，所謂行之爲事業也。三十七章，又見公能生明，以申三十六章之意也。三十八、三十九章，言孔子者，立人極之人也。四十章，言蒙艮者，自童蒙至聖賢，皆以主靜爲學之本也。通書四十章，豈徒發明圖説之蘊，蓋學、庸、語、孟，孔、顏、曾、思、孟氏，不傳之絶學存焉。

周子於圖説曰「無欲故静」，於通書又曰「無欲則静虚而動直」。或疑静虚之静，非主静之静，非也。蓋無欲故静虚，静虚故動直，静虚乃動直之本，故曰主静也。所以無欲者，則自存誠謹幾而來。存誠謹幾，則無欲而誠矣。一者無欲也，誠也，故曰一爲要也。聖人曰中正仁義，學者則曰明通公溥。中，禮也。正，智也。中正仁義，動静周流，而以静而義正者爲主。此易貞中起元之意，所謂利貞者性情也。聖人以此洗心退藏於密，神明其德者也。義智所以爲静者，董子謂陽居大夏，而以生育長養爲事，陰居大冬，而積於空虚不用之處。當陰道上行之時，則萬物已藏斂成就，是置之空虚，無所用之也。人心及乎義智之分，而萬事收斂，則亦截然而止，澄然無爲矣。明者義也，通者智也，公者仁也，溥者禮也。此之明通公溥，重在明通，主静之意也。至養心亭説所云「誠立明通」，則又以誠立爲重。蓋寡之又寡，以至於無欲，則誠立。誠立則明通，明通則公溥不待言矣。二者文雖異，而同申圖説無欲主静之指。故以周子之言，前後反覆而自相證，則得之矣。夫動静時也，聖人之道，未有偏焉者也。其所以静云静云者，静之分雖陰而主乎陽，動之分雖陽而主乎陰。故人心寂然，則神明爲官；動而感物，則形體迭用。善惡生於形體之交，而人心紛於有感之際。此衆人所以常因動而失性，聖人所以必主静而立極也。乾之元不爲首，坤之貞以大終，皆主静之義也。艮背之辭，尤三聖之微言，故周、程屢述焉。

邵子云，天地之數五。五位之中，有無體之一，有不用之一。以人心言之，則五者性也，無體之一者信也。專言之仁也，不用之一者智也。蓋信土德也，該五行，乘生氣。其在天，則太和一元之運乎四時，故曰誠曰仁，惟人所以目之而已。智水德也，四時之運，惟冬不生，然生物之本在焉。智於四德猶是也。此知所以爲行先，而誠所以爲知行本。蓋不用者用之根，而無體者體之極也。夫由邵子之言，則不用者一。由朱子釋周子之説，則不用者二。然義猶半用，而智全不用也。易言利貞者，亦曰自利以歸於貞而已矣。

定性書大公順應者，敬義之學也。内直故公，外方故順，而其所以能然者，敬義也。書雖不言，然語録言之，所指繫累穿鑿之非，而歸於主敬明理者，即此書之義疏也。遽忘其怒，而觀理之是非，乃怒時之敬義。推之他時他事，莫不皆然矣。書中引艮背者，言其無所繫累也。引惡智者，言其不可穿鑿也。繫累而失本然之心，穿鑿而失自然之理，皆緣無敬無義故耳。無所繫累穿鑿，則静亦定，動亦定，蓋無欲而静虚動直矣。此周、程相傳家法也。張子之問，有偏於静定之意，故明道以是發之。吕與叔、蘇季明，學横渠者也，異日問於伊川，欲於未發之時求中，似亦曾聞静定之説，而索之過者。故伊川之答季明，以爲未發不可求，有心求之，則是已發矣。惟是平日以敬涵養，則自能有未發之中，而有以爲發之本。及季明屢問，則又以爲必於已發之際觀之。蓋能以義制事，使事事物物各得其所，則此心自止而不動矣。夫涵養久而發必中節者，靜以善動也。物各付物而心自止者，動上求靜也。敬義夾持，動靜互發，而必以敬且靜者爲先，此則主敬主靜之説也。周子以仁與中爲動，義與正爲靜。蓋存之以仁，而後能動而中，處之以義，而後能靜而正。故朱子曰：「廓然而大公者，仁之所以爲體也；物來而順應者，義之所以爲用也。」自周、程而朱，心傳之要，莫大乎是矣。

自宋以來，格物之説紛然。扞禦外物而後知至道，温公司馬氏之言也。必窮萬物之理，同出於一爲格物，知萬物同出乎一理爲知至，藍田吕氏之言也。以求是爲窮理，上蔡謝氏之言也。天下之物不可勝窮也，然皆備於我而非從外得，反身而誠，則天地萬物之理在我，龜山楊氏之言也。物物致察，宛轉歸己；又曰即事即物，不厭不棄，而身親格之，武夷胡氏父子之言也。格，正也，物，事也，去其不正以歸於正，則又近年姚江王氏之説也。古注之説不明，而諸家又紛紜若此，此古人入德之方，所以愈枝也。程、朱之説至矣，司馬氏、王氏，不同道而姑舍是。餘諸子皆學程門者，宜乎各有所至矣。然朱子之意，猶謂程子之言，内外無間，而本末有序，非如諸儒者，見本則有薄末之心，專内則有遺外之失。又或以外合内，而不勝其委曲之煩，皆未能得乎程氏明彼曉此，合外内之意，及積累既多，豁然貫通之指也。雖然，程子之説，則真聖門窮理之要矣。而施之大學，則文意猶隔。蓋大學所謂格物者，知本而已，物有本末，而貴乎格之而知其本。末者，天下國家也；本者，身也。知天下國家不外於吾身之謂知本，知本則能務本矣。此古人言學之要，大學之首章，學記之卒章，其致一也。象山陸氏之言曰：「爲學有講明，有踐履。大學致知格物，講明也。修身正心，踐履也。物有本末，事有終始，知所先後，則近道矣。自欲修其身者，先正其心，欲正其心者，先誠其意，欲誠其意者，先致其知，致知在格物。自大學言之，固先乎講明矣。」又曰：「學問固無窮止，然端緒得失，則當早辨是非向背，可以立決。物有本末，事有終始，知所先後，則近道矣。於其端緒，知之不至，悉精畢力，求多於末，溝澮皆盈，涸可立待。要之其終，本末俱失。」愚謂陸子之意，蓋以物有本末，知所先後，連格物致知以成文，其於古人之旨既合，而警學之理，尤極深切，視之諸家，似乎最優，未可以平日議論異於朱子而忽之也。就諸家中，則龜山之説獨爲渾全，蓋雖稍失大學淺近示人之意，而實聖門一貫之傳也。故朱子之誄延平，曰：「道喪千載，兩程勃興。有卓其緒，龜山是承。」

象山之學，亦言志，亦言敬，亦言講明，亦言踐履，所謂與朱子異者，心性之辨耳。象山謂即心即理，故其論太極圖説也，謂陰陽便是形而上者。此則幾微毫忽之差，而其究卒如鑿枘之不相入也。近日姚江之學，其根源亦如此。故平生於「心」、「理」二字，往往混而爲一。答顧東橋書引虞書，斷自「道心惟微」以下，而截去上一語，晚歲遂有心無善惡之説。夫心性之原既差，則志其所志，養其所養，講其所講，行其所行，二本殊歸，其道使然。今言陸、王之學者，不謂其偏於德性而缺學問，則謂重在誠意而輕格物。此亦朱子論近世攻禪，若唐檄句驪守險者類也。張子言釋氏，就使得之，乃誠而惡明者。聖人則因誠著明，因明致誠。愚謂果誠則無惡明之理，惡明者其誠非也。故程子曰：「既無義，即敬豈有是處？」然則陸、王二子之弊，其應辨析者，固在心性人道本原之際，不在講學持守、知行先後之間也。

太極篇

朱子釋太極，云造化之樞紐，品彙之根柢。其訓皇極，曰至極之義，標準之名。詞雖不同，而義相貫。蓋凡物樞紐，乃其至極無以復加之處，而其以爲根柢而生者，必無不與相似，是亦所謂標而準之者也。夫天地之間，物化同流，無一不肖其所自生者。故一瞑一寤似晝夜也，一晝夜似望晦也，一望晦似春秋也，萬物精魄似水火也，水火似日月也，日月似天地也。蠕動吹噓，華實瑣細，莫不有所類焉，莫不有所像焉。雖然，此皆形氣之屬，取則於兩儀、四象而有者也。兩儀之爲儀，四象之爲象，亦取儀表法象，萬物所則效之義。非所謂極也。極也者，純粹以精之理，至真而無妄，至善而無惡。其爲物也不二，其爲道也不息。此所謂天地之性，而萬物得之，亦各一其性，有若以之爲根柢標準者然。比之兩儀、四象，則無聲無臭，爲之主宰綱維，至極而無所加於其上，故曰太極也。皇極之爲極，亦以人君能盡其性，而足以爲臣民則傚。天地聖人之性，苟非極乎其至，不能爲萬物萬民之則，不足以爲萬物萬民之則，亦未可謂極乎其至矣。是故未論圓首方足，五行之秀者也，即橫生倒生，血氣之倫，皆有人性，皆有天地之性，顧人不察耳。且夫是性之善，於何驗之？從古及今，不知其千萬年也。天地之爲天地，無有他事，生萬物而已。生生也，不生則成其所生，而又以爲生生之地也。觀天地之爲天地者，天地之情之心可見矣。觀天地之情之心者，天地之性可識矣。邵子謂天心無改移。夫其心之無改移者，以其性之不可改移也。其在人者，則亦以心之發，知其性善而已矣。至於鳥獸草木，良知良能之所發見，皆足以驗其區區之善，與人同得之天地而初無殊。子思子曰：「鳶飛戾天，魚躍于淵。」言其上下察也。此聖人所以對時育物，參天贊化，與太極合德者也。

理氣雖無上下先後之可言，然所謂天地之性純粹至善者，自超然形氣之表。性者生物之本也，氣者生物之具也。由此觀之，道器安得謂無上下？陰陽有終始，天地有混闢，而其性終古不移，故混兮闢兮，終則有始。由此觀之，理氣安得謂無後先？近代多譏朱子不當以先後言理氣，因之上議濂溪動靜生陰陽之説。易大傳曰："易有太極，是生兩儀。"然則不獨上下，孔子之言；生陰生陽，亦孔子之言也；安可以言生、言先後者爲二子病也？且上下先後，皆非判然兩截之謂。如無性，何緣而有氣？如無氣，性亦不可得見。氣者性之所生，因而爲性之用，一而二，二而一。韓子所謂其所憑依，乃其所自爲者也。故孟子曰配，周子曰妙合，皆言其不離之中有不雜者存也。以人心論之，無喜怒哀樂，則仁義禮智不可得而見。故中庸言性道，以四者發、未發言之。孟、韓言性情，表裏相應，此所謂不離者也。仁發爲喜，而謂喜爲仁不可。義發爲怒，而謂怒爲義不可。情自情，性自性，故聖人言道心，又言人心，此所謂不雜者也。跡近代疑者之意，乃以氣之迭運而適中不偏者爲理。故羅氏則曰，理在氣之轉折處見。蔡氏則曰，以太極爲陰陽之本體，不如以爲全體之爲安。二者所見正同。此如以喜怒哀樂中節爲性，語非不是，恐未究其根爾。若真知性之爲性，則知周子之書、朱子之言爲無弊。或問：性既善，何以乘於氣而有不善？曰：形上謂之道，形下謂之器，道者渾具之性，器者發用之材也。性既善，材亦無有不善。然性一而已矣，材則取備焉，備則錯綜變化，巧歷不能窮也，參差多寡而偏正生矣。又性無形，氣有迹，有迹則又有精粗醇醨之異。譬之五味皆旨也，或不備，或多寡失其齊，則變而爲惡味。五色之相參雜也亦然。且色味既有形之物，則必有菁英苴淤，淳厚淡薄，固不能以均齊也。人受天地之中，陰陽五行，會萃均和，得其正者也。物則偏而不能全乎天地之性。然就人之中，又有正而偏者，爲愚不肖之不移。物雖偏，而亦有偏中之正。故有形類性情與人似者。又人得其秀，其氣清粹，物得其粗，其氣昏駁。此又性之通塞所自分也。如四靈之屬，則雖偏而清粹者，故其性特異。人而得其昏駁者反之。

太極猶種也，二五者，根幹枝葉也，所生之人物，則穀實也。種之中含根幹枝葉，今松子、蓮子中有松葉幺荷者是也。及果穀之成，則肖其種而已矣。樹之道在成實，天地之道在生人。人與物同生也，而種之美者爾，故天地之性在焉。惟天地之性在人，故人心渾然太極，而獨肖於天地。自是而發之，形神交，五性感，萬物生焉，是衆人之陰陽五行萬物也。寂感一，中正仁義行，萬事定焉，是聖人之陰陽五行萬物也。如成實之後，又自爲種，而生生不窮，此人所以曰天地之子。繼其志，述其事，而終其功，而天地萬古之化，舍人事則莫大焉者也。周子之圖，既首尾之於一極矣，然於人極而兩之者，抑以人自生於父母之後，而其視天地也，則闊乎與我其不相續。是故於氣化形生而兩之，明乎受之於天地者此也，受之於父母者亦此也。受之天地、父母，同乎一性，其全而歸之天地、父母也，同乎一道。嗚呼！此西銘之指之根本也。二人不相見，二書之作不相謀，以其義之至者論之，則西銘之作，所以終太極之意，惟其不期而同，此乃所謂同也。康節之書又曰：「道之道，盡之於天矣。天之道，盡之於地矣。天地之道，盡之於物矣。天地萬物之道，盡之於人矣。人之道，則盡之於聖人。」旨哉！斯皆極至之論。

人物篇

太極行而爲一陰一陽之道，所性具而有見仁見智之偏，日用飲食，蠢蠢不知，則又其每下者。中庸有智愚、賢不肖之分，周子有剛柔、善惡之等，孟子、韓子有才品之論，張子、程子又有氣質之説，皆根原於大傳之意，而有詳略。賢智及剛善柔善，皆才品氣質之清而淳者，但偏耳。愚不肖者、惡者，則是得其粗而駁者，足以蔽虧乎他端之美，而不止於偏而已。或有愚而稍淳厚，不肖而猶聰敏，亦不足以言賢智也。顧人雖有虧蔽，而終異乎禽獸之虧蔽。人於類屬土，土中氣而備五行，故人實受天地之中而完五德。其偏極者，蓋德之甚少而未嘗無。禽獸則無之者也。譬之烹飪，五味全具，或加醯鹽、薑桂少，則似未嘗酸辛。禽獸則撤其一齊，不特寡少而已。以形體論，生人之類，必備五臟，必備五官，手足必備五指。禽獸則不能具五趾，甚而五臟、五官有不能具者。是故人雖愚可使智，雖惡可使善，其蔽虧者，清濁淳駁之爲爾，其本固在也。夫其根伏者，滋之雨露則可以繁陰。其火宿者，動以薪草則可以燎原。聖賢之教人，復性而已，未嘗使增所本無也。禽獸則因所明者而導之，因所善者而順之，因所能者而用之，偏盡者無可補完之道，塞甚者無可終開之理，蓋亦不能增其本無故爾。龍麟鳳皇，聖人比德焉，其得氣清且淳矣，而以人視之，猶偏。故言與天地相似者，非人莫屬也。

草木之生子也至繁，禽獸次之，禽獸之小者、無知者，如魚蟲之族，生子尤繁。其大如犀象牛馬，靈如鸚鵡猿猴之屬，則不能也。人之生比物類尤少，此所以爲最貴。夫人物亦天地之子也，惟天地能廣生人物而兼愛之，人物則不能。故禽獸魚蟲之類，不能篤於天性，固其氣之昏塞，亦由生繁而情不專也。然飛走者，嫗伏乳哺，天性之愛，其初不與人殊。即若魚蟲之孕蓄矣，俗謂凡魚産子之處，其所流傳，至生育之期，必來故處。又如草木開花之候，移栽則生，俗謂花愛子。然則雖至微至繁，而性之不可泯亂者，自在也。至論其等，則又不但人物性有厚薄，愛有差分，即天地生人物之初，亦不一概。故繁氣之生，與精氣不同，其愛繁氣之所生也，亦不如其愛精氣之生者之厚。故草木以食禽獸，禽獸以養人，食之以時，用之以禮，而聖賢莫之非，神明不之惡也。精氣之中，其禀得高厚之氣者，爲尊崇富貴，又可以駕使服屬一切卑賤之倫，尤爲天心之所眷顧。然必皆能善承天意，知自貴於物，則勤修人職，知尊在民上，則敬代天工。雖可以自肆於民物，而能體天地兼愛民物之心，必使之各得其性而後可耳。不然，則是暴殄天物，害虐蒸民，亦曰天之所厚，其可乎？韓退之原人篇，以人统禽獸，而曰：「主而暴之，不得其爲主之道矣。是以聖人一視而同仁，篤近而舉遠。」

草木叢生於山澤間，榮落不相侵害。禽獸則有齧觸爭奪，比之草木，不如多矣。然亦饑則噬，怒則爭，欲厭而棄，忿平而釋。人則其願無極，其怨無終，留贏餘於子孫，結禍釁於數世，毒積家邦，害其民物，其不如禽獸遠矣。然則天地之性，何爲以人爲貴乎？蓋凡不善之端，皆緣善者而反，草木不能相害，亦不能相利也。禽獸之類，如蜂螘之擁其上，鳥烏之哺其親，同羣旅居之族，相噢咻者，比比能然。此禽獸之靈，賢於草木者也。若人則自五倫親愛，推之可以睦族黨，卹鄉鄰。其大者至於澤天下，其功用幾與天地并，豈可與血氣之屬一日而語哉？惟其全能之備也，故擴而充之，貴於萬物；而逆而反之，則其惡亦非萬物比也。此如富厚崇高之人，可以遠施，乃爲善之具。而驕淫矜夸者，藉以濟惡，覆不若窶人丐夫，得厭而止，無厲於人，不府辜功也。

禽獸性之善者，終古不易。人則世變風移，不能常保其性。何與？曰：所能者多，故不專，所習者速，故易變。禽獸之善者，終古不移，一則無習化之變，一則所稟偏而專也。此如一人專治一藝，一人兼通衆藝，其一藝自然歷久不忘。又如兩人皆不純善，而一聰黠，所習愈多，其善愈損，其勢然矣。然孟子終謂人之性善，不與物同者。物明於一而暗於他，不能與天地相似，則不足以言善。不足以言善者，非謂無一端之善，不足以語於純粹至善之本，而得乎天地之性之全也。由斯以觀，孟子之於性也，豈所謂論理不論氣者乎？其論人性也，正如禮所謂天地之德、陰陽之交、鬼神之會、五行之秀氣也。傳所謂人受天地之中以生也，正以其稟氣賦質獨完且粹，所以謂之善。故曰人之所以異於禽獸者幾希。惻隱、辭讓、羞惡、是非，人皆有之。若禽獸，則或有其一，不能皆有，或稍有之，而長而忘之、久而棄之矣。如謂孟子之言性也，以天命之本言也，論理不論氣，是以未備。如是，則天命之本，一而已矣，又何人物之別之有？而孟子以爲異於禽獸，以爲必不可同於犬牛者哉？獨所謂智愚賢否倍蓰而無算者，孟子不以爲性，似乎離氣論耳。孟子之意，以爲賢否智愚，相差者小，均是人也，則皆與聖人同性者，非若犬馬之判然不與我同也。若果聖人不與我同性，則我之耳目口鼻，所悦所嗜，必皆不與聖人同。如犬馬之飲食居處，不與我同類而後可。今耳目口鼻，所悦所嗜，一一與聖人同，獨至其心其性，而有異乎哉？是故雖愚可使智，雖惡可使善，非若禽獸之愚而必不可使智，惡而必不可使善也。雖降才有異，而亦孰有能盡其材者乎？苟盡其材，人一之，己百之，人十之，己千之，則亦未見力不足者。故曰性相近也，習相遠也。材善故性善，智愚之稟，其較不多，故曰近也。不能盡其材，而性奪於習，則有倍蓰，有無算，故曰習相遠也。是故孔、孟之論性之在人者，皆兼氣稟而論者也。氣稟即材也。韓子所謂有三品者，蓋原於孔子上智下愚之指，是故以孟子獨言善者爲非。聖人之言至矣，故言相近，以概人性之皆善，又言不移，以處間生之善惡。賢人之言，則必合之而後見。聖人之意，孟子得其所謂相近者，韓子得其所謂不移者。夫后稷、文王、羊舌、越椒之生，蓋間值者也。乃其所謂生大聖不數，生大惡亦不數者也。欲以爲常品，而易性善之説，則過矣。雖然，韓子雖異乎孟子之説，而亦可以補孟子之意，以合於孔子之言。且其曰：「上者可教而下者可制也。」明乎人雖下愚，而與鹿豕之羣不可制者異矣。彼其所以可制者，則以人之爲性者五，雖反於一，悖於四，而五之爲五自在也。朱子中庸解，天命之性，兼人物言之。其言氣稟，亦自人物之偏正通塞，以及賢愚之昏明厚薄。理雖詳密，而不可以是論孟子之疏。蓋孟子所謂人性，正以其得乎正且通者，而謂之善。昏明厚薄之材，可以學變，故曰非才之罪也，不能盡其材者也。非孟子不言氣稟，而所謂善者，純以天命之初説之也。夫自孔子至於程、朱，所言詳矣，其間猶有不相知而相議者，然皆得聖賢之學而無不同，同乎見性焉爾。所見同，故其所以相議者，不能相病而適相備。然而猶相議者何也？偶失其意於語言之表，古人所以貴乎親炙之歟。

人心篇

人心，道心。人，形也；道，性也。心居形性之間，形性妙合，而心爲之主，故有道心，又有人心也。性者生物之本也，故自心而上之，通極于天命之德，則曰道心；形者物生之迹也，故自心而下之。發見爲耳目口鼻四肢之情，則曰人心；無兩心也。别爲人心，而曰危者，蓋形氣之用，徇之可以流而爲惡，而失心之本；然亦不得謂之非心也，故曰人心危也。其後孔門謂之人欲、天理，蓋人心惟有欲也，是以危。道者理也，理原於天，無聲無臭，是以微。其告顔子也，曰己、曰禮，此則又指夫人欲之私，天理之實之所在也。夫公天下之欲不爲惡，惟有己則私耳。理涵於心之謂性，見乎事物則爲禮而可循，而理斯實矣。雖然，發人心、道心之指，未有賢於孟氏者也。其曰仁義之心，所謂本心、良心也，即道心也。心之官則思，思則得之者也。其曰口之於味，鼻之於臭，耳之於聲，目之於色，所謂人心也。耳目之官不思，而蔽於物者也。耳目之官亦心也，而非所謂本心者，故不得爲大體。其論消長存亡也，則通論之也。道心爲主之謂存，人心聽命之謂長，反是則消亡矣。曰「出入無時，莫知其鄉」，非歎其不測之妙也，正謂理難著而欲易流，微之至，危之甚也。周子曰：「形既生矣，神發知矣，五性感動，而善惡分，萬事出矣。」形生神發，所謂心也，五性感動，則道心與人心并合而並發，此善惡之所以分也。故曰：「幾微故幽，非天下之至精，其孰能與於此？」程子曰：「果而確無難焉，非天下之至一，其孰能與於此哉？」程子曰：「吾學雖有所受，天理二字，則是自體驗而表出之。」蓋自謂得周子之傳，以推明孔氏之意。張子又曰：「心統性情者也。」此又深合虞廷之旨，一語傳心之要也。

自漢以下，儒者以氣質爲性。故程子爲之説曰，性即理也。言氣之中，有亘古今不易之理，是之謂性，不可以氣爲性也。自是至今日，雖人能言理，實未免於以氣爲理。故宜爲之説曰，理即性也。言氣之中，有亘古今不已之性，是之謂理，不可以氣爲理也。太極圖解，朱子傳道之書也。其言太極動靜而生陰生陽也，曰是天命之流行也。所謂誠者聖人之本，物之終始，而命之道也。其言太極本無極，而五行之各一其性也，曰是性之本體然也。天下無性外之物，而性無不在，故渾然太極之全體，無不各具於一物之中，誠也，性也。朱子所以言太極也，即其所以言理也。由是而賦於萬物，散爲萬事，皆此理爾，此性爾。故中庸首章説曰：「人物之生，各得其所賦之理，以爲健順五常之德。」又曰：「道者，日用事物當然之理，皆性之德而具於心。」夫朱子之言理也如此，後世猶有薄其窮理之説爲支離者。

在人者率性爲道，天地何獨不然？一陰一陽之道，亦天地率其至善之性而爲之者也。故曰：「立天之道，曰陰與陽；立地之道，曰柔與剛；立人之道，曰仁與義。」言道則可以對待言，若性則不可以對待言。性者，渾然一無極之真而已。然則言性，以仁義、以四德，蓋亦自發用之後，而推原其本體，分别其名狀之云爾。性則沖漠無朕，烏有所謂兩且四者哉？是故聖賢惟以善名之，不可加一辭。率之斯爲道，散之斯爲理，故有塗轍之可循，條貫之可析。此性道之説，太極二五體用之分也。

性之所以爲性者，善而已矣；性之所以爲善者，仁而已矣。在天地則爲生物之本體，所謂「大德曰生」者也。性從心、從生，説者謂與心俱生，非也。謂心乃能生者，心之所以能生，是之謂性焉爾。向與友言：中庸至於天地之道，可一言而盡也。其人云，其生物者，即其爲物者。歎其談理之妙，詞省而意足。故易言天地，而曰「繼之者善」，又曰「元者善之長也」。孟子言人而曰「性善」，又曰「仁也者人也」。人皆有不忍人之心。

樂記曰：「人生而靜，天之性也。感於物而動，性之欲也。」韓子曰：「性也者，與生俱生者也。情也者，接於物而生也。」周子曰：「五性感動，而善惡分矣。」程子曰：「其本也真而靜，其未發也五性具焉。形既生矣，萬物觸其形而動於中矣。其中動而七情出焉。」朱子解中庸，謂喜、怒、哀、樂，情也；其未發則性也。夫仁義禮智，有存有感，喜怒哀樂，亦有已發未發。是道心、人心，皆包乎動靜以爲言也。而聖賢之論，乃以靜爲性，動爲情。則道心、人心，亦可以動靜別之與？曰：從乎性者，性情皆道心也。從乎形者，人心也。可以言情，不可以言性。是則道心包動靜，而人心則以動言而已矣。夫有形則有知，有耳目口鼻之官，則有聲色臭味之好。雖未接於物，其本固在也。以爲動而後有，何也？曰：人心之方其未發也，耳目口鼻之官，莞於大體；喜怒哀樂之用，涵於一中；是形性之未分者也。人也即道也，即人即道，則不謂之人心，動而以人從道，則亦不得謂之人心矣。惟其不能以人從道，而並行錯發於日用之間，于是乎有人心、道心之異，而危微分焉。中庸所謂未發爲中，猶略言之也。孟子發其指，又曰：「日夜之所息，平旦之氣，則好惡與人相近者幾希。牿之反覆，然後夜氣不足以存。」夫夜氣所存，即未發之中也，道心也。至于不足以存，則未發之中亦亡矣。禽獸者，雖未交於物，而所性之本已失。人而如此，故曰「違禽獸不遠矣」。此中庸所以必先於戒懼以致其中。孟子言操存者，雖不專以此言，而此其要也。周子之靜，程子之敬，其原悉出於此。

天地篇

文中子曰：「天者統元氣焉，地者統元形焉，人者統元識焉。」又曰：「氣上形下，識都其中，而三才備矣。」邵子曰：「形氣交而神處乎其中，三才之道也。」是二説者，初讀之至精之論也，苟以辭害意，則謂天地者，徒塊然。塊然之形氣，而至靈之神識，乃在於人之身，不但於理迷謬，且大有害於存心之事，不可不知也。天者氣之宗也，神者氣之靈也，所謂帝者，其主宰也。天之功見之於地，其成形者皆天之氣，成形而有知識者，皆天之神。人者所生之物，萬類中之一爾，以其得中氣而最靈於萬物。天施地生，其精且秀者在此。故推之以配上下，而爲三才，豈謂其更靈於天地乎哉？或曰：書以民爲天之聰明視聽，何説？曰：民者天之所生，其聰明視聽，即天之聰明視聽也。緣此遂謂天無聰明視聽，可乎？記謂人者天地之心，非與？曰：此非以天地爲血肉之軀之謂。蓋天地以生物爲心，所生之物，因各得夫天地之心以爲心。人又萬物之靈，能繼天地之志，則天地之心，實在于此。故記又以人爲天地之德，孝經以人爲天地之性。蓋非天地無德性，但人受天地之中，與之合德而得天地之性者，人爲貴爾。易言天地之心，書稱天心帝心，不一而止。張子亦曰，天地之帥吾其性。然則天地豈無心者乎？周子圖説，以萬物萬事對。蓋天地之生萬物也，如人之生萬事也。天地生萬物，而一物各有一天地之心，猶人生萬事，而一事各有一人之心也。故曰人者天地之心。

天者神也，地者形也，上帝者主宰照察者也，地祇者效能體事者也。鬼神之在我，爲魂魄精神。太極爲性，陰陽動靜之機，爲喜怒哀樂之情。萬物則爲萬事，人類則爲三綱五常之正。

日月，天之耳目也。其所迫近則爲發生，其所遠離則爲揫斂。凡地中温肅生殺之氣，造化萬物者，皆因日月之所加臨。謂如人心造化萬事，皆緣耳目而變，苟耳目之所不加，萬念萬事亦無由以起矣。或曰：天地自有生物之心，人心自有應事之神，如謂生物之在日月，而萬事起於耳目之官，則坎、離先乎乾、坤，且孟子所謂小體、大體者誣矣。曰：日月，天地之精神發見者，自然與天地之精神相應也。猶之耳目，人心之精神發見者，亦自然與人心相應也。日月之氣，因天地之氣而有，而又能以其氣爲天地之氣。耳目之神，因人心之神而有，而又能以其神爲人心之神。如雌鷄之暖氣外氣也，卵氣內氣也，內氣待於外氣煦伏而生，非待於外氣煦伏而有也。是之謂內外相應之理。孟子小體云者，非外之也，正謂耳目之與心相應。恐其誘之而化，故欲人之以本心爲主，則耳目之用，無非所以善養其心耳。四勿九思之目，皆先以視聽，蓋謂此也。此義不明，故有謂耳目牿心，而必離見聞以求道者。

問：人事之亂也，天心安在哉？且何以窮其流弊，而不反之？曰：氣之爲也，其有甚有不甚，則人事之召也。天心豈變哉？此猶人之病也。其有甚有不甚，人事之召也。人心之明，豈以病爲安乎？詩、書稱眷求一德，俾作民主，鑒觀四方，求民之莫。微天心，何以眷之鑒之？又問：天地之大也，治亂同乎？曰：寒暑、朝暮，有不同者矣。東方之晝，西方之夜也。極南之暑，極北之寒也。人事作息，萬種生枯，豈有同者乎？然同乎朝暮、寒暑之理而已。以此推之，古今之治亂興衰，亦不殊是。自三代至今，地之南北東西迭正，自繁盛而荒蕪，自阻深而開闢者，多矣。況九州之外者乎？故有同體之興衰，有一處之興衰，未可一概論也。此如人心所注，其事則興。樹之生氣偏灌，其葉則茂。要之，一體中事，流行變易，不得不然，豈有兩心哉？

或問鬼神之理。曰：萬物之存化，萬事之生滅，一也。事雖往矣，其迹象未嘗不在於心，雖久而忘矣，而觸之未嘗不復記憶。此豈人心又有藏往之處，鬼神之爲德固如此爾。鬼神者，二氣之靈也。人乘二氣之靈，故其生其死，亦謂之鬼神。然聖賢之生死，則又與蚩蚩者存没不同。凡生爲人，死爲鬼，其常也。聖賢之神，與天地之神合，所謂在帝左右，主名山水，萬世無疆，崇祀俎豆。蓋因此理維繫天地，故其神塞乎天地之間。喻之人身之美行善事，自然與精神念慮相爲固結，非泛泛然旋起旋滅之可同也。昔與友言，明有聖賢，幽有鬼神。其人以爲天地間既有聖賢，天地間神明，皆聖賢之神明也。初疑其語未然，既思之乃有理。如五帝五神，本五行之氣，而以太皞、少皞諸人爲之。土穀自有神，而以柱、棄配之。及詩、書言三后在天，王有丕子之責于天，周公歌詠禱祈，不爲虛誕。蓋天地間日星河嶽，無盡之精爽，然皆不能離理而孤行。開闢以來，無窮之理義，皆自聖賢發之。其神靈合於天地，無足怪者。至於經傳儒先致有致無之説，蓋莫非鬼神也。天地聖賢祖宗，是當致有者。淫祀怪神，是當致無者。近取諸身，是謂存理滅邪之法。或問：常伸者爲天地之神，如耳目心思之靈，日出而不窮也。人雖聖賢，及屈而歸，亦人鬼之類爾，似不可以聖賢之神爲天地之神。曰：非聖賢之神長在，蓋聖賢之理長在也。其理天地之理，則其神天地之神，雖既屈而歸，而與常伸者無異。故曰：「文王在上，於昭于天。」注言其精神上合於天也。卒之曰：「上天之載，無聲無臭。儀刑文王，萬邦作孚。」主於理矣。

韓子之原鬼也，以爲無形、無聲、無氣。如是，則所有者神而已。然而或有形於形、聲於聲者，則有二，一鬼一物。鬼者人鬼也，其降於物而有形聲也，皆民逆於倫，感於氣，召乎禍以取之。物者物怪也，其接於物而有形聲也，或禍或福，或莫之爲禍福而已矣。

韓子其知鬼神者乎？謂鬼神無顯然而與人交之理，其或與人交者物也。然則古今之惑於鬼神之説者，其亦召致物怪而已。故其作謝自然等詩云云。

性命篇

元、亨、利、貞，太極中之四體也，純乎善者也。賦於人爲仁義禮智，亦純乎善者也，發爲喜怒哀樂，則不能純乎善矣。自此而爲吉凶悔吝，自此而爲理亂興衰，皆人事乘氣數之所爲，非盡天命本然之理矣。自仁義禮智以上屬天，自喜怒哀樂以下屬人。自元亨利貞爲仁義禮智，是由天以之人。自喜怒哀樂爲吉凶悔吝、理亂興亡，是由人以之天。由天以之人者，天與而人受之，故斷自此謂之天理。由人以之天者，人感而天應之，故斷自此謂之人事。

或問：天之元亨利貞，發爲春秋冬夏，亦氣也，陽愆陰伏，亦氣之過也，何爲專以理言天乎？曰：氣者理之用也，氣行而不離乎理，則專言理可也。陰陽愆伏，暫而不常，所謂天地之大也。人猶有所憾，不足以爲天地之病也。人則過而不知節，溺而不知返，迷失本性，故以是爲形氣之罪耳。又問：理亂興亡，春秋冬夏之大者也。生民一消一息，草木榮落之大者也。故邵子謂元會運世，猶之歲月日辰也。奈何以理亂興亡斷爲人事？曰：理亂興亡，固即春秋冬夏也。惟人之所禀全，所職大，其修悖之效，迥然與萬物殊，故往往言天而以人對。草木者順天之序，與化同流而已。人則不然，其盛也敗禮敗度，其衰也圮類戕物，以至干天地之和而猶不止也，而生生之道，幾乎息矣。故一年之生殺，人運之息耗，皆天也。草木順受者，則謂之正命可也。人蓋有不能順受者，不謂之正命可也。但泯然升沉如草木而已，亦未盡乎順受之道，非天地所以生人之意，不足謂之正命。必也，如聖人興道致治，救亂扶衰，然後合乎天地生生之心，而可以作元命。究於其本然者，非有所加也。故以順爲順，未盡乎順之道，而興道致治，捄亂扶衰，則順之順者也。

世術以星盤干支，推人休咎，曰某度某運，應凶應吉。此於理蓋有之。然吾徵諸世之人矣。如吉也，善人則加修，中人坐享而已，惡人必恃而恣焉；如凶也，善人亦懼而加修也，中人苟安而已，惡人必回以避焉。故善人之福，必有餘祥，而其獲禍也輕。不善人之福，非福，而其遇災必重。或問：如此，則惟中人順受焉爾。不善人之不善而餘殃，非順也。善人之善而餘福，亦非順也。曰：善者，天地本然之意，所謂正命也。爲善則適得其正命，何不順之有。福之有餘，非餘也，亦天地生生之心也。惟君子爲能道迎善氣焉爾。中人之於分也，則已不足，不善人則又逆而悖之。故孟子不但以順受爲順受，而必以盡其道爲順受；不但曰夭壽不貳，而必曰修身以俟之，而後可以立命也。張子之言事天也，曰待亨，曰從令，可謂順之至矣。然苟未知命之爲命，則其待而從之也，猶未盡乎順事之理也。必也知富貴福澤，得氣之厚矣，而天於此將責吾以善，非欲其坐享之也，貧賤憂戚得氣之薄矣，而天於此將試我於艱，非欲其苟安之也。深察乎此，則知所謂天地之命，與所謂天地之性，天地之心，一而已矣。而君子之順事乎天也，非底豫而全歸之，亦安能泰然禍福惟天，而吉凶不亂乎？

耳、目、口、鼻，四肢之欲，人心也，非正性也。質之昏明强弱，遇之多寡厚薄，氣稟也，非正命也。世人皆以人心爲性，恣而不相非，皆以氣稟爲命，委而不自勉。故孟子指示之曰，性之真者通於命，命之真者通於性。言性而不本於命，言命而不本於性，非性命之真也。君子不謂之性命也。今於耳、目、口、鼻、四肢之間，極其聲色臭味安佚之欲，如世俗之論，以爲性或可耳，敢曰天命使之然乎？故徇性則逆天命矣，君子豈以是爲性哉？今於人倫天道之際，能盡其仁義禮智聖之分，如世俗之論，以爲天實命之亦可耳，敢曰性與人異乎？故委之命則失其性矣，君子豈以是爲命哉？然則君子所謂性命者，可知矣。天命之謂性也，物與无妄之謂命也，無有不善者也，無有不正者也。或曰：嗜欲之不得爲性，則既聞之矣。若夫氣稟之命亦命也，以爲天命者超於氣稟之外，則是有兩命也。且天之賦人以性也，亦言乎自然之理，物各得之爾，豈真有如君師之命，諄諄於冥漠之中者耶？曰：天之於人，固不若是諄諄也，而豈無意哉？義理之命，不能不行於氣稟之命之中，而非有兩命也。天之所以爲性者，即天之所以爲命也。天性至善而不雜，故天命有善而無惡。其稟之有昏明强弱之異，遇之有厚薄多寡之殊，此則氣數之爲，有不能盡如天意者。然而至善之命，則未嘗不行乎其中。故昏明强弱之質，未嘗不欲其一之也；厚薄多寡之遇，未嘗不欲其齊之也。有能盡性以一之，立命以齊之，然後爲克當天心，而於天命之本合矣，誰謂其有二命哉？或曰：朱子語類似以孟子言有命爲有定分者，如何？曰：亦一命而已矣。天之生民久矣，偏多偏嗇者有之乎？貧賤者固宜守節安分，富貴者遂無節可守，無分可安乎？人或贏於前，嗇於後，贏於其身，嗇於子孫，或贏於利，嗇於名，贏於勢位，嗇於德義，皆有造物乘除其間。幸而多取之者，誰乎？此亦與其初至善之命，通一無二者也。命者令也，傳天之意者也。賦之初者，天之成法條具也。定之後者，天之顯賞明威也。不濫不僭者，蓋與生初之命相爲終始。遏惡揚善，所以順天休命也。中間雖有氣數用事之時，然正命不存焉。故君子不以知氣數者爲知命，而以知定理定分者爲知命也。

或問：長平四十萬卒，命耶非命也？曰：亦孟氏所謂非正命也。蓋天之生人，原無必置之禍之理。生人而立之上，固欲其安之全之，非欲其刑之殺之，即時假手而刑之殺之，正所以欲其安之全之也。但既假之以生養之權，則反而爲虔劉斬刈，亦其勢之所得。爲四十萬人者，固柏翳之族殺之，非天地殺之審矣。豈特殺之非天地也，水旱瘥札，亦人之感也，得爲正命也哉？或曰：盡其道而死者，正命也，桎梏死者，非正命也。趙之卒，豈皆抵冒桎梏而自取者乎？曰：盡其道者，桎梏死者，舉兩端言之也。固有不能盡其道，而亦未必其自取浮生浪死如草木禽獸者。此則視其所遇之幸不幸。如孟子所謂巖墻之下，是不幸而頹壓者。其大者，如長平之事是已。雖與自取有間矣，而亦未得爲正命。惟聖賢則能預遠於巖墻之下，順受其正也。即不得已而知禍不避，雖凶亦吉，決不與鳥獸草木者，泯然同歸矣。

西銘有一直一横之理，直上父母也，横出者兄弟也，直上天地也，横出者民物也。人能孝於父母者，未有不能愛其兄弟者也。人能善事天地者，未有不能仁及民物者也。愛兄弟者，父母之心也，故能心父母之心，則不患於無愛矣。生民物者，天地之心也，故能心天地之心，則不患於無仁矣。西銘言「民吾同胞，物吾與也」，而後所言者，畏天樂天之學，不及乎博愛兼仁之事。蓋全乎其心之德，則愛之理固在其中矣。故程子以爲仁體，朱子以爲示我廣居也。窮神知化，知天之事也。無忝匪懈，事天之事也。底豫歸全，待亨順令，富貴貧賤，處之若一。生順死安，浩乎無愧，立命之事也。以理言之謂之天，兼氣數言之謂之命。而要之性天德，命天理，非有二也。故曰：「德不勝氣，性命於氣；德勝於氣，性命於德。」又曰：「人一己百，人十己千，猶難語性，可以言氣。行同而報異，猶難語命，可以言遇。」自孟子言性與命後，未有西銘、正蒙之深切著明者。

喜怒篇

貞元往復，天也。喜怒攻取，人也。吉凶治亂，天道之常，實人事之致也。何也？夫乾元資始，四德迭運，純矣，粹矣，善矣。此之謂天德。人以其元爲仁，以其亨爲禮，以其利爲宜，以其貞爲智，故曰命而性。以其仁爲喜，以其禮爲樂，以其義爲怒，以其智爲憂，故曰性而情。以其喜爲吉，以其樂爲吝，以其怒爲凶，以其憂爲悔，故曰情而遇。命而性，自天以之人。情而遇，自人以之天。自天以之人者，斷之爲天理。自人以之天者，斷之爲人事。或曰：人事之不善，何從生也？曰：心者通極於性，體者交引於物，故物。人者心不能主宰於其身，故五性感動而善惡判矣。然自憂而喜也陽也，悔而吉者應之。自樂而怒也陰也，吝而凶者應之。必也有所吉，斯爲能喜矣。無所吝，斯爲能樂矣。無所凶，斯爲能怒矣。有所悔，斯爲能憂矣。必也喜其喜，斯爲能仁矣。樂其樂，斯爲能禮矣。怒其怒，斯爲能義矣。憂其憂，斯爲能智矣。必也能仁，斯喜其喜矣。能禮，斯樂其樂矣。能義，斯怒其怒矣。能智，斯憂其憂矣。必也能喜，斯有所吉矣。能樂，斯無所吝矣。能怒，斯無所凶矣。能憂，斯有所悔矣。非獨身爾，在世亦然。理亂盛衰者，喜怒哀樂之象也。治則盛，盛則亂，亂則衰，衰則復治矣。哀故憂而悔，治故喜而吉，盛故樂而吝，亂故怒而凶。樂與怒，相反而實相生也。盛與亂，相遠而適相因也。人不能有吉而無凶，世不能有治而無亂。天行也，而曰人事云者，人事之所爲，可以益乎吉凶治亂之數，可以移乎吉凶治亂之機。雖春夏秋冬之爲貞元往復者，其災祥息耗，亦以治亂之大運而消長。故曰天道之常，實人事之致也。

憂喜有節不節而已，惟樂與怒可以病己傷物，而利害隨之。故言修身遠怨者，懲忿窒慾其要也。然中庸言喜怒哀樂，禮運又以喜怒哀懼愛惡欲七者言之。其目不同，何與？曰：此猶性之有四德、四端也。愛之發爲喜，惡之發爲怒，欲之發爲樂，懼之發爲憂，中庸目所發，禮運則兼存發言之。其言喜怒哀而無樂者，筦於喜也。樂根於欲，憂根於懼，此二者其屬夏冬，乃陰陽之所以變易交代。是故憂之繼以喜也，恐致福也。樂之繼以怒也，欲敗度也。中庸戒懼以存天理之本，謹獨以遏人欲之端，如是則喜怒哀樂發而中節矣。此之謂以情治情，性其情者也。以情治情者，何也？曰：懼亦情也，而可以存理焉，可以遏欲焉，可以治喜怒哀樂之情，以其爲陽之始，心之復也。懼以終始者，易之道也。敬以成始成終者，學之要也。故中庸不目之羣情之中，而特以爲存省之綱也，義亦至矣。

孟子以惻隱、辭遜、羞惡、是非言情，與中庸、禮運又異。何也？曰：傳者概言人情，孟子則言其發於性者，其實一也。惻隱，愛之情也。羞惡，惡之情也。辭遜，欲之情也。是非，懼之情也。愛以惻隱，然後喜中其節矣。惡以羞惡，然後怒中其節矣。欲以辭遜，然後樂中其節矣。懼以是非，然後憂中其節矣。以貪冒爲欲，利害爲懼者反是。四者之循環相生也。自怵惕而惻隱，愛生於懼也；自羞而惡，惡生於欲也；辭而遜，則愛心爲之也；是而非，則惡心爲之也。或問：禮爲恭敬似懼，智爲知覺似欲，而類每反之，何也？曰：性之情者，天也；情之情者，人也。欲本生於智之覺，而情近乎仁；懼本生於禮之恭，而情近乎義。及其存於人而交也，不至於大懼，不懼也；不至於大欲，不欲也。故懼必叢於惡之極，而欲必積於愛之濫。君子之性其情也，則於欲也懼之而已矣，懼也欲之而已矣。欲也懼之，是謂閑邪之心，所以復於性之禮焉。懼也欲之，是謂存誠之心，所以復於性之智焉。復於性之禮，懼而無懼也，終不懼也已，所謂内省不疚，夫何憂何懼。復於性之智，欲而無欲也，終不欲也已，所謂欲仁而得仁，又焉貪也。

榕村全集卷八

尊朱要旨

理氣

氣也者何也？陰陽、動靜、明晦、出入、浮沉、升降、清濁、融結，盈乎天地之間，而縠以降命。曰離是而有理焉，孰從而證諸？夫陰陽、動靜，振古而然也，至於今不異也；出入、明晦，振古而然也，至於今不異也；浮沉、升降、清濁、融結，振古而然也，至於今不異也。不異之爲常，有常之爲當然，當然之爲自然，自然之爲其所以然。是故皋陶謂之天，伊尹謂之命，劉子謂之天地之中，孔子謂之道，謂之太極，程子、朱子謂之理。程子之論道器也，曰道上器下，然器亦道也，道亦器也。朱子之論理氣也，曰理先氣後，然理即氣也，氣即理也。是二説者，果同乎異乎？今於程説則韙之，於朱説則疑之，其疑之何據？曰：理氣一物也，而朱子二焉，一物並有也，而朱子後先焉。微獨疑之，且斥之曰，是不明理者也。且泝而上之，曰是出於濂溪，蓋太極無極之誤，實啓之者也。爲此言者，蓋江右整庵羅氏。羅氏之學，自以爲宋氏之粹，與姚江異。夫朱子而於理不明，則餘奚取焉？濂溪之無極既非，則餘奚善焉？爲宋氏之學而前無周，後無朱，則於姚江奚尤焉？然虚齋蔡氏雖不敢訟言攻之，而疑與羅氏同。噫！彼謂理氣有定質也，先後有定時也。然則孔子所謂上下，有定位也耶？彼以朱子所謂先後者，介然有理，介然有氣。然則形而上下，其亦道器相偶，如天地陰陽之屬耶？其固甚矣。是故上下無位者也，先後無時者也。雖無位，不得不有上下，雖無時，不得不有後先。知此謂之知道，明此謂之明理。然則其躓程説何也？曰：以其爲夫子之言也。夫徒以言出夫子而不敢疑之也，又烏能信？

心性

主於天，曰理也、氣也。主於人，曰性也、心也。一也。之二者之在天人，又一也。一則不離，一而二則不雜。詩言上天之事，「無聲無臭」。書曰「道心惟微」。夫曰天事，則陰陽化育具焉；曰道心，則是有心矣。是氣也、心也，而以爲無聲臭焉、微焉，則理與性之不離於斯與？不雜於斯與？是心也，又曰「人心惟危」，果心之即性，則何危之有與？即心即性，異氏之言也。後之君子或述焉，始於陸，盛於王。整菴羅氏，既諱理氣之説，則與心性而混之，其於陸、王也，抱薪而救焉。愚乃以孔、孟之言折之。孔子所謂仁者人也，心性之合也。孟子所謂仁人心也，心性之合也。然且有不仁之人，有不仁之心，是心不與性合也。心不與性合，而曰即心即性，可與？不可與？是知孔子所謂人者，立人之道，曰仁與義，非謂人爲仁也。孟子所謂心者，惻隱之心，仁之端也；羞惡之心，義之端也；非謂心爲性也。或曰：姚江之説，謂心自仁，心自義，心自惻隱、羞惡、辭讓、是非。其不然者，非本心也，以是謂即心即性，殆可與？曰：其言似，其意非。奚不曰仁義之心，道心也？其不然者，人心之流也。則心性之辨，明矣。彼麗於孔、孟而爲是言也，其意則謂心之體如是妙也，故以覺爲道。以覺爲道，必以無爲宗。以無爲宗者，道亦無矣。故「無善無惡心之體」，姚江晚年之説也，其異於孔、孟之旨，又奚匿焉！

氣質一

知心性之説，則知天命氣質之説。何以故？曰：知人則知天。夫性無不善，而及夫心焉，則過也、不及也、雜糅不齊，於是乎善惡生焉；天命無不善，而及夫氣焉，則過也、不及也、雜糅不齊，於是乎善惡生焉。或曰：無理則無氣，過也、不及也、雜糅不齊也，亦理也，舉歸之氣者，何居？曰：理統其全，氣據其偏。全乎理者中氣也，過乎中、不及乎中，則謂之偏氣，雜糅不齊之氣，而理不受焉。理者當然也，過焉不及焉，可謂之當然乎，否乎？當然者常然也，過焉、不及焉，可謂之常然乎、否乎？喻諸五行焉，有火、有水、有金、有木，不相無之謂理。然且有偏火之氣，偏水之氣，偏金之氣，偏木之氣。氣之偏者亦理也，而非理之全也。喻諸五常焉，有仁、有義、有信、有智，不相無之謂性。然且有偏義之心，偏仁之心，偏信之心，偏智之心。心之偏者亦性也，而非性之正也。凡正理、正性者，樂而不厭，久而無弊。今使天之五行偏，則萬物死矣，人之五性偏，則萬事隳矣。其使萬物死、萬事隳，非理性本然也，氣之偏者爲之也。理則全而不偏，惟中者近之，故論道者貴中。

氣質二

過乎中、不及乎中，則謂之偏氣，謂之雜糅不齊之氣。然又有昏然而無類，泯然而俱失。偏於仁則無義，是物也，無義矣且無仁。偏於信則無智，是物也，無智矣且無信。若是者何氣與？過不及之説，不得而名之，豈又有無理之氣與？曰：否。氣之推移有中偏，故有精粗、有粹駁。夫非無仁也，得仁之偏者也，仁之駁者也，則不知其爲仁也。夫非無義也，得義之偏者也，義之也[二]者也，則不知其爲義也。中則合仁與義。抑且粹然仁矣，粹然義矣。降而中人焉，偏於仁，不足於義，非仁之至也；偏於義，不足於仁，非義之至也。降而庸惡焉，豈無所謂愛，不得謂之仁，是無義也，并與仁而失之者也；豈無所謂果，不得謂之義，是無仁也，并與義而失之者也。降而禽獸焉，豈能無所貪，而去仁也遠矣；豈能無所決，而去義也遠矣。夫愚前者之説，舉中人而止者也，未及乎所謂庸惡、禽獸也。庸惡、禽獸，蓋氣之愈偏焉，愈粗焉，愈駁焉，故昏然而無類，泯然而俱失。比而觀之，皆所謂雜糅不齊之氣。夫以過、不及名之，烏乎不可哉！

氣質三

或曰：氣則既偏矣，於性善乎何有？曰：人受天地之中以生，雖其偏之極矣，而理未始不全賦焉，而性未始不全具焉。特其掩於氣之偏，故微而不能自達，或感而動，或學而明，或困而覺，然後微渺之端緒，可得而見焉。要皆其所本有，而非其所本無也。向者鬱抑蒙覆於勝負屈伸之勢，然昭之可以明，廓之可以大。何則？其根在焉，加以雨露糞壤，可以繁陰矣；其火宿焉，動之以薪草，可以燎原矣。故曰人者天地之心，鬼神之交，陰陽之會，五行之秀氣也，中之謂也。若物則不然，得氣之偏者甚矣，甚則缺於理而蔽於性，間有不可殄滅者，千之一焉。雖然，其偏不能自反者，人則制之。其美不能自達者，人則遂之。收其利，遠其害，於以當理而若性一也。是故孟子所謂性，以其分之殊者言之。其難告子曰：「犬之性猶牛之性，牛之性猶人之性與？」中庸所謂性，以其理之一者言之。故曰：「『鳶飛戾天，魚躍于淵』，言其上下察也。」又曰：「能盡人之性，則能盡物之性，贊化育而與天地參矣。」

智仁勇

陰陽之氣有中偏，故有虧全。陽有精粗，故有清濁；陰有粹駁，故有邪正。有精之精者，精之粗者；粹之粹者，粹之駁者。有多寡也，故又有厚薄。虧全者，全體之中偏也。清濁、邪正，一體之中偏也；厚薄，中者之中偏也。其生人物也，得其清濁之爲明昏，得其邪正之爲美慝，得其厚薄之爲强弱，得其虧全之爲畸行完德。明之謂智，昏之謂愚，美之謂仁，慝之謂暴，强之謂勇，弱之謂柔，畸行之謂材，完德之謂聖。易曰：「一陰一陽之謂道，繼之者善也，成之者性也。仁者見之謂之仁，智者見之謂之智，百姓日用而不知，故君子之道鮮矣。」此言陰陽全體，目之曰道。流行者不偏，故言善也。賦予者雜糅，故言性也。仁得陰之粹，智得陽之精。凡民蠢蠢，粗而且駁。君子大中之道，宜乎鮮也。中庸曰：「道之不行，我知之矣，智者過之，愚者不及也。道之不明，我知之矣，賢者過之，不肖者不及也。民莫不飲食也，鮮能知味也。」亦此意也。或曰：「中庸智仁勇，與性之仁禮信義智，同與否與？」曰：言智則舉義，言仁則舉禮。得清之氣，厚於知，薄於行，其於性也，智義多而仁禮少；得美之氣，厚於行，薄於知，其於性也，仁禮多而智義少。理乘氣而運，有陰陽，其與氣而淆，亦有陰陽。得清之氣，體陽而用陰，靜而明之理多；得美之氣，體陰而用陽，動而正之理多。理合而成道，氣散而成質。合而成道故完，散而成質故離。心於性，氣於理，天命氣質，以是觀之。

知行一

朱子之學，曰知先行後，何據？曰：非知之艱，行之艱也。博於文，約之以禮也；格物、致知、誠意、正心、修身也；智仁勇也；擇善固執也；知言養氣也；始條理，終條理也；知天事天也；皆其据也。易曰：「乾知大始，坤作成物。乾以易知，坤以簡能。易則易知，簡則易從。」蓋陽先陰後，陽知陰能。陽爲神理、爲心，陰爲轍迹、爲事。四時之氣，動於北，生於東，盛於南，止於西。然則人性之德，動於智，生於仁，盛於禮，止於義。然則君子之學，啓於智，存於仁，達於禮，成於義。知行之序，性命之理，不可易矣。姚江王氏曰：「先行後知。」彼見聖賢之語志也，語敬也，皆在學問、思辨之先矣。曰：「行有餘力，則以學文。」又曰：「君子不重則不威，學則不固。」又曰：「食無求飽，居無求安，敏事慎言，然後就有道而正焉。」又曰：「尊德性，道問學。」又曰：「闇然日章，淡而不厭，簡而文，溫而理。然後知遠之近，風之自，微之顯矣。」又曰：「學問之道無他，先求其放心。」又曰：「涵養在敬，進學在知。」之數者，其亦先行後知之説乎？夫無求安飽，志之屬也。弟子之職，重威之容，敬之屬也。闇然爲己之心，志之屬也。尊德性，收放心，涵養其心，敬之屬也。志與敬之爲知行先也，朱子言之矣。若夫行之不爲知先也，非朱子之説，羣聖賢之言也。非羣聖賢之言，性之德，天地之理也。志與敬，其三德之勇乎？五常之信乎？四德之乾乎？或曰：「所以行之者一也。」又曰：「主於一而行於四。」又曰：「君子行此四德者，故曰乾元亨利貞也。」

知行二

王氏之言致良知也，謂專務體察乎身心性情之德，志固無惡於天下。今之君子奚病諸？曰：王説之病，其源在心之即理。故其體察之也，體察乎心之妙也，不體察夫理之實也。心之妙在於虚，虚之極至於無，故謂無善無惡心之本。此其本旨也。其所謂心自仁義，心自惻隱、羞惡、辭讓、是非，是文之以孔、孟之言，非其本趣也。是故遺書史，略文字，掃除記誦見聞，以是爲非心爾，非道爾。夫書史、文字，記誦見聞，不可去也。書史、文字，無非道也。記誦見聞，無非心也。古之人不曰觀理，曰博文；不曰求道，曰格物。博學然後篤志，切問然後近思，離經然後辨志，敬業然後樂羣，博習然後親師，論學然後取友，知類然後通達，操縵然後安絃，博依然後安詩，雜服然後安禮。内外無所擇，本末無所棄。苟曰徒爲博，則遠矣。夫窮理求道，而又奚擇焉？奚棄焉？王氏曰：「樹之初生，删其繁枝。人之初學，除其雜好。」夫謂無益之文章技藝，豈直初學爾，終身除可也，非讀書窮理之謂。吾聞種樹者，刋其條，傷其根，其枝繁，其根大。學聞以養心，不聞以害道。孔子之學，一則曰多聞多見，再則曰多聞多見，又曰好古敏以求之者也。一以貫之，而何害於道！若種樹而必芟其枝者，小芟而幹不大，大芟而樹死，望其修喬不可得也。

立志

立志何也？曰：知行之總也。立志然後可與共學，致知然後可與適道，躬行然後可與立，知盡行至然後可與權。志道故志立、知深而德可據矣，行成而仁可依矣，知行皆化而藝可游矣。學未有不自志始者也。大學之教，必視離經辨志，然後敬業樂羣，然後至於知類通達，强立而不返。孔子之聖，自志學始，然後立，然後不惑、知命，然後耳順，而從心所欲不踰矩也。立志者，播種也。敬者，灌溉培壅之喻也。致知力行者，謹察焉，勤治焉，稂莠莨稗無雜我種，螟螣蟊賊無害我稼。學不先於志，猶無種也。志立而不務知，若苗之有莠，恐其亂也。知而不行，若害吾苗者不能去也。不始終之以敬，若灌溉培壅之不加，或槁焉，或有苗而不碩也。或曰：「子謂志於知行，如三德之勇，五常之信，奚當焉？」曰：「志立則果，志立則誠。不果不入，不誠不久。故言立志，不言立誠可也。」

主敬一

朱子曰：「知者學之始，行者學之終，主敬者學之所以成始成終。」或曰：「大學言格致，知也；誠正，行也。誠意正心，何莫非敬，而别敬於行，何居？」曰：敬者，動容貌，謹威儀，正辭色，斂心志。必有事焉，而在乎用其力，不用其力之間。行則遷善也，改過也，誠意之屬也；節欲也，懲忿也，正心之屬也；用力之事也。誠意正心，莫非敬者，以見敬之無乎不在，而爲知行主。若曰敬直行之事爾，則是致知無敬也，而可乎？曰：

「易曰敬以直内，義以方外。敬義皆行也，不及知也。中庸言戒懼慎獨，戒懼慎獨皆行也，不及知也。何也？」曰：敬以直内，敬也。義以方外者，不精義而能方乎？知行兼之矣。戒慎恐懼，敬也。謹其獨者，不知幾而能謹乎？則知行又兼之矣。是故有敬與行對，而知在其中，有敬與知對，而行在其中。敬與行對，而知在其中，易之直内方外，中庸戒懼謹獨是也。敬與知對，而行在其中，中庸尊德性，道問學，程子之涵養進學是已。

曰：「敬者，合内外，貫動静。是故動而睹聞，敬也；静而不睹聞，敬也；動静之間，所謂獨焉，亦敬也。子以謹獨爲行之事，何與？」曰：思而無邪，敬之足矣，非然者必察。聖人之心，敬之足矣，非然者必治。不察不治，前此之敬有所不能守，後此之敬有所不能施。力行之功，誠意而已矣。誠意之要，謹獨而已矣。曰：「言知、言行、言敬，聖賢之學，恐不枝離若是，奈何？」曰：深耕而播之，糞沃穮蓘，謂農好勞與。基而搆之，棟宇塗曁，謂不如穴處者易與。其名煩，其事異，至于良穫、安居一也。中庸以智仁勇修身，又曰齊明盛服，非禮不動，主敬之謂也。夫子曰君子不重則不威，學則不固；主忠信，毋友不如己者；過則勿憚改。重威，敬也。固學，知也。存誠而擇友改過，行也。是故，非朱子之説，孔子之説也。曰：「中庸首章，言戒懼，後謹獨，末章言内省，後敬信，何與？」曰：此成始成終之説也。首言戒懼後謹獨，所謂敬以成始。末言立心知幾，内省以歸於敬，所謂敬以成終。中庸以敬舉兩端，居其中者，賢不肖、智愚也。智仁勇也，擇善固執也，至聖至誠也，皆知也行也。反覆於知行，而始終之於敬，朱子之學，可不謂躪中庸之庭而入其室者與？

主敬二

周子曰主静，程子曰主敬。二賢之言，孰爲全？孰爲偏？曰：程子舉其全，周子目其要。乾之學也敬也，故其象曰：「終日乾乾，夕惕若。」艮之學也静也，故其彖曰：「艮其背，不獲其身，行其庭，不見其人。」夫動静者時也，流行者命也，夙寤丕顯，酬應羣物而無邪也。嚮晦安身，閉塞萬動而不息也。推之作止由是，推之語默由是，推之發慮息機由是，是之謂居敬。然陰陽相生，以静爲本。故貞者事之幹，艮者萬物之所以成始成終也。寒沍之極，雨露之所施，日夜之息，云爲之所起。易大傳曰：「无思也，无爲也。寂然不動，感而遂通天下之故。」中庸曰：「喜怒哀樂未發謂中，發而中節謂和。」程子又曰：「不專一不能直遂，不翕聚不能發散。」察於此二者，可以明於乾、艮之説矣；察於此二者，可以通於敬、静之旨矣。雖然，學何以主静其必由敬乎？静非息滅之謂，而虚明中正之謂。虚明中正，静而覺也。静而覺，故動而止。静而覺有動也，動而止有靜也。動靜互爲其根，心之妙，敬之符也。不敬則昏，昏則擾，而無有乎理義之精；不敬則墮，墮則肆，而無有乎理義之實。昏且墮，熄滅者乎？無動者也；擾且肆，放逸者乎？無靜者也。神存則交，神去則不交，陰陽不測之謂神，存神之謂敬。故周子曰：「靜而無動，動而無靜，物也。動而無動，靜而無靜，神也。」又曰：「靜無而動有，至正而明達也。」又曰：「靜虛則明，明則通，動直則公，公則溥。」又曰：「無欲故靜。」吁！程門之言敬也，亦如斯而已矣。二子之學，其何異之有！

要旨續記

向以當然者言理，故謂陰陽動靜之類終古不易，終古不亂，是乃所謂當然。當然之爲自然，自然之爲其所以然也。以其不偏謂之中，以其不雜謂之善。自以爲此論當矣。至於藹然而生，凜然而肅，則以是爲落形氣而未之道也。既乃思之，大易言貞元，孔、孟語仁義，皆不離其藹然、肅然者，而性命之理存焉。且使所謂陰陽動靜者，無可愛可慕之實，徒曰不偏之爲善爾。則是土苴木札，劑量而食，可以療饑；木葉鶉衣，編襲而衣，可以適體也。是天地之間，盡泛然無情之物。所謂道者，不過自動自靜，出入乎機，而偶與自然者會。此其與莊、老之學，相去幾何？而於吾聖門之道遠矣。乃今知所謂善者，即藹然者善也，即肅然者善也。有藹然之理，故有藹然之氣以生物，是生物之理善也。有肅然之理，故有肅然之氣以成物，是成物之理善也。中也者，所以完此善者也，非謂中善也。譬之粱肉之爲美，而食之過焉則傷；綺縠之爲温，而服之多焉適累。粱肉、綺縠，自有善焉，苟不至於過，傷生累體之患何由生哉？仁義於人，膏粱也，綺縠也。體之以中，則與天地相似也。

舊專以中字，推明善不善之由。於義不差，而實有未備，要當兼中正而言之。正也者，體之純。中也者，用之交。以易言之，乾、坤純也，坎、離交也。以天地言之，動靜之氣，互爲其根，陰陽之精，互藏其營，交也。陽靡不達，陰靡不固，南則極融，北則極沍，純也。純矣，交乃可得而言；正矣，中乃可得而論。舊説所謂精粗粹駁，所謂中偏，意亦相近。得氣之精，則純乎智者也；得氣之粹，則純乎仁者也。於是而猶有見仁見智之偏，則中之説起焉。是故陽而不純於陽，陰而不純於陰，此雜而不正之爲病，惡所從生也。陽而不交於陰，陰而不交於陽，此過而不中之爲病也，亦惡所從生也。朱子論人物氣禀，有所謂乖戾雜糅之氣。蓋雜糅則不正，乖戾則不中也。然天地之理，正則未有不中，中則未有不正。過焉者不足謂之正，雜焉者不足謂之中。陰陽之純者必交，交則未發之中也。陰陽之交者必純，純則本體之正也。中正二者，渾融合一而不可分，道之所以一而神也。張子曰：「動靜兩端循環不已者，立天地之大義。」又曰：「陰陽之精，互藏其宅，則各得其所安。故日月之形，萬古不變。若陰陽之氣，則循環迭至，聚散相盪，升降相求，絪緼相糅，蓋相兼相制，欲一之而不能。此其所以屈伸無方，運行不息，不曰性命之理，謂之何哉？」嗚呼！盡之矣。

先儒曰：「禮者仁之發，智者義之藏，故仁统禮而智统義也。」夫以元亨利貞四德之序言之，則仁禮陽，智義陰。今反以陰德而德諸陽，以陽德而德諸陰，無乃揚雄、袁機所以見攻於朱子者與？嗚呼！可謂固矣。夫不曰體陰者用陽，體陽者用陰與？義智者，輕清而具生物之理，故體陽。然其流行也靜，所以爲陰也。仁禮者，重濁而行生物之事，故體陰。然其流行也動，所以爲陽也。易不云乎：「乾知大始，坤作成物。」又曰：「與天地相似故不違，知周乎萬物而道濟天下故不過。」又曰：「智崇禮卑，崇效天，卑法地。」中庸曰：「博厚配地，高明配天。」是皆智義陽、仁禮陰之證也。或曰：「智者冬也，陽之始也；禮者夏也，陰之始也。若仁決不可以爲陰，義決不可以爲陽也。且夫言仁則義爲對，言智則禮爲衡，而孔門多言仁智，何與？」曰：智固陽之始，而自義之斂而之内，則固智之根也；禮固陰之始，而自仁之動而之外，則固禮之本也。蓋言陰陽者，未有截然而不相用，亦未有介然而不相入。苟智而非義，是虚知也，雖有明覺，而理不具焉，非天德之所謂正；苟禮而無仁，是虚禮也，雖有節文，而心不加焉，非乾道之所爲通。是故禮儀三百，威儀三千，無一物而非仁也；此分剛上而文柔，賁之所爲文明以止也。沖穆無朕、無一物之不體也；此萬物之所成終而所成始，艮之所爲篤實光明也。陰根陽，陽根陰，或以陰爲陽，或以陽爲陰，有定理而無定位。夫亦神而明之則可矣。智仁，德也内也。禮義，理也外也。故言理者禮義，言德者智仁云。

學有知行，本於性之有智仁，既略聞其説矣。所謂志也，敬也，於性之德，亦有合與？曰：敬者性之禮，志者性之義。敬出於禮而近仁，志出於義而近智。然則敬與志何以爲知行本乎？曰：行乎智仁，止乎禮義，天也，成德者事也，由乎禮義，以成智仁，人也，學者事也。天德則以貞元爲始，人情則以禮義爲端。是故大學之教，格物，智也；誠意，仁也；正心、修身，禮義也。夫子所謂智及、仁守、莊涖、動禮，亦其序也。小學之教，則幼儀、子職，作其恭也；則古、稱先，定其志也。敬已成矣，志已立矣，于是明明德於天下。故曰敬志本也。或曰：天人殊乎？曰：天陽也，其德無私，而知大始，故始於智也。人陰也，生而有欲，無禮乃亂，故始於禮也。義何以爲志？曰：有所羞，有所惡，斯之爲志；無欲其所不欲，斯之爲志。或曰敬者德之輿，其在智也則炯然覺，在仁也則怵然動，在義也則肅然正，無非敬也。而可偏於禮言乎？曰：凡四德者，迭爲之主。智及之，是主智也；修道以仁，是主仁也；義以爲質，是主義也；敬以直内，以禮制心，是主禮也。夫偏言則禮，專言則敬，其實一也。孔門之教，以仁爲宗，以禮爲要。顔氏子大賢也，其一言授受，而曰「克己復禮爲仁」。其餘雖不言禮，禮固存焉：雍得之爲見賓承祭之學；遲得之爲端居敬事之學；商得之爲灑掃、應對、進退之傳；參得之爲容貌、辭氣、顔色之貴。中庸之言道也，曰：「禮儀三百，威儀三千，待其人而後行。」易之九卦，首曰：「履德之基也。」是故古之學者，必從禮入。隆禮則志義，志義則知性體仁，而道不遠矣。聖敬日躋，動容周旋中禮，而德斯至矣。故敬者，學之所以成始成終，偏言則禮，專言則敬，其實一也。

敬、志、知、行，四者之序，其猶有徵與？曰：莫聖於孔子。子之自述也：曰志學，是志也；曰立，是器於禮也；曰不惑，曰知命，曰耳順，是日新之智；曰從心所欲不踰矩，是既熟之仁。然從心所欲而志始成，不踰矩而禮始中矣。是志也，敬也，成始成終之驗也。其言先志者，斷自十五。古者始入大學焉，敬之事，其前此矣。俎豆之嬉，成人之度，有誨者夙就，而況夫子乎？若自其學禮之成言之，則在志後也。曰：子以是爲學者事矣，曾聖人而若是乎？曰：天人不相離也。且夫天之爲天也，夏之養不厚，則秋不實矣；秋之實不穫，則春不生矣。志也者，種也。敬者，灌溉培養之喻也。聖人者，其種宿焉。是故日至而生。衆人則猶寠人之田也，或蕩乎其未有種也。不培其基，不穫其種，稼雖勤，是滋惡草而榮稊秕也。是故聖庸者難易之分也，無異同之事。曰：其成始成終奈何？曰：百穀草木之所謂種者，以是始焉，以是終焉。灌溉培養之勤，亦以是始焉，以是終焉。小學之所以成始也，一握之粟也。大人之所以成終也，千箱之穫也。

或曰：「子以敬與志爲三德之勇、五常之信矣，今又以爲禮也、義也，如何？」曰：三德之勇，五常之信，猶之敬與志也。專言則貫乎三德，載乎五常。而偏言之，則智仁之成也，禮義之位也，中央之土也，秋夏之間也。「敢問禮義何以爲信勇乎？」曰：言信者實爾矣，言勇者果爾矣。百穀草木之成者，曰果焉實焉，百行萬事之成，亦曰果焉實焉。於時爲夏秋，於人爲禮義。時至於夏秋，是物物有天也。而天之所以爲天也，其性情于是實矣固矣。人至於禮義，是事事有人也，而人之所以爲人也，其性情于是乎實矣固矣。實矣固矣之謂信、之謂勇。是故智仁，進德也；禮義，居業也。顯諸仁，藏諸用，天之德業也。智崇禮卑，道義之門。智崇道之門，禮卑義之門。可與幾也，可與存義也，人之德業也。德進矣，非業無以實踐而要其終，故曰信也、勇也。蓋聖於論道者夫子。夫子言仁、言禮、言義矣，而繼曰智仁勇，不及禮義，明以智成仁，仁统禮義，而要諸勇也。言智、言仁、言勇矣，而繼曰明善誠身，不及勇，明以智成仁，仁统勇，而要諸誠也。其曰好學近智，則知之説也；曰力行近仁，則行之説也；曰知耻近勇，則志之説也；曰齋戒神明，法服禮動，則敬之説也。是故非吾之説，朱子之説；非朱子之説，孔子之説也。或曰：「三德五常之説，亦既聞之矣。敢問時之夏秋，人之禮義，物物有天焉，事事有人焉，而天之所以爲天，人之所以爲人也，性情之確實堅固，于何見之哉？」曰：今夫木，其實之未成，則所謂本者，氣未固焉，理未具焉。比其成也，一粒一粟，各一全樹也，而生生者之根，亦以翕聚完固而不洩。且因是以知生理之全也，是標本一貫之道也。保合太和，物物之太和，即天地之太和。「然則勇也信也，智仁之終也。敢問其所以始？」曰：莊敬日强，閑邪存誠，始也。健而無息，純亦不已焉，終也。

「子謂：敬，行之近也；志，知之近也，先敬後志，毋亦姚江先行於知者類與？」曰：知行猶陰陽然，陰陽者不可爲首，而如環斯循也，惟所主焉爾。故曰其靜也專，其動也直，是静爲本也。曰顯諸仁，藏諸用，是顯爲先也。曰萬物資始乃统天，是以始统終也。曰萬物之所成終而所成始也，是以終爲始也。夫主於知則先知，主於行則先行。善論學者，雖姚江之説，不足以爲道病。不善論學，則雖朱子之説，其病道也多矣。曰：「入德之户孰爲正？」曰：言小學，則先行而後知也；言大學，則先知而後行也；言成德，則又先行而後知也。小學之説，是持敬辨志之説也；大學之説，是擇善强行之説也；成德之説，是自誠而明，成己仁、成物智之説也。蓋夫子之言弟子職也，曰孝弟謹信，行有餘力，則以學文矣，是一説也。聖門之教，文行忠信，博以文，約以禮，又一説也。所以然者，天道始於智仁，終於禮義，又根於禮義而爲智仁也。是故學所謂敬云者，小子之造以是始焉，聖德之躋以是終焉。或者有見於是也，是故言之復也。雖然，以是施於大學，則疏。大學之教，離乎小子，未至於聖。或者之説，遺其中而舉其上下者也。夫以小學局人則病，以聖人望人則難。是故使人不聞大道之全，必斯人也夫；使人不知量而自聖，必斯人也夫。揚雄曰：「吾於荀卿，與見同門而異户。」韓愈謂「不自孟子而之聖人，猶航斷港絶潢以望至於海也。」吾於朱、陸、王氏亦云。

或曰：「由子之説，則告子也，陸氏之徒也，必其居敬持志，而知行未加焉爾。蓋孟子之闢告氏也，我則知言，彼勿求言焉；我則養氣，彼勿求氣焉；而於所謂持志者無譏。朱子之議陸氏也，曰問學功缺，而於所謂尊德性者無譏。故曰知行未加焉，其居敬持志一也。」曰：似矣而未盡也。夫告、孟之差也，朱、陸之異也，在乎心性之源不合，仁義之實不著，非夫功之偏而不舉，説之略而不全云爾。夫隆禮、由禮之謂敬，非所謂坐攝本心者也；夫嚮道、望道之謂志，非所謂乃凝於神者也。故夫子曰：「非禮勿視，非禮勿聽，非禮勿言，非禮勿動。」又曰：「志於學。」又曰：「志於道。」又曰：「志於仁。」夫是之謂敬也、志也，皆有所操持循習而日可就，皆有所標準慕效而歲可期。告、陸所謂敬也、志也，恐鄰乎攝心者也、凝神者也。苟或似之，則釋氏之説，非孔門之説也。孔門之説，自居敬、持志，至乎强學、力行，程則分矣，而塗不二也。彼其栝棬仁義，則必不志仁義；注解賢聖，則必不志賢聖。不志仁義、賢聖，是凡講聞禮義，敦説詩書，皆末也、外也。告、陸之所簡而棄之，恐爲心累者也。如是以爲敬，敬其所敬；如是以爲志，志其所志；則如是以爲知，知其所知；如是以爲行，行其所行。吾於理也性之，彼於義也外之，吾學本天，彼學本心。若子之説，似矣而未盡也。

【校勘記】

〔一〕「也」字疑誤，依上下文意當作「粗」。

榕村全集卷九

象數拾遺

河、洛之出有先後，其理則不以先後而間。故圖之道數具乎易焉，書之道數亦具乎易焉；書之道數具乎範焉，圖之道數亦具乎範焉。

圖之左方陽内而陰外，猶先天之左方也。其右方陰内而陽外，猶先天之右方也。陽爲主於東北，猶後天之東北也。陰爲主於西南，猶後天之西南也。

先天陰陽也，後天五行也。陰陽先乾、坤，故書之上九者乾也，下一者坤也。自乾而次八爲震，次七爲坎，次六爲艮。自坤而次二爲巽，次三爲離，次四爲兑。此先天之卦位也。五行先水火，故書之上九爲離火，下一爲坎水。自離火而生艮八之剛土，自艮土而生兑七、乾六之二金。自坎水而生坤二之柔土，自坤土而生震三、巽四之二木。此後天之卦位也。其序則東北西南，皆互其宅焉。

書者參天兩地之數，中五爲人位。洪範之建皇極而參天貳地者，理取諸此也。圖者天奇地耦之數，中宫爲太極，太極之全體具於人矣。洪範之效天法地，而成位乎其中者，理亦備諸此也。

書之五行逆而相克，制而用之之法也。洪範之於五行逆而制之者，理取諸此也。圖之五行順而相生，因而叙之之道也。洪範之於五行順而叙之者，理亦備諸此也。

圖之數，以奇耦各相次爲始終。書之數，以奇耦各相乘爲始終。故圖則陽數自北以終於西也，陰數自南以終於東也。書則陽數亦自北以終於西也，陰數則自西南以終於西北也。圖則有順而無逆，書則陽順而陰逆。圖之陰陽，其長也皆順，其消也皆逆。書之陽，其乘也順，其除也逆；陰，其乘也逆，其除也順。

圖之一三七九也，二四六八也，皆順而數之也，故曰河圖左行。書之一六並而爲七也，二七並而爲九也，四九並而爲三也，三八並而爲一也，二九並而對一也，四三並而對七也，八一並而對九也，六七並而對三也，皆逆而數之也，故曰洛書右行。

河圖之本，一繼以二，三繼以四，六繼以七，八繼以九，互爲内外，迭爲賓主。然於陰必反易之者，陰陽同根而生，造化之體也，分方而治，造化之用也。

洛書之本，一三九七位於四正，二四八六位於四隅，以參相乘，以兩相加。然於東北西南必反易之者，陰順陽行，造化之體也，陽順陰逆，造化之用也。

先天之位，乾與坤對，坎與離對，震與巽對，艮與兑對。故洛書八方，皆以合數相對也。先天之序，乾與兑同生於太陽，離與震同生於少陰，巽與坎同生於少陽，艮與坤同生於太陰。故洛書四面，皆以合數相生也。

後天之位，水與火對，木與金對，土無對而以剛柔自相對。故洛書八方，皆以合數相對也。後天之序，木生火，金生水，惟水不能自生木，其間有土焉。火不能自生金，其間亦有土焉。是木、金皆土所生。故洛書四面，皆以合數相生也。

先天圖位，天上地下，日東月西，不可易已。山起西北，澤注東南，不獨九州爲然。今自西北度垣，山之綿亘，未知所止也。自東南浮海，茫洋相因，亦未知其所止也。雲與東北則雨，雷氣動而風從之也。雲起西南則不雨，風氣動而雷不應也。皆自然之位也。先天之震、巽，其本位也。後天之巽，從震而動者也。故東南風亦雨。風非潤物者也，而曰潤之以風雨，蓋謂春風應乎陽氣者也。後天艮在東北，山脈所盡也。兑在西方，澤氣所鍾也。澤氣所鍾，故水源從此出。

先天、後天，其乾、坤南北交易。先天著其體之常，後天探其用之根也。後天之乾不直居子而居亥者，進而當絶續之交。坤不直居午而居未者，退而避正陽之位。此不息之命所以流，而承天之義所以著也。乾、坤既易，故以其位居離、坎。天秉陽，垂日星，地秉陰，竅於山川。乾之用在離，坤之用在坎也。離、坎既易，故以其位居震、兑。火之鬱，雷則發之；水之流，澤則豬之。離之用在震，坎之用在兑也。震、兑既易，故以其位居艮、巽。雷動則山興雲，澤積則氣生風。震之用在艮，兑之用在巽也。艮、巽以其位居乾、坤者。山者地之所以上交於天而蓄其氣，風者天之所以下交於地而化其形，故所在有山則氣聚，萬物遇風而形化。

風本天氣也，天交於地，故一陰潛伏，而天氣嘘焉則爲風。山本地質也，地交於天，故一陽隆起，而地氣升焉則爲山。雷本火也，上有重陰壓之，則奮而爲雷。澤本水也，内有積陽驅之，則散而爲澤。觀卦畫皆可見矣。天地水火，四體也。雷風山澤，四用也。後天卦，震與離，兑與坎，相次於四正；乾與艮，巽與坤，相次於四維者，以此。

天主日，地主水，猶人之主精神氣血也。天與火爲同，地與水爲比，雷電合而章，澤中有水，故先、後天四位者可以互換。若夫雷之應也以風，而艮居之；澤之感也以山，而巽居之；風實天氣而坤居之；山實地質而乾居之。此則至理，不可不察也。山含澤，故能蓄洩，而雷之氣自此應焉；風助雷，故能吹嘘，而澤之潤自此行焉。故近山者多雷，近海者多風。周官東則景夕多風，西則景朝多陰者，此也。天氣至剛，近地則柔，而物孚化焉，則風反爲地之橐籥。地質至柔，接天則剛，而氣升降焉，則山反爲天之鍵藏。洪範以風屬土，古人登山而升中者，此也。是以後天之卦，錯居先天之位，而各得其所。

水漬土則舒其浮華，所以生木也。火爍土則縮其精實，所以生金也。若木燃而火發，金潤而水出，則皆未有以見夫土之功。又播五行於四時而觀之，木温火熱，陽勝陰也。金凉水寒，陰勝陽也。土爲和氣，陰陽之中也。一歲之序，陰長而已過於半，陽長而未及於半，是陰勝陽也。爲秋爲冬，以配金水，陽長而已過於半，陰長而未及於半，是陽勝陰也。爲春爲夏，以配木火，惟冬春秋夏之交，陰陽消長方平，易所謂泰、否之卦也，是陰陽之中，故以配土。吕氏之中央也，則缺其一焉。京氏之四季也，則多其二焉。故言五行之義者，亦莫精於後天也。

論後天自然之序，則震、坎、艮、乾，宜居北東者也，巽、離、兑、坤，宜居南西者也。長少既敘，而乾生坤成，不亦善乎？然而震必與乾易，兑必與坤易，則造化之妙也。乾居東方，始矣而非大始也，以終爲始，如圜之無端，然後謂之大始。坤居西方，成矣而非作成也，當一歲之中，致養之勞盡焉，然後謂之作成。且亥月則雷氣未動也，未月則澤氣未充也，何能使造化功用各得其所？

人知天心之動，爲化之初也；不知寂然不動，沖漠無朕，爲命之續也。聖人所以希天者此爾，賢人所以希聖未達一息者此爾。於乎不顯，文王之德之純，吾於其圖位見之矣。然猶曰戰乎乾，是故聖人不廢克己之功。已盡無我，然後能與天地相似也。是故艮德最近乾，以其靜而無我也。巽德最近坤，以能制其伏陰，而皆順乎剛也。是故先天艮、巽之位，後天乾、坤居之。

艮德最近乾，然所以靜而無我者，震之動、坎之習險先之矣。故曰「戰乎乾」，又曰「自强不息」。巽德最近坤，然所以動而及物者，離之明、兑之説終之矣。故曰「萬物皆致養焉」，又曰「含萬物而化光」。

震之次離、兑，陽娶妻也。巽之次坎、艮，陰生子也。娶妻則成乎父道，故受之乾焉。生子則成乎母道，故受之坤焉。是先天之序也。有長男則有長女之配，故震、巽居先。諸娣從之，故受之離。有嫡有娣，母道具矣，故受之坤。餘則妾御之流也，故受之兑。由是則有繼嗣而成乎父道，故受之乾。坎、艮子之末長者，長則又爲震而當室矣。是後天之序也。

天尊地卑，君相之位也。日東月西，卿士師尹之職，綱紀朝政者也。雷風山澤，宣播號令，承導德施，以鎮奠方隅，岳牧之任也。是先天之位也。君居無爲，譬如北辰，居其所而衆星拱之。臣則致役，爲君養萬物焉。震、巽者承其命令於先，離、兑者竭其功施於繼，坎、艮者告其成事於終。是後天之位也。是故圖象設而彝倫叙矣。

乾爲首，五官之所宗也。坤爲腹，四體之所會也。震爲足，陽之所以動也。巽爲股，陰之所以伏也。坎爲耳，内光也，魄之所以載。離爲目，外光也，魂之所以營。艮爲手，次於震之陽，動而不離其處者也。兑爲口，次於巽之陰，欲而著見於外者也。養身者導陽自震、艮始，故手持足行，則欲其動也。坊陰自巽、兑始，故男女飲食，則欲其静也。頭容直，體容端，然後天地位焉。視思明，聽思聰，是以日月不過，而四時不忒。

圓者天體，方者地體。凡物有端，圓則無端，故曰不可爲首也。其義必用九者，圓之根在心，以坤之二而翕者取之也，故曰乾元用九。知乾元无首，則知所謂心之妙矣。凡物方則止，故曰有終，其義必用六者，方之根在角，以乾之一而直者取之也，故曰直以方也。知直方，則知所謂德之隅矣。凡圓者最大，方者次之，故曰大哉乾元，至哉坤元。然至於積方，則亦大矣，故曰直方大。

一成點，二成線，三始成面。而推之形體，亦無所不通者矣。

一一爲一，不可分也，故其形圓而爲天。二二爲四，其分明矣，故其形方而爲地。又爲三角於圓中以參天，爲斜弦於方中以兩地。故一四者天地之體，參兩者天地之用也。

置百數於此，洛書之九與一對，八與二對，七與三對，六與四對，五無對而自相對。蓋開方之原也。

大衍之數五十，其用四十有九者，蓋自一至五，衍之爲五十五。除天一地二爲數之始不衍，衍三四五之數，則五十也。三衍爲勾，四衍爲股，五衍爲弦。三數之併，又不能成方，故其用四十有九。四十有九者七之衍，七者三四之合也。三四者勾股之率，故亦爲方圓之率。凡圓之内外生方，及方之内外生圓，其積常圓四而方三。故四十有九之積方也，内含圓積三十有八半，方得十四，圓得十一也。又内含方積二十有四半，圓得十一，方得七也。

三者圓，天數也。四者方，地數也。五者參兩之合，人數也。七者三四之合，亦人數也。

以圖、書言之，五居中，五之中心一數，尤中之中也。以大衍言之，中心一數，亦中之中也。蓋圖、書、大衍，皆有奇數，奇數必居中。故圖、書之中一，人位也。大衍之中一，亦人位也。易曰：「易簡而天下之理得，則成位乎其中矣。」書曰：「建用皇極。」易又曰：「掛一以象三。」皆此理也。

掛一象三，而又與扐合以象閏，何也？曰：象兩象三，一義也。象時象閏，又一義也。以象兩象三而推其後，則揲四歸奇，當爲萬物之變化。以象時象閏而原其始，則分二掛一，常爲歲積之起端。故曰：「一生二，二生三，三生萬物。」自此以往，巧曆不能窮此一義也。又曰：「期三百有六旬有六日，以閏月定四時成歲。」此又一義也。聖人各舉，以包兩義耳。唐一行曰：「人處天地之中，以閱盈虚之變。」是欲參合二説，則非也。如其下文既以策當期日，又以策當物數，豈亦可合爲一説乎？

一行大衍曆，與孔子之意頗異。大略蓋以分二象二氣也，掛一，象閏分也；揲四，象一月四弦也。至於左右扐餘，則又不以象閏。此其所以異也。後人因之，謂特初變掛一象閏，而二三變有扐無掛，當無閏之歲，故曰五歲再閏，故再扐而後掛。細尋理法，亦甚疏闊。蓋其以一策當一月之實弦，則不及七日半，而掛一之閏分，十一日有餘，則溢於策數之外矣。掛一之分，十一日有餘，僅初歲之積耳，而遽以當有閏之歲，則又未成乎一月矣。閏數出於四時之餘，今言掛一於揲四之先，則又失曆法之序矣。是不惟非經意，而其言自不密。與劉歆三統律曆，皆傅会之論也。

今變一行之説而通之，曰：分二者，分一歲爲二也。覺成數之有餘而先除之，則掛一者象氣盈者也。以每月四平弦計之，每弦整七日半，則揲四者象四時十二月者也。合氣盈與月朔之虚以積閏，歸掛一之奇於餘扐以求爻，故合掛與扐皆象閏者也。

今曆日用九十六刻，蓋得易之真數，八卦六爻互相乘之數也。以十二辰爲節，晝之極無過七分，夜之極無過七分，天地之中，陰陽之正也。過此則爲天地之外域，陰陽之偏氣。故先天圖自復而反推其積數，陰七分，陽五分。自姤而反推其積數，陽七分，陰五分。二至晝夜之極也，自同人、臨之間，比、遯之間，而反推其積數，陰陽各六分，二分晝夜之平也。

景行摘篇附記

祭諸葛武侯文 李興代劉弘作

天子命我，於沔之陽。聽鼓鼙而永思，庶前哲之遺光。登隆山以遠望，軾諸葛之故鄉。蓋神物應機，大器無方。通人靡滯，大德不常。故谷風發而騶虞嘯，雲雷蒸而潛鱗驤。摯解褐於三聘，尼得招而褰裳。管豹變於受命，貢感激以回莊。異徐生之摘寶，釋卧龍於深藏。偉劉氏之傾蓋，嘉吾子之周行。蓋有知己之主，則有竭命之良。固所以三分我漢室，跨帶我邊方。縱横我北面，馳驅我魏疆者也。英哉吾子，獨含天靈。豈神之祇〔一〕，豈人之精。何思之深，何德之清。異世通夢，恨不同生。推子八陣，不在孫、吴。木牛之奇，則亦〔二〕般模。神弩之功，一何微妙。千井齊甃，又何秘要。昔在顛、夭，有名無迹。孰若吾儕，良籌妙畫。臧文既没，以言見稱。又未若子，言行並徵。夷吾反坫，樂毅不終。奚比於爾，明哲守沖。臨終受寄，讓過許由。負扆涖事，民言不流。刑中於鄭，教美於魯。蜀民知恥，河、渭安堵。匪皋則伊，寧比管、晏。豈獨聖宣，慷慨屢歎。昔爾之隱，卜惟此宅。仁智所處，能無恢廓。日居月諸，時隕其夕。誰能不歿，貴有遺格。惟子之勛，移風來世。詠歌餘典，懊夫將厲。遐哉邈矣，厥規卓矣。凡若吾子，難可究矣。疇昔之乖，萬里殊塗。今我來斯，覿爾故墟。漢高歸魂于豐、沛，太公五世而反周。想罔兩之髣髴，冀形響之有餘。神而有靈，豈其識諸。

祭韓文公文李翺作

孔氏云遠，楊朱恣行。孟軻拒之，乃壞於成。戎風混華，異學魁橫。兄常辯之，孔道益明。建武以還，文卑質喪。氣萎體敗，剽剥不讓。儷華鬭葉，顛倒相上。及兄之爲，思動鬼神。撥去其華，得其本根。開合怪駭，驅濤湧雲。包劉越嬴，並武同殷。六經之學，絶而復新。學者有歸，大變于文。兄之仕宦，罔辭于艱。流奏輒斥，去而復還。昇黜不改，正言亟聞。貞元十二，兄佐汴州。我遊自徐，始得兄交。視我無能，待予以友。講交析道，爲益之厚。二十九年，不知其久。兄以疾休，我病卧室。三來視我，笑語窮日。何荒不耕，會之以一。人心樂生，皆惡言凶。兄之在病，則齊其終。順化以盡，靡惑於中。

欲别千萬，意如不窮。臨喪大號，決裂肝胸。老聃言壽，死而不亡。兄名之垂，星斗之光。我撰兄行，下于太常。聲殫天地，誰云不長。喪車來東，我刺廬江。君命有嚴，不見兄喪。遣使奠斝，百酸攪腸。音容若在，曷日而忘。

漢、唐之間，王佐不生而斯文喪。程、朱所許以爲庶幾三代之英者，漢則武侯，唐則文公而已。二李之文，推崇揮發，尤極其至，故特録焉。王仲淹有言，千載而下，有能修周公之事者，吾不得而見也。千載而下，有能紹宣尼之業者，吾不得而讓也。嗚呼！仲淹之志則大矣，然其名迹，若明若昧，賾有羣疑。如武侯、文公，則其事業文章，揭然昭天壤也。後之讀者，可以興矣。

周子贊 朱子作

道喪千載，聖遠言湮。不有先覺，孰開我人。書不盡言，圖不盡意。風月無邊，庭草交翠。

二程受學周子，然未嘗推以繼道者，抑孟子願學孔子，而姑舍子思之意與？至朱子乃尊以先覺，而以繼往開來之统屬之。祠堂記所叙，尤極推崇。蓋比諸河、洛開天之盛，而推五星之聚，以爲應運之符。末乃云見而知之有程氏者，遂廓大而推明之。由是而淵源分明，萬代學者，如知宗泰山而仰北斗。朱子之功大矣。今按伏羲畫卦，自陰陽以下；神禹叙疇，自五行以下。蓋理與性，不可圖而象也，圖而象之，自周子始。抑太極之本體，固天地之所以爲大，而超然于陰陽之上矣。而其下之在人物之身者，則亦與天地同其大，而曾無毫末之虧也。雖受于二五錯綜之餘，而亦超然非形氣所得拘，而曾無毫末之雜也。嗚呼！非見道之明，知性而知天者，其孰能與於此？夫圖人物之性，一之不足而加兩焉，似乎費矣。然天地以性賦之人者也，父母以性傳之子者也，父母近而天地遠。故事父母，人所知也；事天地，人所不知也。若由氣形化之説推而上之，生民之初，孰父母是？則其與乾坤混合無間，有不必聖者而後知者矣。此又周子指示最親切處。張子西銘，蓋專發此指，然周、張終身未嘗相見，書亦未始相聞也。蓋心理之契，所謂若合符節者。嗚呼！此所以爲書不盡言，圖不盡意也歟？

程伯子贊 朱子作

揚休山立，玉色金聲。元氣之會，渾然天成。瑞日祥雲，和風甘雨。龍德正中，厥施斯普。

程叔子贊朱子作

規員矩方，繩直準平。允矣君子，展也大成。布帛之文，菽粟之味。知德者希，孰識其貴。

於伯子則贊其德性之完成，於叔子則贊其學問之平實也。蓋瑞日祥雲，和風甘雨，感於人也深。規矩準繩，菽粟布帛，濟於人也大。咸速也，恒久也，不可相無者也。

張子贊朱子作

早悦孫、吴，晚逃佛、老。勇撤皋比，一變至道。精思力踐，妙契疾書。訂頑之訓，示我廣居。

張子擁皋比講周易，于時道既成矣。一日見二程，遂撤去之，謝學者，歸關西。又力學十餘年，然後學醇道高。程子謂：孟子後儒者皆不及也。夫難克者有我之私，難明者意見之蔽，自賢者以下，皆不免焉。張子之大過人，不特撤皋比一事而已。觀二程兄弟與之往來論學，攻切直諒，有若施之門下士者，而先生沛然受之，如決江河。嗚呼！此非大賢不能也。先生於二程爲表叔，而年長以倍，名又先成，皋比之撤，二程纔弱冠耳。

邵子贊 朱子作

天挺人豪，英邁蓋世。駕風鞭霆，歷覽無際。手探月窟，足躡天根。閒中今古，醉裏乾坤。

邵子之易，深於陰陽消長之際，而其功之在於後學者，傳先天之圖也。故特以探月窟、躡天根贊之。月窟、天根，姤、復兩卦也。

司馬文正公贊 朱子作

篤學力行，清修苦節。有德有言，有功有烈。深衣大帶，張拱徐趨。遺像凛然，可肅薄夫。

温公居洛，考古製深衣幅巾，閒居服之。○按程子云：「吾閱人多矣，不雜者三人，張子厚、邵堯夫、司馬君實也。」又云：「世之博聞强識者多矣，其終未有不入於異氏者，特立不惑，子厚、堯夫而已。」蓋二程所推許，首張次邵，於温公則固服其躬行，而知德有微詞焉。

周易原象贊朱子作

太乙肇判，陰降陽升。陽一以施，陰兩而承。惟皇昊、羲，仰觀俯察。奇耦既陳，兩儀斯設。既榦乃支，一各生兩。陰陽交錯，以立四象。奇加以奇，曰陽之陽。奇而加耦，陽陰以章。耦而加奇，陰内陽外。耦復加耦，陰與陰會。兩一既分，一復生兩。三才在目，八卦指掌。奇奇而奇，初一曰乾。奇奇而耦，兑次二焉。奇耦而奇，次三曰離。奇耦而耦，四震以隨。耦奇而奇，巽居次五。耦奇而耦，坎六斯睹。耦耦而奇，艮居次七。耦耦而耦，八坤以畢。初畫爲儀，中畫爲象。上畫卦明，人文斯朗。因而重之，一貞八悔。六十四卦，由内達外。交易爲體，往此來彼。變易爲用，時靜而動。降帝而王，傳夏歷商。有占無文，民用弗彰。文王繫彖，周公繫爻。視此八卦，二純六交。乃乾斯父，乃坤斯母。震、坎、艮男，巽、離、兑女。離南坎北，震東兑西。乾、坤、艮、巽，位以四維。建官立師，命曰周易。孔聖傳之，是爲十翼。遭秦弗燼，及宋而明。邵傳羲畫，程演周經。象陳數列，言盡理得。彌億萬年，永著常式。

首所序者，即邵易先天生卦法也。康節以前，未有爲此説者。率以爲聖人畫卦，先定乾、坤，而復使之交錯，而成六子。一每生二之秘，蓋千載未發也。然其説具於夫子繫辭傳，顧不察耳。其分出震以下之位，爲文王之學，尤極有理。深於周易者，當自知之。朱子此贊，盡其説，而曰「邵傳羲畫」，蓋信之確也。

述旨贊 朱子作

昔在上古，世質民淳。是非莫别，利害不分。風氣既開，乃生聖人。聰明睿智，出類超羣。仰觀俯察，始畫奇耦。教之卜筮，以斷可否。作爲君師，開鑿户牖。民用不迷，以有常守。降及中古，世變風移。淳澆質喪，民僞日滋。穆穆文王，身蒙大難。安土樂天，惟世之患。乃本卦義，繫此彖辭。爰及周公，六爻是資。因事設教，丁寧詳密。必中必正，乃亨乃吉。語子惟孝，語臣則忠。鈎深闡微，如日之中。暨乎末流，淫于術數。僂句成欺，黄裳亦誤。大哉孔子，晚好是書。韋編既絶，八索以祛。乃作彖、象，十翼之篇。專用義理，發揮經言。居省象辭，動察變占。存亡進退，陟降飛潛。曰毫曰釐，匪差匪謬。加我數年，庶無大咎。恭惟三古，四聖一心。垂象炳明，千載是臨。惟是學者，不本其初。文辭象數，或肆或拘。嗟予小子，既微且陋。鑽仰没身，奚測奚究。匪譬滋荒，匪誠滋漏。維用存疑，敢曰垂後。

此贊極其精粹，不可不深思潛玩。○漢以來説易者，直以聖人作易，特爲道陰陽消長，洩造化之妙耳。雖知其資於卜筮，然不以爲本指也。至朱子始以伏羲作易，正爲卜筮而設。其時風氣未開，民俗淳質，未知趨避吉凶，則第使之知所趨避而已。暨乎中古，淳質漓而詐僞滋，趨避益巧，但知有吉凶，而不知有義理，則失伏羲教人之本意。故文王、周公作彖繫爻，示人以中正仁義之歸。故曰其衰世之意耶？蓋因俗化之衰，而彌縫之使其淳也。然文、周之藴，莫之能發，是以易象雖存，而大義乖，仍浸淫于術數。孔子於是推極文、周繫辭之至隱，發揮道德性命於十翼之中，然後知易果非占卜之小數而義理之微言也。由此言之，伏羲教人趨吉避凶之心，即其教人舍惡從善之心。文王、周公中正仁義之教，即其使人不迷於吉凶悔吝之教。夫子發文、周之心，闡義理之微，即其所以洩羲皇之秘，極前用之道也。世更三古，教以時施，然其爲心，豈有二哉？自溺於文辭者，既不察夫立象之本；拘於象數者，又不適乎典禮之中。易之道，泯泯棼棼而幾乎熄。非周、程發其理，邵子傳其象，朱子復推卜筮之指，以還易之本教，則雖欲知四聖之心，其孰從而求之？然至于今，尚有執朱子三聖之易不同之説，而欲各以意求之者，其蔽比於肆且拘者而滋甚。彼蓋不善觀朱子之説，而以言害辭、辭害意之失也。故此贊之序，三古源委相接，而卒之曰

「四聖一心」，此可以爲朱子之定論矣。

警學贊 朱子作

讀易之法，先正其心。肅容端席，有翼其臨。于卦于爻，如筮斯得。假彼象辭，爲我儀則。字從其訓，句逆其情。事因其理，意適其平。曰否曰臧，如目斯見。曰止曰行，如足斯踐。毋寬以略，毋密以窮。毋固而可，毋必而通。平易從容，自表而裏。及其貫之，萬事一理。理定既實，事來尚虛。用應始有，體該本無。稽實待虛，存體應用。執古御今，由靜制動。潔靜精微，是之謂易。體之在我，動有常吉。在昔程氏，繼周紹孔。奥旨宏綱，星陳極拱。惟斯未啓，以俟後人。小子狂簡，敢述而申之。

此章論讀易之法，最爲警切，蓋以辭爲主者也。字求其訓，句逆其情，毋寬以略也。事因其理，意適其平，毋密而窮也。不寬以略，故毋守固陋以爲可。不密以窮，故毋强穿鑿以爲通。至於自表達裏，而一以貫之，則二者之患亡矣。理定而體無者，潔淨也，聖人以此洗心退藏於密者也。事來而用應者，精微也，至精至變，聖人所以極深而研幾也。程子之書，其於宏綱奥旨，則既備矣，而未免以易爲説理之書，則是猶滯於實。而有所謂虛涵該貫，曲暢旁通之妙，必得朱子本義述而申之，斯無遺憾矣。然今誦朱子之遺言，則於本義尚多欲更改而未及者，豈猶有待而苦於年歲之不足與？故夫子曰：「假我數年。」而王仲淹氏曰：「聖人於易，没身而已矣。」

敬齋箴朱子作

正其衣冠，尊其瞻視。潛心以居，對越上帝。足容必重，手容必恭。擇地而蹈，折旋蟻封。此程子所謂整齊嚴肅，無事時之敬也。首四句，靜中之靜。次四句，靜中之動。潛心對越，裏之事也。擇地折旋，表之事也。出門如賓，承事如祭。戰戰兢兢，罔敢或易。守口如瓶，防意如城。洞洞屬屬，毋敢或輕。此亦所謂整齊嚴肅，有事時之敬也。首四句，動中之靜，所以固其裏之存。次四句，動中之動，所以謹其表之發也。不東以西，不南以北。當事而存，靡他其適。此程子所謂主一無適，亦無事時之敬也。不東以西，不南以北，則心常中矣。心有於内，故他無所適。當事猶言隨處也。勿貳以二，勿參以三。惟精惟一，萬變是監。此亦程子所謂主一無適，亦有事時之敬也。勿貳以二，勿參以三，則心常專矣。雖酬酢萬變於外，而主守不失，故曰監也。從事于斯，是曰持敬。動靜弗違，表裏交正。無事靜也，有事動也，而就其中，又各有動靜、表裏焉。須臾有間，私欲萬端。不火而熱，不冰而寒。此以靜而存者言。蓋有斯須之頃而不敬，則私欲必乘之而發，凝冰焦火，淵淪天飛，倏忽變化，莫知其鄉也。毫釐有差，天壤易處。三綱既淪，九法亦斁。此以動而發者言。蓋公私義利之幾，不有敬以察之，則毫釐之差，將成天壤之謬，可以至於三綱淪而九法斁矣。於乎小子，念哉敬哉。墨卿司戒，敢告靈臺。靈台，心也。

此箴雖言敬，然首段所謂「防意如城」，次段所謂「萬變是監」，後段所謂「毫釐有差，天壤易處」，則正中庸所謂隱微之處而必謹者，乃義之事矣。蓋敬義雖相對，而敬常爲主。故中庸所謂戒慎恐懼者敬也，所謂謹獨者亦敬也。此箴所言，中庸之義疏也。

克己銘 吕與叔作

凡厥有生，均氣同體。胡爲不仁，我則有己。立己與物，私爲町畦。勝心横生，擾擾不齊。大人存誠，心見帝則。初無吝驕，作我蟊賊。志以爲帥，氣爲卒徒。奉辭于天，誰敢侮予。且戰且徠，勝私窒慾。昔焉寇讎，今則臣僕。方其未克，窘我室廬。婦姑勃谿，安取其餘。亦既克之，皇皇四達。洞然八荒，皆在我闥。孰曰天下，不歸吾仁。痒痾疾痛，舉切吾身。一日至之，莫非吾事。顏何人哉，晞之則是。

朱子以己對理言之，呂氏此箴，以己對物言之。然其下云「心見帝則」，曰「奉辭于天」，則即所謂理也。蓋天理之中，本無物我，而忘我忘物，則天理在其中矣。且對物言之，於仁之味，尤爲真切也。

小學題辭 朱子作

元亨利貞，天道之常。仁義禮智，人性之綱。天地四德，人性具焉。所謂天命之謂性也。凡此厥初，無有不善。藹然四端，隨感而見。愛親敬兄，忠君悌長。是曰秉彝，有順無强。性無不善，故情之感物而動者，各有條理。所謂率性之謂道也。惟聖性者，浩浩其天。不加毫末，萬善足焉。衆人蚩蚩，物欲交蔽。乃頹其綱，甘此暴棄。惟聖斯惻，建學立師。以培其根，以達其枝。性者根也，道者枝也，小學所以培其根也，大學所以達其枝也。所謂修道之謂教也。小學之方，灑掃應對。入孝出恭，動罔或悖。行有餘力，誦詩讀書。詠歌舞蹈，思罔或逾。灑掃應對，入孝出恭，所以養其誠，行之事也。誦詩讀書，詠歌舞蹈，所以啓其明，知之事也。幼小則真淳未漓，智識未開，故其教之之序如此。窮理修身，斯學之大。明命赫然，罔有内外。窮理致知，則善無不明。力行自修，則身無不誠。蓋既長則聰明開而克己要，故其教之之序如此。天之明命，我與物所同得，身既誠，則兼有以成物，而合內外之道矣。德崇業廣，乃復其初。昔非不足，今豈有餘。成己則德崇矣，成物則業廣矣。然非有加於性也。盡己之性，盡人物之性，適所以復其初云爾。蓋性者根也，散而爲萬理萬事者，枝也。至於盡己盡物，各得其性，則如枝葉之成實，復返于根也。實之成也，適肖其種而已，豈有加哉。世遠人亡，經殘教弛。蒙養弗端，長益浮靡。鄉無善俗，世乏良材。利欲紛拏，異言喧豗。幸茲秉彝，極天罔墜。爰輯格言，庶覺來裔。於乎小子，敬受此書。匪我言耄，維聖之謨。小人不蒙至治之澤，故鄉無善俗。君子不聞大道之要，故世乏良材。下者溺於功利之習，故利欲紛拏。高者淪於異氏之教，故異言喧豗。

此辭即約大學序之指以成文也。

【校勘記】

〔一〕「祇」原作「氏」，不詞。據裴注三國志改。

〔二〕「亦」字，依裴注當作「非」。

榕村全集卷十

序一

進讀書筆録及論説序記雜文序

康熙十有九年閏八月之五日，皇上退朝，御乾清門，顧問臣光地家居所作文字若干。臣不勝惶懼，歸而收拾舊業，大抵皆經生家言，不足以塵乙夜之覽。又不敢以虚清問，謹以讀書筆録數十條，及論、説、序、記之關於學者十篇，繕寫爲一卷進呈。而恭爲之序曰：臣惟學之於天下，大矣。自古未有言學者，言之自殷高宗與傅説始。彼其所謂多聞學古，時敏遜志，與夫教學之相半，終始之克念；又曰非知之艱，行之維艱。此皆自後世聰明才智之士，所不屑留意於其間者。而彼以天縱之君，帝賚之佐，孳孳相勉，若將不及。是以君則繼成湯嘉靖于殷國，臣則與阿衡媲美于有商。學之關于治道有如此。蓋古今之言學者，莫不曰帝王之學與儒生異，臣以爲不然。夫溺於技藝，滯於章句，以華藻自娱，以涉獵相高，豈獨帝王哉，雖儒生非所尚也。若夫窮性命之源，研精微之歸，究六經之指，周當世之務，則豈特儒者之所用心，帝王之學，何以加此？蓋高宗所謂恭默以思者，性命之源，精微之歸也；其所謂學而有獲者，經訓之旨也；其所謂監而罔愆者，當世之務也。此古今言學之宗，亦古今爲學之準也。肆我皇上，天挺其姿，神授之識，生知乃復好古，將聖而又多能。然皆習焉而不留，過焉而遂化，詩文字畫，曆算工巧，莫不精其道焉，而無所滯於心。其所以潛思實體，朝講夕誦，積年累月而不懈，寒暑風雨而不休，則非堯、舜之道，不使陳於前也，非天人性命之書，不以遊於意也。臣愚無知，竊謂皇上非漢、唐以下之學，唐、虞、三代之學也。臣窮海末儒，蔽於聰明之不足，局于聞見之孤陋，四十無聞，歿身爲耻。今太陽之下，燭火益微，抱卷趦趄，隕越無地。然臣之學，則仰體皇上之學也。近不敢背于程、朱，遠不敢違于孔、孟，誦師説而守章句，佩服儒者，屏棄異端，則一卷之中，或可以見區區之志焉。臣又觀道統之與治統，古者出於一，後世出於二。孟子序堯、舜以來，至於文王，率五百年而統一續，此道與治之出於一者也。自孔子後五百年，而至建武，建武五百年，而至貞觀，貞觀五百年，而至南渡。夫東漢風俗，一變至道。貞觀治效，幾於成、康。然律以純王，不能無愧。孔子之生東遷，朱子之在南渡，天蓋付以斯道而時不逢。此道與治之出於二者也。自朱子而來，至我皇上，又五百歲，應王者之期，躬聖賢之學。天其殆將復啓堯、舜之運，而道與治之統復合乎？伏惟皇上承天之命，任斯道之统，以升于大猷。臣雖無知，或者猶得依附末光，而聞大道之要，臣不勝拳拳。

進易論序

臣惟易之爲書也，大而言之，則六經之原，天地鬼神之奥也。切而言之，則動息語默，酬物應事，修之吉而悖之凶，蓋有不可斯須去者。然其爲書，始於卜筮之教，而根於陰陽之道。故玩辭必本於觀象而不爲苟言，占事必由於極數而不爲苟用，非徒以象數爲先也，象數而理義在焉。於戲！易豈易學也哉！欽惟皇上講學勤政，孳孳不息，則應乾之行；厚德深仁，視民如傷，則配坤之道；進君子，退小人，則察乎否、泰之幾；憂盛危明，則協乎日中之戒。皇上之體易者，可謂至矣。神武不殺，固已見諸施行，自天祐之，吉无不利，又已受其顯報。皇上之用易者，可謂神矣。乃者特命儒臣，以此經逐日進講。仰見聖智之默運，上符三古之心傳，歷數近代以来，未有留心於性命之原，研慮於天人之際，如我皇上者也。臣學易將二十年，幽居潛玩之餘，不無一得。然生質愚蔽，不足以窺絶學之全，間或劄記所知，繫之每卦每爻，以爲異日精思明辨之地。中遭冦亂，未究厥業，僅有易論數篇，大抵皆理義象數之淵源，易之所由作者也。恭逢聖世，不敢自匿，譬則熒燭之微照，太陽雖不爲之增光，然而積草加膏之勤，亦將以之炯炯自秘。此臣今日獻書之喻也。伏惟皇上裁其可否而進退之。臣又觀夫序卦、雜卦，皆以未濟終篇。非欲其終於未濟也，謂夫雖當已濟之時，而常存未濟之心。此則所謂懼以終始，易之道也。故六十四卦、三百八十四爻，而一言以蔽之，「終日乾乾」是也。伏惟皇上垂意焉。

進大司樂釋義及樂律論辨序

臣惟古之王者，治定功成，則必有作。蓋非苟爲彌文以飾觀聽而已。禮樂不可斯須去身，亦不可以一日不行於天下。是故尊卑上下，截然有制，民志定而遜讓之風行者，禮之實也。君臣父子，藹然相親，人心和而敦厚之俗成者，樂之意也。篤其實而舉其文，厚其意而修其節，則禮樂之用所以著；因其節文而求其實意，則禮樂之道所以存。自漢以來，禮樂崩壞，不合于三代之意者，二千餘年，而樂爲尤甚。蓋自諸經所載，節奏篇章、器數律呂之昭然者，而紛紛之説，終不能以相一。又況乎精微之旨，所謂與天地同其和者哉？臣逃亂空山之中，僅以十三經自隨，間以暇日，參取經文之及於樂者，會萃成編。深思極索，追求古人作樂之本，與夫羣言旨趣之同，蓋有互相發明者。自大舜、后夔以至武王、周公，若合一契。信乎大樂之必易，而今之樂由古之樂者，斯言不我欺也。居嘗別爲樂理、樂節、樂章、樂舞、樂器、樂律六篇，以諸經之文爲主，以史記、漢書、淮南以下諸説爲輔，將以下成一家之言，上備有司之采，條貫已具，潤色未完。其已脱槀者，則周官大司樂釋義及論説數篇。竊不自量，繕寫爲一卷進呈。伏惟皇上純誠至孝，舜之所以感神也，於鑠王師，武之所以求定也，文德武功，巍然煥然。今四方粗靖，稽古禮文之事，勢當相沿而起。昔魯兩生謂：禮樂百年乃可興也。臣竊疑之。蓋兩生知高祖之輕儒術，故爲是言，以避召命耳。若夫禮樂，則豈可一日不行於天下，而必待百年不可知之化哉？今四海靡靡，風聲頹敝。等威無辨，而奢僭不可止；聯屬無法，而鬬爭不可禁。奢僭者犯上之階也，鬬争者作亂之本也。由此言之，辨上下以定其志，敎親愛以導其和，此誠禮樂之實之意，其講之豈可一日緩哉？記曰：「無本不立，無文不行。」神而明之者本也，舉而措之者文也。爲宜搜召名儒，以至淹洽古今之士，上監於夏、商，近稽自漢、唐以降，考定斟酌，成一代之大典，以淑天下而範萬世。臣雖區區末學，猶將執持所見，與諸儒上下其議論焉。至於建中和之極者，一人之事；專其業、精其藝者，世官之守；非微臣所能知也。

諸史提要序

我皇上稽古好學，不遺鉅細，故於六籍、經、傳之正訓，洙、泗、濂、洛之微言，既已潛神研精，得其心法於千百載之上。至於萬幾餘暇，則自列史、諸子，專門、名家，文辭、詩賦，靡不究心焉。下及纂言紀事，薈萃裒集之編，亦必遐蒐廣採，以補其缺略，討論稽考，以正其疵誤。良以文、武之道，小大並識，孔氏之門，博約兼資。將使學古者不憂殘墜，而修文者有所折中，其所以嘉惠天下後世，至無窮也。皇上念六經之外，惟史學最切，史學之醇，以朱子爲宗。故於通鑑綱目之書，既已時勤觀覽，指授翻譯，俾滿、漢臣工，知奉爲理亂之龜鑑矣。然則諸史之精粹，豈復有出於是乎？是書也蓋取韓愈紀事提要之旨，采自司馬遷以下，迄於五季，斷章摘句，加以訓釋。三千餘年間，言語、事實，旁暨俚諺，班班然雜見錯出，故曰提要也。皇上以授故大學士臣張英，稍加增補，繕成完書。十年後，英子洗馬臣廷玉，請刊刻以重上命而終父志。顧以此書規橅，未足以當御序，而轉奉上諭，使臣等各以言弁其端。臣惟諸史之大者，如歷代明君賢臣之所謀議建立，與夫治亂興亡之變，人物典故之詳，司馬氏、朱氏之書備矣。是書之作，蓋約略搜擷，用助學者聞見。雖不能加於正鑑之外，然亦所謂補綴罅漏，收摭遺軼者也。皇上乙夜勤劬，逸編稗乘，罔不周覽，如日月不棄螢爝之光，山海不辭塵露之細。故雖此書所紀單詞隻句，若無當於大體者；而循其言行，可以見其心迹而知其人；聆其風謠，可以察其時俗而論其世。蓋無適不足以弘睿智之光昭，而增皇猷之允塞也。臣光地謹序。

大學古本私記舊序

大學舊本，自二程子各有更定，朱子因之又加密焉，訂爲今本。然五百年來，不獨持異議者不允，自金華諸子、元葉丞相、明方學士，以至蔡虛齋、林次崖數公，皆恪守朱學，而羣疑朋興，遞有竄動。所不能泯然於學者之心，補傳其最也。地讀朱子之書垂五十年，凡如易之卜筮，詩之雅、鄭，周子無極之旨，邵氏先天之傳，呶呶紛挐，至今未熄，皆能燭以不惑，老而愈堅。獨於此書，亦牽勉應和焉，而非所謂心通而默契者。間考鄭氏注本，尋逐經意，竊疑舊貫之仍，文從理得。況知本、誠身二義，尤爲作大學者樞要所存，似不應使溷於衆目中，而致爲陸、王之徒者，得以攘袂扼腕，自託於据經詰傳，以售其私也。緬惟朱子平生用力，此書爲多，持此有年，廻惶倚閣。又念朱子之道，非一時之道，蓋將取信於天下萬世焉爾。自當時晚出陬生，挾難競質，沛然如江河之決，無閉拒者。則今日之聽瑩於胸，而援鶉已遠，爲宜直其所見，待方来之朱子而折中焉。

大學古本私記序

大學古本，自二程兄弟所更既不同，朱子考訂又異。學者尊用雖久，而元、明以來，諸儒謹守朱説者，皆不能允於心，而重有纂置。爲異論者，又無足述也。愚思朱子所補，致知格物一傳耳，然而誠意致知，正心誠意，其闕自若也。其誠意傳文釋體，迥然與前後諸章别，來學之疑，有由然已。餘姚王氏古本之復，其號則善，而説義乖異，曾不如守舊者之安。欲爲殘經徵信，不亦難乎？夫程、朱之學，得其大者，以爲孔、孟之傳，蓋定論也。程子之説格物，朱子之説誠意，聖者復起，不能易焉，而餘姚皆反之。編簡末事，又何足以云？文章制度，今古異裁，以晚近體讀古書，則往往多失。何則？其詳略輕重，離合整散，不可以行墨求，而必深探其本指者，古人之書也。大學之宗，歸於誠意。格物、明善者，其開端擇術事耳。朱子亦既言之，而不能無疑於離合整散之間，是以有所更緝。今但不區經傳，通貫讀之，則舊本完成，無所謂缺亂者。若大義一惟程、朱是据，汙不至阿其所好，或以爲習心入之先者，不知言者也。

中庸章段序

中庸之旨，朱子推本于唐、虞之相傳者，至矣。又考之湯誥曰：「維皇上帝，降衷于下民，若有恒性。」衷者中也，恒者常也，中而有常，蓋上帝所降之命，而民順之以爲性者也。周詩曰：「天生蒸民，有物有則。民之秉彝，好是懿德。」則亦中也，彝亦常也。此詩言性命之理，與堯、湯同歸者也。惟受天地之中以生，而有常而不變，故其發見于事物，流行于日用者，莫不肖其本然之故。因性之中也，故道亦中，而無高遠難行之事也。因性之常也，故道亦常，而無新異可喜之迹也。聖人之教，所以建人極而萬世不能易者，豈不本于是哉？子思子作書之意，蓋預知夫異端之説將起，而性道之正將離也。故一傳爲孟子，遂顯揭仁義之言，以與楊、墨、告子相觝。然猶不能遏其衝。迄于周衰，諸子藉亂。至漢、晉以後，而佛、老迭爲性命之宗，求道者舍是莫適矣。程、朱二子，生於千數百年之後，躪中庸之庭而入其室，於是二氏之道寢息，而孔子之道漸著。蓋孟子捄之未亡之前，而程、朱存之已壞之後。以三子之爲功大，益知子思子之爲慮深也。二程于中庸未成書，然朱子之道，即二程之道也。首章之義，是朱子所以繼絶學，承聖統者。學者于此，有以得其源流指趣，則列聖之傳可識，而於全篇之理，亦思過半矣。地讀章句五十年，然後能明首章之説。覆觀近代講解之所由誤，蓋自宋、元之間而已失之。是則七十子未終而大義乖，道之難明易晦也如此哉！是編也，於章段離合之間，雖頗有所連斷，然其義所自來，則皆竊取朱子平生之意。深於此者，或能諒焉。惟其學之不逮，行之不修，恐不足發明先哲之緒餘於萬一，此則私心之所愧懼也夫。

中庸餘論序

中庸餘論者，不敢以其論麗於經者也。凡四十六條〔一〕，蓋雖推索經指，宗述儒先，而附以己意焉。又曰閏秋録者，昔壬申之夏，雜記所得，名初夏録，今增損爲中庸餘論，而其成也，庚寅之又七月也。嗚呼！昔之意氣猶盛，五十學易，自謂未晚，故曰初夏也。今老而衰，歲云秋矣。讀聖賢書，自視不能爲繼序嗣音之人，庶幾日月之光，賡以微嘒，四時之統，綴以餘分。及遲暮奇扐之年，以終竟其不忘之志，故又寓意于兹名。

詩所序

古者學校四術，及孔門之教，皆以詩首，爲其近在性情，察於倫理。而及其至也，光四海，通神明，率由是也。言志之義，始於虞典。夏、商之間，詩不概見，豈其代遠篇殘，抑忠質之世，發於文者希與？周自文王有作，周公繼之，郁郁乎文哉，於斯爲盛矣。今考三百之篇，出自文、武、成、康者百。二南，風之自也。小雅，治之經也。大雅，德之本，命之符。周頌，功之成，教之至也。其篇皆以文王冠。惟周公之詩，自爲國風，篤世業，勤王家，蓋周室之所以安危，上配文王者也。邶、鄘以下之爲風，六月、民勞以下之爲雅，王德降焉，政俗衰焉，然下則有撫己言傷之音，上則有憂國陳善之作。蓋性情之不可遏，文、武之教在乎人心，故皆可以興，可以觀，可以羣，可以怨。邇之事父，遠之事君，而其究歸於思無邪者，此也。朱子鄭、衛之説，諸儒以爲不然。今獨信之者，謂非是不足以見亂之所生，爲二南之左契。抑雖其流至此，猶有秉禮知義，無文王而興者，夫然後可以極無邪之變矣。惟節南山以下爲東遷，楚茨以下爲豳雅，載芟以下爲豳頌，乃前儒所未定，而今創説者。夫子曰：「吾自衛反魯，然後雅、頌各得其所。」今觀大雅，時世明矣。小雅之亂而無緒，殆不可詰。如毛氏傳，三百年間，爲篇纔七十餘，而出於幽者將三之二，是豈足信乎？孟子言頌其詩者，必論其世。今失其世，則又賴有詩存，而可以推而知，旁引而得也。既知得所之義，然後章求其次，句逆其情，稱名賾而不可厭也，疊文複而不可亂也。始於夫婦之細，而察乎天地之高深，發於人情之恒，而極乎天載之微妙。夫如是，則三百之繁言，四始之宏綱，小大兼舉矣。夫子教人學詩，近則在於牆面，遠則使於四方。要其指則曰可以興，責其效則曰可以言。嗚呼！反之於身而可哉。

洪範説序

洪範之書，文雖少，而與四聖之易並傳。先儒釋洪範爲大法，意顧命所謂「大訓」，與河圖俱陳者，即此是也。然則尚矣，聖人所言天道王事，豈有加于此哉？更越秦、漢，其義未章，故劉歆、班固，但据以道災祥而已。近世稍覺其陋，自宋王荆國、曾子固、蘇明允，皆有書其後。蔡氏以師門之學傳之，然猶未盡也。地自始讀而竊疑之，中間嘗以意爲之説，而玩心未熟，信疑參半。繼讀西山真先生衍義，其解文意，乃與鄙説同。然後怡然理順，有實獲我心之歎。顧其於經意則既得矣，至推本於洛書之出，暨夫九疇生數，與易卦同異之根，則有先生所未發者。其他繁文細義，前輩亦多疏闊。自念用心之劬，既歷三紀，舊草在笥，不忍棄也。庚辰歲，曾付刻於保定署中，不敢多以示人，逢同志者，時出就正而已。既又覺其詞句漫漶，非解經之體，又九疇目中，分别禹、箕，亦未審當。間以暇日，稍就增削，依文訓釋，蓋欲庶幾於平實簡質，而病未能也。帙成，仍并舊稿存之。嗚呼！先聖之所以咨嗟而訪，反覆而陳者，其微旨豈易窺哉？亦以寓吾鑽仰没身之志云爾。

周官大司樂章註序

三代之道存於今者，書耳。經書所言，皆當日行事之實也。其有格之於事而不成，推之於道而不合，非經之過，其無乃求之者失其理與？夫禮樂之用同歸，而樂之原本標委，學者蓋難言之。以予考其宣幽釋滯之故，與其道和之效，其大致可知已。而所以爲難言者，毋亦鍾律損益，累黍之求，灰琯之驗乎？其亦可謂緩於本而急於末，舍其甚明而務之不可知者也。記曰：「大樂必易，大禮必簡。」禮樂者天地之情也，其用不可斯須去身，其官於人，器於物，蓋舉而措之耳。予悲夫此篇者，蓋樂崩而僅存，經亡而先得，垂二千年而亦未有考者。以至諸律旋宫之説，五聲、八音、和樂之文，率符於空言，而不適於實用，徒爲紛紛，豈不惜哉？予是以討論周官之意，參伍其文，存其所可知，以謂後之作者，而欲追求先王用樂之迹，而因以神而明之，蓋不過是。其有不合於前儒者，則據之於經，經不可見，則索之於理。夫樂之亡雖已久矣，而好古深思之士，不絕於世。安知異日之無足徵者乎？

禮記纂編序

禮有經有傳，儀禮禮之經也，禮記禮之傳也。凡文、武、周公之道，其未墜於地者在於斯。然儀禮缺而弗全，禮記冗而無序，學者病之久矣。是記之興，其於漢之中世，戴氏兄弟，掇拾蒐補於煨燼之餘。戴聖所得，凡八十餘篇，中間雜以秦、漢之言，其弟損益之，又加粹焉，則駸駸乎孔門之咳唾珠璣矣，然亦不能以皆醇也。予嘗讀斯篇，病其繁且亂，記識之難熟，講貫之弗理也。爲之約而序之，温習之便云爾。夫古者小學之教，成人之始，故先之曲禮、少儀、内則三篇。人道莫首於冠昏，故冠義、昏義次之。慎終追遠，民行之大，故喪祭又次之。言喪者凡八篇，而檀弓、曾子問、雜記附焉。言祭者凡三篇，而郊特牲附焉。由是而達於鄉黨州閭，則鄉飲酒、投壺、射義次之。由是而達於朝廷邦國，則大傳、明堂位、燕義、聘義次之。由是而周於衣冠冕珮之制，與夫行禮之容儀，則深衣、玉藻又次之。自曲禮至此，爲禮記内篇。禮運、禮器以下，學記、樂記以上，或通論禮意，或泛設雜文，或言君子成德之方，或陳王者政教之務，要於修身及家、平均天下之道，靡所不講，爲禮記外篇。嗚呼！三代以禮治天下，如此其盛也。雖當千百載之下，湮滅斷爛之簡，編廑有存者，而宏經大要，可考而知。以正聖功，以興太平，取諸此焉足矣。抑予所易者，篇次耳。居嘗以戴氏之篇，既非周、魯之舊，當日採輯，其於章句文義，亦擇焉而弗精。苟爲之詳論條理，成一家言，抑猶作者未竟之緒與？予竊有志焉，而非其任也。

禮記考定篇目

曲禮　少儀　内則　冠義　昏義　喪大記　喪服小記　間傳　問喪　服問

三年問　喪服四制　奔喪　檀弓　曾子問　雜記　祭法　祭義　祭統　郊特牲

鄉飲義　投壺　射義　大傳　明堂位　燕義　聘義　深衣　玉藻

右内篇目

禮運　禮器　經解　坊記　表記　儒行　緇衣　哀公問　仲尼燕居　孔子閒居

文王世子　王制　月令　學記　樂記

右外篇目

附大戴記四篇

武王踐祚　曾子大孝

曾子疾病　曾子天圓

禮學四際約言序

古禮湮廢，不可盡知，又多不行于今世，故其追而考之也難。蓋儀禮缺而不完，禮記亂而無序。自朱子欲以經傳相從，成爲禮書，然猶苦於體大，未究厥業。然則後之欲爲斯學者，不益難哉？余姑擇其大者要者，略依經傳之體，別爲四際八篇，以記禮之綱焉。其詳且小，則未暇也。又采小學儀節於首，附王政大法於後，而通爲之序曰：四際八編者何？冠昏也，喪祭也，鄉射也，朝聘也。易曰：「有天地萬物，而後有男女夫婦。有男女夫婦，而後有父子。有父子，然後有上下君臣。而禮義有所措也。」三代之學，皆所以明人倫也。有冠昏而夫婦別矣，有喪祭而父子親矣，有鄉射而長幼序矣，有朝聘而君臣嚴矣。夫婦別而後父子親，父子親而後長幼序，長幼序而後君臣嚴。由閨門而鄉黨，由鄉黨而邦國、朝廷，蓋不可以一日廢也。是故先王之制禮也，綱維五典，根極五性，通四時，合五行，本於陰陽而順乎天命。有冠昏而夫婦別，夫婦別然後智可求也。有喪祭而父子親，父子親而後仁可守也。有鄉射而長幼序，長幼序而後禮可行也。有朝聘而君臣嚴，君臣嚴而後義可正也。先王之禮，哀樂之情無不中，慘舒之節無不得。故紀綱人道之始終，而天地和平，四靈畢至。學者，學此者也。灑掃進退而非粗也，盡性至命而非遠也。小學以始之，大學以終之，皆所以明人倫也。是書也，雖未能該先王之典，庶幾求禮之門户者，得其端焉。

曆象要書序

曆象一書，自少小以好奇之心學之，蓋久而茫然。此學近無師授，又予未習爲方圓勾曲乘除之算，故其通也甚難。七八年間，來往心懷弗釋也。乙巳之冬，以書卷餘暇，覆究斯學，搜極繁亂，摘厥窈微。三月在空山之中，遠有端序矣。緬自羲、軒迎策，而此術興。三代之衰，禨祥中廢。故自秦以前，如遡崑崙然，聊以知其源派而已。太初而降，卓卓顯者，將十有餘家。中間枝蔓米鹽，人各各爲深博無涯涘。此籌家之智數，然取合天行沿革，異同之大致，又烏可以不考乎？予故纂諸家之要，附以他書論之合者。將以備一家言，而猶有待焉。兹編也，其未詳未信者爾。

卜書補義序

古者卜筮皆有書，卜書非易也。洪範曰：「卜五，占用二。」陰陽之在易備矣，惟五行之説，則詳於卜書，而其籍已廢。昔者，夫子贊易而八索袪，卜之亡也，其始於此與？

下及漢、魏以來，京、焦、管、郭之流，猶能明五行之學，以推祥衍忒。今其遺術，往往有存者。然體兆不傳，故强附之於爻卦，由是而蓍龜之法亂。予讀洪範、周禮而有感焉，博考諸書，心知其意。然而年世則已遼矣，莫吾徵也。發其序，陳其概，遲好古者取裁焉。使蓍龜之用不相溷，則卜雖亡也猶存。

離騷新説後序

余九歲，季父授以離騷，故至今上口，不落一字。長覩諸家説，其得失亦漫不訾省，至甚荒忽無情意者，偶亦入思。句譚字議，力所未暇也。前數年，嘗謂秦、漢古辭，無如屈、魏、離騷、參同之奇奧，欲創通章句，聯成一編。後選漢以下列代詩，又欲追風、雅始變之源，以騷繫後，庶幾猗那之志。岁月侵尋，終焉在几。兹行舟中，友人有相促就騷説者。盛暑暴下，展轉於疾中，爲之粗疏語脈而已，詞訓有所未備，況其深者乎？嗚呼！原何時也，千古之亂，於斯爲極，而能所言不詭於經，將之以誠款。是以歷世貴之，雖大賢惓惓焉。古者始學，宵雅肄三，欲其蚤識君臣之義也。原有四牡、皇華之才，邂逅不辰，音非和正。然以視周衰大夫，閔時念亂，繁霜十月，無以益其哀矣。學者讀其書，論其世，豈不亦嘅然於人生之大倫，而足以興哉？吾徒生於明盛，而欲寫其幽思，窮其寓物，譬猶無病而呻。陸居者繪遠島爲烟市，固不能得其情狀之真切，姑存所感，而俟世之知原者知焉。

九歌新説後序

舊説楚國南郢之邑，沅、湘之間，其俗信鬼而好祠，其祠必作樂歌舞以樂諸神。屈原既放，竄伏其域，懷抱憂思，出見俗人祭祀之禮，歌舞之樂，蓋有鄙俚媟褻而無文者，因作九歌之曲。王逸之序云爾。然其所釋原意，參錯傅会，言不中倫者多矣。辯證一一正之。自太乙以下，皆以事神之恭，況己事君之敬；以神人之接之闊，喻君臣之交之難。惟山鬼一章，乃以鬼自比，而人則君也。以此意讀之，大義則得矣。愚觀屈子，蓋蠻荆之一人，北方學者，未能或之先也。離騷之篇，陳古義，剴治道，三代名臣，何以加兹。至所託言取類，上自象曜、風霆、雲雨，下迄地域、山川，中錯人倫、族氏、草木、禽鳥之芬芳靈鷙，與易象稱名、風、雅興物無異。自説文者乖舛，於是有引喻失義，放言無章者，非屈氏意也。推是以類九歌，則離騷之外篇耳。故天神尊上，則以喻君，司命爲太乙之佐，湘君河伯非天神之倫，則以喻臣。玩其辭，潛其義，凡莊重嚴肅，禮樂威儀備者，君之族也。凡投贈親昵，遊從驩宴者，臣之族也。中寓怨悱之離憂，而亦不失其尊卑之體，輕重淺深久近之序。嗚呼！以意逆志，斯爲得之矣。騷言高女、下女、佚女，卒乃寓意于少康者，尤於湘神、東君見之。是時襄既繼位，讒佞高張，無改於昔。原之拳拳猶如此，蓋無日不幸其君臣之一悟，邦家之再興也。若言言而以爲怨舊君，懷昔懟，原方悲其西羈之不暇，怨懟奚施焉？故今稍更定其文指，本於性情之教，以竢知者。

參同契註舊序

參同契者，三道同契也。三相類者，三道相類也。三道者，大易、黄老、丹經也。魏伯陽作參同契，以歌叙大易，祖述黄老之旨，發明丹經之要。又自以爲闕略髣髴，纖微未備，故復作三相類一書，互相證曉。篇章意義，煩簡相補，齊根共蔕，葉對枝當，蓋首尾完具，未經缺亂之書也。道流淺近，未能諳其文理，輒復益以枝離，采摭流末之陋，衍繹古人之言。此與魏氏檢衞異端之指，正相反矣。近代好事之徒，復棼然有述，己所不達，則思竄易舊簡，以就偏見。於是而此册坊書殆無完本。深跡學者迷誤，大端有數焉。一曰，略知書之前後，辭理多同，而不知其本爲二書，而相演闡。二曰，知别有三相類名目，而不解其爲何題，遂以意妄説，且有改爲「五相類」者。三曰，知魏氏有三道之言，而不知分書爲三篇，即知有三篇，而不知二書之皆三篇也。四曰，有强分三篇者，而不知三篇之外，有語有辭，有直指丹火之要，有序明述作之繇，是以亂而區之，其辭不類。五曰，知魏氏爲丹火而作是書，不知其兼明易道，故自一書首篇，便雜以爐鼎繁言，燮理大道置而不論，顯與叙文之意相左。六曰，知書之託謬名號，悉有所指，而不知其借物譬寓者殊多，即其名字坎雜，稱喻熒魄，文似碎僻，義無難尋，附以曲雜，乃增謬妄。此六條者，是其大凡。至于微言瑣義，各在本篇，未能悉舉也。若乃此書，重於道藏，不棄儒流，考其源瀾，亦有數事。一曰，邵氏之學。朱子以爲秦、漢失傳，而方外丹竈之家，密相付授，意似有指。愚考魏氏談易，其六卦應月，十二辟卦應時，蓋即漢人納甲卦氣之舊。誠未知與康節先天同否，要不可謂不相肖者。二曰，乾坤者，心學也。自魏、晉以來，拘於君臣之説而失之。虚言陰陽，無所取類，又失之。由魏氏魂魄之指，可省身心之要，順性命，冒事物，其理至深。所謂龍虎者，固周易龍馬之偏辭也。三曰，所言皆清淨之宗，修煉形神之事，不與世義相違。其中至言，則所警於末學者甚多。余始讀其書，無所契領。後避亂荒山，益復反覆，一日誦所謂千周萬遍者。幽憂無事之中，依而倣之，以代歌謡。久乃似通其文意者。中間與人譚及，而每被嗤笑，謂不持行，無師授，而發元扃，誠足破口也。終然喜其文辭，欲與離騷並爲之注，而病未暇。兹歲之春，乃爲友人牽勉成之。其次第用漢魏叢書本，視朱子本似爲近古。至其章題，則膚末者所分，朱子本無是也。今中斷二書，別其篇章，犁然可觀，粲若復舊。中間斷句，偶有錯互，亦稍爲移置，仍各注明其下，以重變古焉。

參同契章句序

參同契者，參之而同契也。三相類者，三字之義疏爾。魏氏作參同契，以歌叙大易之文，祖述黄老之指，發明丹經之要。又自以爲闕略未備，復作三相類一編，互相解剥。今尋其文意，則昭然矣。而更二千年，未有知者。心之不達，則竊易舊簡，以就膚見，故此書獨無完編。所見數本皆甚殊，不特篇章，至碎句亦更亂之矣。惟漢魏叢書所載，似是原本，間有竄互，不多也。獨其不知中斷二書，及截立標題，亦庸末者之妄。二書之終，又各叙述付授之源自，而指囑學者之密要，所以亂三篇之文，而導其宗指之所歸，觀者皆未之審也。故爲釐其章句，稍加疏釋，俟後世有魏氏起者，更以訊之。

【校勘記】

〔一〕據中庸餘論，當作「四十四條」。

榕村全集卷十一

序二

韓子粹言序

韓子之文之學，非漢以下，其周之衰，講切於孔氏之徒者乎？故言其繼孟子者，非獨文家如歐、蘇稱之，雖二程亦云然。學自濂、洛後，真儒輩出，於今益光矣。譬之日馭，公其啓明乎？譬之行旌，公其慮無乎？若文之一道，則其至者，簡質明鋭，以視西漢能者，邈乎過之。八百年來，聲希響斷，不可追矣。公言學聖人之道自孟子始，吾亦言學古之文自公始。雖然，公平生不以文人自域，而公之學由文入者也。故其所玩愛以嬉者，並傳於今不廢。朱子所謂浮華放浪之習，富貴利達之求，公蓋不自掩焉。今摘公文，授子孫輩，則擇其發於理、濟於事者，而文之簡質明鋭，亦似非他酬酢所及，欲令後生識文章之正的，且以發明公之雅志。嗚呼！公欲削孫、揚之不合者附於經，有能用公之意，釐公之書者，則度越況、雄爲不少矣，愚謭非其任也。

二程子遺書纂序

前年視學時，曾刻朱子語類四纂，以示生徒，又恐觀者苦於南北方言，故爲之離句讀，稍加批釋。然取舍之間，複漏尚多，至今以輕妄自媿。程氏遺書讀之尤久，手所纂録，又已忘其幾也。雖然，其取舍未能精詳則一耳。爲既出朱書於前，子弟輩謂，且并刻以損童蒙欲讀者之勞，蓋句讀批釋，比朱稍詳矣。其精藴所在，不恥不類，輒爲發明一二。及其師友之間，淵源明昧，議論出入，後學指爲疑案云者，亦頗用臆測，而概未必其是也。退之言纂言者必鈎其元，自韓子没，不見其所爲纂言之書，甚矣述之難與。深於此學者，不鄙而講而正之，則又幸也。

朱子語類四纂序

自始讀語類，苦其已多，於是芟冗重，録精要，以備忘遺。取舍失中，過輒稍覺，或增或省，至是而四。前年，從弟輩請刻之楚中。余曰「此非千周不可」，未之許也。視學畿輔，朋友間有欲布之者曰：「爲其門目部分之約，易於尋檢，士子等進於經書之便，其又下者。」敷議論，對策有司，抑其根柢也。」余既懼存録之未當，然頗有童蒙向余索書無以應之者，牽勉所請，刻以詒之。若夫美成在久，則雖終身反覆其道，慮有未窺焉爾。

榕村講授序

吾家子弟輩，授諸經畢，即令稍誦近世儒先説理之文。雖今之學者不崇此，然而幼志趣舍繫焉。吾懲夫晚出之爲俗驅，未丱角輒已笑宋人之爲腐且陋矣。此殊有關涉，非特講解文字間也。雖然，前代成、弘先輩，未有不學此者也。前代風氣之醇，人物之盛，必曰成、弘，自好異者不能改評也。其時之講解文章，出於是乎？抑如後之出於子史雜書，旁及異説者乎？理詭於聖，文詭於經，古謂之不雅馴。故未論聖人之理，漢、唐而宋，合者誰也。聖人之文，亦未易與之並引而偶舉。王守溪以韓文成句對論語，帖然也出，是則配焉而不類。然則後起之文，非惡其采摭子史雜書，以後代言語附於經也，惡其不類焉耳。詞句如此，義理何如哉？講解文字之所關涉如此，趣舍何如哉？此集所編，是前輩以配經書者也，故幼者講授自此始。

古文精藻序

余始銜命視學，則欲摘刻唐、宋四家文略，以惠遠僻之士不能得書者。會友人宦江西，請竣斯役，未久以恤去，稿亦在焉。校士一年，甸南既畢，每見下邑孤村之士，果限於荒僻不能得書。或師承無資，而終身不曾見古文一字，即見亦不曉爲當讀。則余前序所謂，剽剥於邨學坊賈之餘，其氣體卑凡，殆非才之過者，又豈非教者之責與？今欲廣刻而力未能，且患讀者之未足於日力也，選自史、漢以來六十餘首有筆勢文采者，刻以詒之。使稚年晚出，讀而知好焉。則自將求覽其全，博其趣，精蒐熟講，無俟於余也。

韻箋序

近日爲詩文者，避繁重，就省約，率向坊賈市小本，以取聲韻，惟唐律專本韻者則已。至於古詩古賦，銘贊歌篇，第据近代膚謬者之説，或曰通，或曰轉，錯戾顛倒，至於齒舌唇喉，不可復辨。夫古之詩辭，以今韻校之，固多通用。然自今視之通也，古人則各有部居門類，何通之有哉？今取古人未嘗通者通之，上不合於古，中不準於唐，以水土之雜響，淆天地之真音，奚可以重所習而不變也？彼古韻之出入於唐韻者，其源有以。如「風」，閉口字也，當屬「侵」而在「東」。「令」，抵齒字也，當屬「真」而在「庚」。此唐人誤也。今緣一二字之誤，遂謂抵齒、閉口二部，與鼻音皆可通也。蓋有中州士庶，偶而寄版荆蠻者，據之以爲齊、楚一家，豈不遠哉！近日，惟長洲顧炎武寧人氏，能古韻，心通其意，而又援据極博，足以徵之。故掇其韻譜，凡唐韻之可通、不可通者，悉註於本目之下。其曰通者古法也，曰不通者時誤也。又坊本收字大窄，落漏甚多，且平、上、去俱用者，只收一處，尤苟簡而不便於稽考。今所收幾及廣韻之半，學者置之案隅笥中，亦可以檢尋辨别，如昌黎所謂略識字之意云。

易義前選序

前朝取士尚經義，治經崇師説。易之先，傳、義並行，後乃朱〔一〕説獨用。或問余曰：「獨用其可乎？」曰：「周、程、張、邵起，而易道明。朱子之書，紹述乎四家，參尋于方外，而又自得於心，申之以卜筮之説也。」或曰：「今之軋朱説者，卜筮之指，謗傷尤甚，何與？」曰：「三代學術所尊，詩、書、禮、樂四者而已。易之籍掌于太卜，非學者所務也。是以秦、漢之間，齒於種樹、醫藥，其流爲風雨、占候，蓋去古未遠，相爲習沿若此。其以爲性命之書，而首乎六經，是吾夫子所以發羲、文之藴，惠萬世無窮。然亦豈嘗雜卜筮之指，而空言設教云乎？輔嗣以來，謂易以空言教，大儒不免焉。自朱氏之說行，然後知易者象也，因依象類以喻凶吉而已。易者占也，繫之占決，以斷違從而已。以言理之文讀，則牴牾而義疎。以象占之意求，則簡易而理得。其說殆與孔子相備，而烏可訾也！」明代經學，專精遜昔，易之一經，勦說尤多。然方其中盛，講貫未衰，制義之文，蔚然可采。說卦爻者，知其足以涵天下之有；詮繫傳者，知其足以一天下之動。擇其詞義之醇，有漢、魏學者所未發者焉。夫其勤不如漢、魏，而醇則過之，豈非先覺淵源之所漸，故雖性與天道，可得而與聞也與？夫一代文章，知其盛也，由經學師說，則識其後之所以弊矣。署中欲選易義，而苦無底本，就坊刻文徵若干首，選得若干首。資於業舉，故華實兼，而又序其源之出於治經者，以告子弟輩。

名文前選序

制舉之文可傳乎？曰可。其原蓋出於義疏之流，而稍叶以俳儷者也。其法雖起於熙寧之新學，然觀洛、閩以來，訓義講說，用其體者多矣。蓋窮經之學，以剖析爲功，故譚經之文，亦不以櫛比爲病也。由是觀之，制舉而能有發於聖賢之意，有助於儒先之說，雖與義疏注解佐佑六經可也。前代自洪、永之間，設科取士，以經義爲先。至於中世，王、錢諸家輩出，而其道始盛。今擇其至者，則不過熟讀章句、或問、大全之書，專精於先儒之説而已。以故其取材甚雅馴，非洙、泗、濂、洛之精華不收也；其持論甚敬謹，非孔、孟、程、朱之謦欬不貌也；其傳神甚微細，非聖賢之語脈文意，則不敢摶合控勒，而縱横以騖驅也。後之讀者以爲質此，如成周之季，謂先進、野人者。以經義初指揆之，既極彬彬，無以加已。嘉、隆以後，異説盛流，師傳毁棄，材則兼收夫子史，論則出入於秦、漢。又其甚者，則佛、老之緒餘糟粕而已。至於破體壞法，踔躪顛倒。尤韓子所謂雜亂無章而轉相夸毗，侈爲至極。彼不知經義設科之意，初不如此也。我朝始復表章經學，尊重儒先，程、朱之書，廢而復用，斯文之運，蓋將跨越前代。雖然，觀前代制科盛晚之際，蓋古人所謂採風聞樂，正變之林，治忽之徵也。讀者其可無辨乎？是選也，得於正、嘉以前者多，而隆、萬理法之未漓者附焉，目之前選。

己丑墨選序

己丑禮部試，余承命典斯役。中忽被病，瘡癬狼藉，坐起枝離，以卒厥事，不詳不精，與初意違，至今自恨也。然文之大體，則已與同事者熟講去取之衷，故諸子之文，亦斐然而可誦。子孫輩以觀風請，爲摘其尤清腴者數十篇授之，而告之曰：人之材力心思，一而已矣，然高下質文，其運有遷，極其變，至如時鳥候蟲，哀樂殊響者。何也？蓋斯文之氣，晦明通塞爲之，非盡有司士子之過。雖然，習之則業有素矣，取之則衡有定矣，衡之不審，而業之不慎，又豈非有司士子之過哉？漢、唐、宋、明之盛，未有不澤於經術，使其文雅馴者也。故大爲斯世之休徵，上爲國家之和應，然要不出於經明行修，則文不期醇而自醇。易曰：「咸，述也；恒，久也。」轉移變化，其機甚速，而沈浸醲郁之效，則所謂美成在久者，其道不可以不養也。今國家所以教士至矣，所以待士厚矣。士而喻於至教，厚於自待者，其必自文章之本始。夫草木之華實至微也，然察之者可以候春秋焉。無亦擇之精，守之正，放泩濫而近體要，撥枝華而存本根，沐浴於久道之化，而莫不有以自責。則科舉之作，雖與禮樂同流可也。

己丑前後塲合選序

己丑會試，予與同事者，極力欲返之清淳，且以觀人學殖，非兼之後塲弗盡也。故命長題，展夜漏，欲使各竭其才，而戒閱者慎搜焉。中抱疾痾，不塞其初意。雖然，竣事後，士友議論，則或以清淳許之者有矣。夫極清淳之至，必也通經學古，理明而氣盛。今學者於是未知其優焉否也，然其心聲和正，則有爲之兆者。蓋國家久道淪洽，人文方興，而皇上稽古正學，粹然一以孔、孟、程、朱之道，訓迪磨厲。以故潛移默易，蒸蒸豹變而不自知。使由此進而逾上，豈非韓子所謂，天將和其聲，以鳴國家之盛者與？子姪輩業是者，欲約取而揣摩之，故檢前後塲凡若干篇以授，使之略知風尚而益端其趣，非闈選之全也。

戊辰武會試録序

科目之制，始於周官鄉大夫之職，所謂三年考其德行道藝，以禮禮賓之，而獻賢能之書於王者。夫德有六，行有六，藝亦有六，而射特其一耳。及觀古人所以取士，則試於澤宮，中多爲雋。與於祭，升於朝，賓興之後，以五物詢衆庶，一於射乎取之。臣載稽經義，國家大定之日，亦既敦崇文教，彬彬向風矣，而蒐田茇舍，寄之於民，祈爵興賢，用之於士。文之以禮樂，重之以祭祀，本之以仁義、中和、孝弟、婣睦，而終不廢乎文武並用之指。故在詩曰：「予曰有奔走，予曰有禦侮。」其在書曰：「有熊羆之士，不二心之臣，保乂王家。」蓋帝王所以制治保邦，收賢育材，古今同軌也。我國家鑒古定制，文武之途，沿而不改。然考之歷代，課試法久，則或視爲具文，而武爲甚。皇上手削大亂，親致太平，道法精微，無不洞究，天下利害，靡不周知。凡文武進士第於有司者，蓋臨軒發策，御圃張侯，校技讎文，必躬必慎焉。臣於是時，代匱翰林，爲之長率，固已循省薄植，夙夜恐惶矣。歲戊辰秋，欽奉主會試武闈之命，大典攸存，戰兢累息。爰於前試之夕，與副考官臣阜，同考官臣焯、臣儀傑、臣本立、臣若琛等，互相誡飭，期於詳慎虛公，以無負使令。蓋上爲國家掄材，司馬臣職攸當，而下拊夙心，雖欲忽且怠焉，有所不敢也。既遵舊例，取文理優通者，中式如額，敬録其文若干首以獻，而颺於篇端，以諗多士。洪惟我國家教育之厚，登庸之謹，非録其一日材藝之長，苟榮其身而已。蓋將因文以觀行，緣材而考德，必也愛其身，而後可以爲士，必也心乎國、心乎民，而後可以服官矣。文武雖殊，其效一致。蓋未有不能致軀命，捍牧圉，而可以稱文，亦未有不能宣德意，助皇仁，而可以言武。先事後食，聖有謨訓，忠愛廉潔，臣之常經也。其或疾痛罔聞，甘苦不共，使民厲其官，卒苦其帥，是之謂長貪以斂怨。或知民而不知有兵，知兵而不知有民，無一體之公，有交病之勢，是之謂崇勝以樹私。斂怨樹私，非封域之福，非朝廷所以使諸臣文武憲邦之意。夫一旅之寄，一汛之守，至近也，然禔之以廉，鎮之以静，行之以肅，則士卒和焉，民生安焉，盜賊息焉。是百里之中，三善備矣。推之一方，則一方靖焉，推之天下，則天下謐焉。蓋至烟火萬里，無枹鼓之驚，恬乎不知兵之爲兵，而民之爲民。此無他，文武各舉其職，而公忠體國之效也。我皇上所以待士甚優，所以撫兵恤民甚至，諸生亦既見之矣。乾行於穆清之上，而化馳於絶塞窮島之區，二帝三王不賓之地，諸士亦既聞之矣。

以所學于昔，抒所志于今，真所謂千載一時者矣，諸士勉乎哉！夫「宵雅肄三」，蓋始進而告以靡鹽、靡及之誼。臣循是謬有稱説，而忘其言之怍也。是役也，知武舉則原任兵部侍郎、今降五級候補臣成其範，監試則御史臣錢三錫、郝惟謙，例得備書。

辛未會試録後序

國家景運昌亨，治洽化溥，我皇上武功赫濯，文德涵濡，遐方異壤，慕義嚮風之衆，慓志格心，九州之内，幽闇阻深，咸蒙德教。蓋自近古文明之盛，未有溥被蒸變若我皇上之煥乎巍巍者也。士生斯時，得以經術自進，竊附于古者以禮禮賓之之義。宵雅之歌，大觀之象，夙昔之所諷詠樂玩，而身親見之，可不謂千載遭遇之隆。而受事典領之臣，因得以仰承樂育之化，獻賢書而掛名於其末，抑又何幸也。歲辛未，會試天下士於禮闈，上命臣玉書、臣廷敬典其事，而以臣光地與臣士禎〔二〕貳。被命之日，工席載賡，寵耀驚眩，繼以累息。竊自惟念，臣以濱海賤士，眇植樗材，際會聖朝，天光照拂，叨陪禁近，洊陟卿班，夙夜矢心，報恩無地。前歲戊辰，會試武進士，既荷皇上特遣衡文。兹復欽承簡命，校士春官，循分捫躬，感愧交并。既入闈扃鐍畢，於是二三臣者，與臣迭相告誡。古者卿大夫爲天子擇士，必得其德行道藝之實，而無容私焉。科目之設，有謄書糊名，以曲爲之防，斯固臣子之恥矣。若又以其物色之私意，行於謄書糊名之中，此爲負吾君乎，負天下士乎，亦負其炯然方寸之心而已矣。夫厲臣節者，莫大乎謹幽獨之私。端士習者，莫先乎慎始進之義。冥冥墮行，萬事瓦裂，既已自誤其身矣。而士之因緣以得者，他日又將敗檢行私，更相汲援，以謂吾昔之進身固如此也。是不惟自誤而以誤天下之人材，苟有鬼神，安所逃罪。故夫今日之役，臣節之所關，亦士習風尚之所繫，可不謹與！雖然，臣與二三臣者，亦祇知自愛而已矣。至於學有所不逮，明有所不周，誠不敢以自必。畢晷繼膏，窮二十日夜之力，大抵理求其當且切，詞尚其雅且醇，體寧正而無軏，氣寧息而無囂。竊欲靜天下士子之心，以贊和平之治于萬一，此臣等之區區也。夫臣等之學之識，既有所域，而士之文行，又未必其相副，然則欲爲國家得人，而稱簡命之意，誠不敢以自必。然臣載稽經訓，在易，萃、升皆有「孚乃用禴」之義。蓋言引士而進之者，必精誠無私，采拔側微，如禴祭者致其敬潔，芼水陸之菹而薦之也。其在漸曰：「進以正，可以正邦也。」蓋言士之始進，若能安於義命，不失其正，則能奉公彈職，端己化民也。國家闢門升俊，山林草澤之士，莫不翹翹然動其心，豈非所謂聚而上者之時乎？臣雖愚陋，固不敢不與諸臣者，竭其用禴之孚矣。若夫多士之進，則固自今日始，無亦繹進正之文，思鴻漸之戒。學以不欺爲本，行以不染爲操，介然獨立，而不騖乎形勢之塗，職思其憂，而不營乎非分之事。知生逢聖明，游於道德光華之下之不可以自棄，則其聞有司之言，必有惕乎不以空文視者。厲志不回，清修確守，亹亹焉俾德業行誼之所成就，真可不玷科名。異時揚棫樸、菁莪之休者，且將因其人論其世，其有司實與有榮光焉。

己丑會試録序

康熙四十有八年歲己丑，會試天下舉人，皇上不以臣光地不才，命與臣廷樞爲考官，典司試事。恭惟國家養士垂七十年，正道久化成，當乎人文極盛，俊彦克生之時。是歲，又以推恩拓額，應貢士三百人於廷。是臣得以殫精悉慮，以人事君，可不謂幸與。顧狹陋膚末之學，既不足以稱量鎰銖，疾病衰羸之軀，又不足以檢衛微細，不詳不精，慚恨悚仄。既竣事，例應録試文之優者，進呈御覽，而又得推國家所以教養之意，爲訓士之辭於篇端。臣文行不能爲諸士矜式，正古人所謂缾滿罍空者。是以反己而愧生，揚聲而語室。雖然，親承聖明之訓迪者，不謂不勤，對揚天子之休命者，不謂不屢。以所見於今，稽所聞於古，則雖暮且遲矣，亦願與諸士共勉之而已。蓋進退之際，聖賢重哉其言之。以至近代名臣偉士，能豎豐功盛烈於他日者，其深器遠識，莫不於始進定焉。夫學者存乎己，遇者存乎天，知命則知幸之不可徼，愛身則知行之不可苟。易曰：「井渫不食，爲我心惻，可以〔三〕汲。王明，並受其福。」所謂我者，非井自我，蓋行路者之辭也。行路之人爲之心惻，曰：「是井之清美，可以汲矣。幸遇王明，吾儕豈不並受其福乎。」故天子申之曰：「行惻也，求王明，受福也。」言行路者惘惜之深，祈願之至也。夫使自惻之而自求之，則何渫之與有？雖復汲之，而何福之可望哉？後世之士，薄積焉而未售，則怨尤生矣。又其下焉，無挾而逐於外，則將無所不至矣。公卿大夫，乃士之表也，尤不宜急急然望其子弟爲速化之術，以落其學植而喪其志氣，豈所謂愛之護之，竢其熟而食之哉？爲士者既以是而自進，爲有司者又以是而相先，積習之久，或遂視爲固然。有欲矯之者，反目之以不情，疑之爲不信。此非其待人之淺，其自待者薄也。始進如此，而欲其行己立身，厲於末路，以無負聖天子之任使，人知其難矣。諸士今日者，釋衡茅而驟通顯，豈無高議遠猷，可以相語，而猶區區焉追論于始進者，以爲今日之士，異日之公卿大夫也，今日之取於人者，異日之取人者也。其介然一節者，固善矣。萬有一二幾微溺於俗焉，其亦勿重自反，而遂爲不改之過，既以自玷其身，又以誤天下之英才。使其進之不正，而國家不獲修士之用，其所維繫，誠非細故。且又見夫世之以干得者，莫不貌德而心非。蓋直道之在人，終不可泯也，則亦何爲隱伏崎嶇，以樹此不可告人之恩哉？韓愈之送齊皞曰：「吾知齊生，他日誠良有司也，能復古者也。」蓋自其未達，而相期以鴻漸羽儀之事，可謂直諒古之益友矣。昨者天子臨軒選擇，慨然顧羣臣曰：「三百之中，不知佳士能有幾人。」聖訓諄詳，未敢悉書爲諸士告也，諸士其亦必有聞矣。生聖世，被知遇，厚自砥礪，以上酬作人之澤，而下且無貽科名羞，顧不美與。臣既爲諸士愛其終身，而尤以晚節自憂懼，動色而言，庶幾詩人「靖共爾位」，相勗之心云。

家譜序

余家宗禮，有古之遺者四。執鬯者或以宗，或以爵，或以年、德。然祝嘏之辭，則宗子先焉，蓋亦猶宗法之權也。有達者則以其秩祭，無達者則以祖田備士禮焉，蓋亦猶世禄之變也。廟奉遠祖，不附近親，然有貴者、賢者，有勤勞於祖宗者，則升配食焉，蓋亦猶宗有德者之道也。先是祭止於春秋，先君子考諸伊川家廟，以冬至祭初祖、元日祭先祖法而修之，以合氣始形始之義，蓋亦猶古今祭禮之衷也。故曰「魯一變至於道」。禮缺有間矣，吾宗斯其近古者乎？若夫譜之設，所以濟宗之窮。吾家之譜，其爲善亦有三焉。本以宗法而聯之，所以長長也；標其爵命而榮之，所以貴貴也；繫之傳紀而彰之，所以賢賢也。三者備矣，然後昭穆序焉，名分嚴焉，勸戒彰焉。嗚呼！自樸祖以來，二百年餘，所以維繫糾結而不愈疎，代有修明，功豈鮮哉！革命前後四十年間，乾道变化，巨室凋零，衣冠宗廟之貽，譜牒莫繫之繼，燬滅銷沈於兵火流亡，所在而是。緊吾祖之澤，基址依然，文獻足證，族屬散而還聚，詩書歇而復興。先君子恭承祖志，始出大難之中，靡有室家，營廟是首。先靈既妥，覃及于宗，於是蒐拾遺乘，屬仲父以經始。是譜也成於癸丑之冬，遭閩大亂，未刻以頒，先君子拳拳賫志焉。越己未夏，仲季二父，掀舊文而盡心，諏宗老以遂事，修改研摩，益備以精。兄弟外親之强力通敏者，又相與校而成之。族人赴義，資足工良，於是而譜與宗二者俱煥。光地讀之，泫然興曰：「宗譜之修廢，家之興衰之占也！」夫家，替於睽，隆於聚。宗與譜，所以聚其睽而使之有統也。夫是以入廟者，觀譜者，識長長之義，則知所以尊祖焉；識貴貴之義，則知所以尊王焉；識賢賢之義，則知所以尊聖焉。夫能尊祖、尊王、尊聖，而其材不蓄、家不大者，未之前聞。嗚呼！祖宗崑、岷也，孫子河、淮、江、漢也。合而分，分而至於不可復合，自非有疏瀹者而道之歸，勢且相衝相激，相齧相觸，渙散橫流而不可止。故夫親疎不叙，恩義不修，而斁倫圮族，終于離且乖者，何以異是。由此言之，修宗譜者之功，不在禹下，其亦可法也夫，其終不可忘也夫。

【校勘記】

〔一〕「朱」字，原作「未」，誤。據榕村譜録合考改。

〔二〕「禎」字，原避諱缺，據清代職官年表補。

〔三〕依周易正義，「以」字當作「用」。

榕村全集卷十二

序三

南溪書院誌序

尤溪者，子朱子所生處也。朱子本婺源人，先公羈宦，生朱子於閩而遂家焉。少因依劉氏兄弟，居於建陽，而學於崇安。後之人不忘其生處，故尤溪有韋齋、朱子之祠，及所謂毓秀亭者。南溪書院，則宋理宗所賜額也。光地嘗一再經此邑，登障望文公山，窪突畢肖。堪輿書又載，其在婺祖墳，術者豫占之曰：「當生一大賢，聰明如孔子。」然亦知其「遠去家鄉，而自他有耀」。嗚呼！豈偶然哉。舊有南溪書院志，紀其地山川奇勝，朱子幼所嬉遊、長而往来事蹟，以逮祠亭廢興，列代至于斯。而記詠者，並其譜傳，捃摭成編。乃崇建所未備，其苗裔族居此者亦多。今奉祀博士及祠廟勅額，天子推恩，建陽與婺源等。獨文公山踪跡，光地曾承問及之，奏述頗悉。前撫臣道覲，曾賜扁符，命揭尤溪祠宇，而仍留建陽。蓋尤溪僻，非孔道，將命者訪問未的，而身亦隨彫没也。今大吏又据邑文，題請新賜，且將修葺祠亭，表厥故址。而攝邑事通判楊君，既獨新毓秀亭，又討論南溪志，而損益重刊之。楊君篤志正學，今爲政有德於民，而尤勤勤文獻若此。司馬遷自謂明易象、春秋，本詩、書、禮、樂之際，是以至東魯，入廟堂，高山興慕，低徊不能去。千載上下，有志之士，不有同心哉！以余適里居來索言，余故樂爲序之。

無欲齋詩鈔序

詩之格歷代屢變，然語其至者，則不離乎虞書「言志」、莊子「道性情」之説。苟其志高矣，性情厚矣，雖不能詩，固所謂風雅之宗也。漢、魏以降，陳思、靖節之詩，獨邵千古者，所處皆不逢，而二子者志甚高，性情甚厚，忠孝發於中，節義形於外，慷慨纏綿而不可遏。故其超邁之氣，淳古之質，非夫搜華摘卉者所可庶幾。在唐，則曲江、杜陵，由此其選也。夫聲病之説興，而言志之功隱，律切之體盛，而性情之道微。君子以爲删後無詩者，蓋有激乎其言之，而豈真謂彝秉生厚，可殄絶於天地之間哉？明季前輩，忠節鹿公，純忠至孝，苦節清修，平居尤孳孳於講學問道，化行鄉里。今子孫收其遺稿，有古律詩若干章，無非至性大義之所流溢。夫詩人之欲工者，刻畫風物，鎪鉥肺肝，晨理機杼，日昃成文，然求一語入人之深而不可得。何者？彼其胸中無是也。觀公詩，如操筆直吐者，而宛轉曲至，使讀之者，若親見聞其義形之色，憤慨之聲。深情遠概，猶足以敦澆振懦於無窮。韓子有言：「此真得詩意，餘外徒繽紛。」故予謂論古今詩之高下者，但當以人定之。孟氏所謂「頌其詩，知其人，論其世」，不易之論也。

孫北海五經翼序

余始讀書翰林，問舊人舊事於師友間。或告之曰：「此地北海孫先生，前朝遺獻也，年八十矣，而論道著書不息，子其見之乎？」先生與蔚州環極魏公厚，余於是修後輩禮，從公謁見。望其神氣清健，如五六十歲人，獨兩耳偏塞，然有所問叩，輒酬酢如應響，蓋所謂能以目聽者，古之真人與。先生在前代，遍友天下士，所與深契，則劉念臺、黄石齋、蔣八公數人爾。故余之假歸也，先生以書送之曰：「某平生師友，盡在閩中。」謂黄、蔣也。顧明之季年，學無師法，横騖别驅，議論大駁，其宗指皆與程、朱相牴排，雖劉、黄諸君子不免。先生獨斷然以洛、閩爲宗，尋其厲階戎首，以爲異學鑫興，姚江倡之也，故於伯安學術言行，摘抉批繩，無所假借。晚於諸經，皆有著述，而斷斷然朱子是翼，曰：「吾翼朱者，所以翼孔也。」畿内學者，其後如魏柏鄉、張武承，皆確守朱學。柏鄉盡讀宋人書，而武承攘斥餘姚，不遺餘力，其端皆自先生發之。余視學時，其孫琰以教職日進見，慨念前輩期待之敦，喟然懷舊。又十餘年，以其經説請序。適聖天子昌明正學之會，而邦畿首善之區，諸君子殆應候之春華，而先生尤爲剥盡之碩果。余固亦受天子之道化，而與聞於斯者，於是乎書。

王耻古文集序

晉江耻古王先生，少負大志，奇傑卓犖。自爲諸生時，而文章意氣，已不屑於今人，又從鄉之先生講學，聞道要焉。先生雖聲華奕然，然苦於章句，藜緼不克。鼎革之間，仳離尤甚，人事遭逢之厄，先生更嘗爲多。故先生之立朝也，進則拊膺時事，退則蒿目民艱。自立國根本、紀綱、風俗之大，至于刑名、錢賦、漕輓、邊儲、繇役徵調，外及南徼北塞、軍伍之虛實、敵情之向背，靡不周知。被遇先皇，屢蒙褒異，凡論列奏對，多所施行。方將大究於用，而先皇遐徂，又七年而先生歿矣。地丙午鄉薦，謁先生於京師。時先生投閒已久，然傷時論事，感切動人，民生疾苦，有所聞見，雖身無言責，必徧謁卿貳、臺諫，激以大義。其自任以天下之重者，雖至死而不忘也。時以策論課士，先生私發策試予，惓惓以强藩悍將，世及爲憂，官貪民怨釀成，揭竿爲患。及甲寅之變，距先生之歿且七年，所在用兵，卒如先生料。余是以歎先生憂國之誠，經世之智，其所籌畫藴抱，鬱而未施者多矣。先生有古今淵源之學，而切於救世，詮經論史，多未遑暇。是編尤蒐拾散軼先生之僅存者爾。雖然，先生之所建明於朝，擬議於家，酬酢於寮執之間者，其大致如斯。後之欲知先生者，猶有以考焉。先生之子三人，皆與予少同學，且爲姻親；先生既殁，事繼母，處兄弟，古人所難；其孳孳力學，尤足以不墜先生之緒，可謂有子矣。間爲予言：「先君雖不大用，而文章學術，不可無傳。今者區區殘缺之餘，存十一於千百，子其序而行之。」予雖唯唯，而先生子貧，竟未能致。程鄉令王君，先生猶子，致書敦促，割貲鳩工，毅然以表章爲己任。余惟先生之志行德業，蓋不必以文顯，其文亦不必以予言傳。然以弱冠受知之深，景仰之久，今日之役，不可無言。且感令君之能以鞅掌之暇，留意於此，表而出之，可以爲俗吏風矣。

梅定九曆學疑問序

曆學疑問，梅子定九之所著也。先生於是學，覃思博考四十年餘，凡所撰述滿家，自專門者不能殫覽也。余謂先生宜撮其指要，束文伸義，章逢之士得措心焉。夫列代史志，掀及律曆，則几而不視，況一家之書哉？先生肯余言，以受館之暇，爲之論百十篇，而託之疑者。或曰：「子之强梅子以成書也，於學者信乎當務與？」曰：「疇人星官之所專司，不急可也。夫梅子之作，辨於理也，理可不知乎？」乾坤，父母也。繼志述事者，不離乎動静、居息、色笑之間，故書始曆象，詩咏時物，禮分方設官，春秋以時紀事，易觀於陰陽而立卦，合乎歲閏以生蓍。其所謂秩序、命討、好惡、美刺、治敎、兵刑、朝會、摟伐，建侯、遷國之大，涉川畜牝之細，根而本之，則始於太乙，而殺於陰陽。日星以爲紀，月以爲量，四時以爲柄，鬼神以爲徒，故曰：「思知人，不可以不知天。」仰則觀於天文，窮理之事也，此則儒者所宜盡心也。聖之多才藝而精創作，必稱周公，自大司徒土圭之法，周髀蓋天之制，後世少有知者。漢、唐而下，最著者數家，率推一時一處，以爲定論。其有四出測候，踰數千里，則已度越古今，而未能包八極以立説。海外之士乘之，真謂吾書之所未有。微言既遠，泯泯棼棼，可勝詰哉？梅子閔焉，稽近不遺矣，而源之務索。其言之成，則援熙朝之曆，以合於軒、姬、虞、夏、洙、泗、閩、洛，泯然也。此固我皇上膺曆在躬，妙極道數，故草野之下，亦篤生異士，見知而與聞之。而梅子用心之勤，不憚探賾表微，以歸於至當，一書之中，述聖尊王，兼而有焉。昔劉歆三統，文具漢志。子雲太玄，平子以爲漢家得歲二百年之書也。彼劉、揚烏知天，皆據洛下一家法，而傅會以經義云爾。今先生之論，羅罔千載，明皇曆之得天，即象見理，綜數歸道。異日蘭臺編次，必有取焉。

以質知先生者。先生續且爲之圖表、數術，以繼斯卷，余猶得竟學而觀厥成焉。如太玄之覆醬瓿者，而終不顯矣。先生之歸也，謂余敘之。余不足以知曆，姑敘其大意，七政、三統，殆不足擬。而書體簡實平易，不爲枝離佶屈，吾知其説亦大行於經生家，非

儲廣期文集序

余丙午鄉舉，與計吏偕來。是年貢士法，以策論易經義。過吴門，市坊間選本讀之，獨賞儲廣期先生魁江南文，鞍棹之中，口無絶諷焉。文之卑也久矣，至應舉而益卑，何則？風移體變，有所謂時好俗尚者，雖豪傑未免趨之，則可以百年累世，莫知其陋也。先生獨發攄其所以學於古者，而不閔有司，豈不賢乎哉？余後登朝，而先生宰於外，不久引疾，且甫及中壽終，故未獲相見。然於五策，時能記其鏗鏘，常以爲羔雁之絶響。又三十年，其子在文出余門，乃得先生文稿觀焉。居嘗論文之道，至歐陽、三蘇而格律一更，然其英華才俊，亦非五百年來，規摹者之所髣髴。蓋古人之爲文也，沉浸乎經籍，而通知乎世義，樹立於志氣之高，藩衛於行檢之卓，夫然後沛然出之而不疑，夫然後昌然言之而無愧。其波瀾曲直，節奏高下，工於是者有才存焉。然語夫浚其原，厚其根，則未有易夫前説者已。先生之文，其於歐陽、三蘇，廹而似之矣，抑其譚經史，剴利弊，則鑿鑿乎玩之深

者也，講之素者也。余獨欽其廷對揚言，有忠鯁之風，其他書疏簡劄，多直諒之氣，其臨涖出處之大節，又足以酬其言而發明其志。蔚州魏先生，吾所敬也，顧於先生惓惓親重，没而爲之幽碣，惜其用之不究，尺幅之外，若有餘哀。嗚呼！吾信蔚州，用是以益知先生也。世之荒淺庸虚，脂韋没溺，汲汲乎欲以文自通後世者，其遠不侔於古人，信非才之罪。吾非能文者也，而在文懇懇，欲吾序言不已。余感弱齡誦先生文，今得盡覽其篇牘而備聞其志節，爲述夫先生之文之所以進於古者，非特才妙也。

韓慕廬制義序

慕廬韓先生之文，行於時者蓋久，摩摹而擬似之，卒不能肖。以爲先生之言，姿成之者也。余初以爲然，荒落二十餘年，適銜命有督學京畿之役。一日，從先生索稿觀之，讀纔十數篇，悵然以向者未見先生之文之備爲恨，喟然歎論先生文者爲非。蓋古之能者，未有不久于經子史集之道，而凌厲轢踔自爲家，以名一時者。董、鼂、公孫之對，韓、柳以下至于歐、蘇制策論議之作，今觀之則古，在當日則皆時文也。不離乎待問應舉，世之所需者，而卓乎跨時燿後，豈數子之才實然哉？觀數子所以自致自名者，史傳及彼所叙述可見也，莫不探源以盛瀾，搜根而發華。此與潢汙杇栟、滿除枯榮者異矣，而又以數子之才爲之，故不可及也。先生沈浸於六籍、諸史，旁涉子書、文選，列代文章之體，靡不討究。故雖於舉子藝也，一意之設，必有所自來，一材之用，必有所自采。令讀之者想其參差流擇之苦，而不知其有涬然滃蒸之易，意其爲造端耿慮，引曲致幽，而不悟其特變化於經傳箋疏，及昔作者之微言深趣。夫是以誦摹先生者遍天下，得其體勢之新，詞令之雋者，其能者也。此何異游阮喻之下，寫其音聲，忘乎律吕者比也。余恐讀先生文者，未知所以學先生，故論古人所以爲文之指。必也深求其本，窮極其變，如柳、韓之告翊與中立者，然後可以即時文而進於古。夫知時文之可進於古也，善學先生者也。

劉益侯制義序

言制義者先王、錢，非獨其體朴茂也，其究心於或問、大全諸書，亦非唐、瞿以下所及。隆、萬之際，理益龐，故體益卑。論者不知反本，而尋升降於格律之間，末矣。學、語、孟、庸之理，未有精於朱子者也。是故有明三百年，崇而守之則淳，背而去之則嚚。夫當其崇而守之，未必盡得朱子之意也，而猶可以淳，況能得其意者乎？近年學者，蓋有句談字議，儷枝鬬葉，以爲朱子意在是矣。嗚呼！此其所以佐姚江之鋒而遺之禽也。朱子之於程子，文義參差者十之五，然不害爲傳心。後之推淵源者亦曰：「如合符節，無間言焉。」此真所謂能得其意者。必也遡本窮源，求諸經，質諸聖，存之以公心，折之以公道，以朱子之所以師程者師朱，然後理可明而意可得。觀益侯劉先生之制義，其庶幾者乎。不知者拘於俗解習説，必駭其異也。若深於朱子之學，則一字一句，皆朱子之所講而明者，而又何異乎？前代朱子之書，功令雖申，而表章未至。今聖天子躋其祀，釐其編，以统一道術，嘉惠學者。蓋必有融會深造，躪庭入室，以爲鄉校弟子倡者。先生殆其人，而兹編殆其端與。

楊賓實制義序

辛未之春，承命校士，得江南楊子賓實者。其文浩如春江之潮，而獨邃於理，知其非恒士也，爲之不寐累夕。既乃見其人，叩爲學之本末，賓實果能不惑於時，而有以用其心者。嗚呼！科舉之學，識者以爲敝也久矣。蓋國家功令，使士子傳註是遵、格式是守，非固束天下之心思才智，而使之不得逞也。將率天下尊經學古，游於聖賢之路，不導之以濂、洛、關、閩之書，則不得其門而入焉。至於體製，則有王、錢諸公，其變極于歸、胡而止，非無厭卑趨高，蕩然破前人格律爲之。顧經義之文，主於明理，明理之文，主於深厚簡切，平易疏暢，而惡乎以才亂之。使人務爲文詞之華，而不盡心理義之實，又豈設科之初旨哉？賓實登第後，讀書翰林，館課之暇，益研精於大全、性理諸編，每越數昕夜，則所見必益超絶，其視向所爲羔雁者，亦稴秕已。間獨慨然謂，此蓋國家之與士相求者，而平居所爲，曾無足以發明聖賢之旨於萬一，律以古人進身之義，豈能無愧？潛玩理奥，有契於心，輒成一稿，曰聊備遺忘，而亦寓吾未敢遽棄其羔雁之意也。積有篇帙，南人將募梓之，而賓實諏於余。余曰：「質文之運，其昌也潛，其弊也寢。歷代文章猶是也，故恒以百年而一變，變而不復其始。今賓實之文，復於王、錢、歸、胡，何其驟也。以此戰藝於宗工之側，或患暗投而能必之流俗之卑乎？雖然，賓實既曰吾非以爲文矣，如是則俗之好不好無害，請於世、不請於世亦無損，吾何以贊子而徇募者之干哉？」蓋古之士者，不敢自是，而問其業於四方，所以求益也。將爲己是，則同世而相感，學不孤已。其或異於是也，必始而訢，既而疑，理義人心之同，則卒於合，未可知也。南國學者最盛，而其言亦最龐。以子文試之，三者之人皆將有遇焉，盍姑付行之，吾以觀風焉。抑吾觀賓實之文，非規摹王、錢、歸、胡爲之也。其理足，其氣盛，其辭直以肆，不求似而神合。此殆發於心聲，動乎氣運，非偶然而已。詩不云乎：「魚在於渚，或潛於淵。」將必有勤修圭蓽之下，應聖天子尊儒崇道之化者。異時正學方興，文明之道進而逾上，王、錢、歸、胡又不足云也。

成絅齋制義序

制義之業，其來六百年，至今沿而未變。然前輩之樸，既不足以悦夸靡之心，末流之冗，又有以成厭倦之勢。於是稍有才者，涉之淺，棄之速，曰此非傳世業也。吁！學而先以傳世爲心，吾知其所謂學者、文者、詩者，所得可知已。夫無所得而期於傳者，其傳可冀乎？學者之學，期於有得，則制義之根本六經也，其門户先儒也。講誦而思索之，固即漢、宋所謂專經之藝，窮理之功也。與習爲浮豔，而卒與古背馳者，不猶遠乎？是故知欲傳世，則視售世者有間矣，知求自得，則視傳世末也。吾所爲汲汲焉勉子弟以制舉業者，欲其藉此以通經焉爾，循是以辨理焉耳。況非吾之私心也，國家之令也。經尊而理明，則人心淳而世道泰，歷世之科目爲有用，而平日之佔畢爲有施矣。吾友成君絅齋，示予所作藝，其高者乃能發先儒之意，餘亦貌先民而遽似之。質其素業，乃知留心於經，而研究於儒先之説者，形之於議論動止，皆與華贋者異。考其得力，則自制舉入也，制舉其可輕乎？夫苟篤是而不舍焉，則所得者益深，所就者益卓，不離乎章句帖括之中，而道在是矣。

己丑房書遜志集序代

爲文貴清而賤濁，何則？神氣盛則清，衰則濁也。水之源盛，故雖挾潢汙，驅塗泥，而不渾。及其源塞流斷，則與溝瀆沼沚同觀。葦茂萍青，無益於穢也。人之盛也，耳目言貌，清明盎溢，或衰病則反是。繁詞縟飾，無益於昏也。雖然，神氣者物之主，而有所以主乎神氣者，則其道大而説長矣。以文章一事論之，詞氣之清，由於神氣之盛；神氣之盛，根於義理之明；義理之明，本於學術之端，與人心之正。是亦道大而説長者也。國家養士七十年，尊經崇儒，以一天下之趨。于是人文之成，變而逾上，彬彬之運，不期而然。己丑之春，十五國鄉賓者與計偕來，余忝分校焉。榜發之晨，聽禮部吏唱姓名，則余平日傾心宿仰之畏友爲多。覆檢其文，又喜名實之無相謬也。諸君釋褐後，富有以窗藝相投者，大抵與闈文氣味皆近，理真而詞健，格整而聲和，昏緩浮囂之氣，警然收，肅然静矣。間與同學成君絅齋，精搜而詳擇之，得三百餘首。或疑其才氣浩瀚、辭藻淹茂者，反不録焉。余曰：「是選之意，欲揚其波，而使之彌清，故不得不有所棄也。」歌舞之後，與之挹山水之觀，粱肉之餘，爲之進清芬之味，固宜有索然興盡者。然及其氣之平，神之静，亦莫不樂此之景遠而味長也。然則豈獨作文者發於神氣之流，讀文者亦關乎神氣之效。余故叙之，以寓鄙意，且以問南中之故人，余言狂乎否也。猶有多名下而文闕焉未之見者，庶幾續此而贈我以兼金乎？

徐氏族譜序

徐氏之先，閩之莆人，九世祖諱旺者，始自莆徙居宿遷，歷葉萃處，邑人目爲西南阡徐氏。徐氏之世，雖不甚顯，然詩書不絶，宗次犂然。八傳有令璞先生爾珍者，以宿學貢於廷，生用錫，始領鄉薦，歲與計偕，名行藉甚。兹譜其所手裒録也。地讀之歎曰，人之所以貴於萬類者，知本也。古之人其世官世禄者，既有廟制宗法，以繩承于百世。然而天下不盡爵禄之家也，非爵禄之家，則薦而不祭，禰而無宗，源流之義，何所篤諸？吾意三代盛世，所謂民版而登于天府者，必天子諸侯爲之類族合屬，使息耗有所稽，氏姓有所别，親疏有所叙，飲食、婚姻之禮有所行。當是時，所以使人重其本者，不待人之自爲之也。後世口率出泉，則在官之籍，規漏者多。罷侯置守，無復安居本俗之基，則轉徙流移，不可復計。于是乎源遠未分，人忘其祖矣。世之君子，盡然傷心，創爲家譜之作，以無汩厥世。此其樂生返始，根于天性，雖更越時代，去其鄉里，而猶能審求根實，望桑梓而敬共者，美哉乎仁人孝子之用心也。然自漢、晉、隋、唐之間，韋孟、陶潛、王勃、杜甫之流，皆盛推遠系，至聯數姓而爲弟昆者，其果有所考耶？其僅據氏族之書而傅致之也。苟有所考，不亦善乎？如傅致氏族而云云也，恐有藉之以依附明德之苗裔，攀緣貴盛之宗支者。是以近代篤本之君子，尤能謹之。梅子定九之序是譜，獨引歐、蘇者是也。徐子之記，可謂簡而慤矣。地承先君子之志，修譜於戊午、己未之間，不敢推于忠定、延平，亦不敢蒐羅鄰里之疑似者，竊幸有合於徐子。雖然，猶以核之不盡爲愧，是故披斯編而重有感焉。抑徐子爲余言，宿邑南北之衝，且地當黄河下流，沭、沂諸水之所奔射萃滙。吾聞莆俗爲七閩淳，異日吾其歸與，亦太公封于營邱之志也。如是，則吾與徐子爲鄉壤。徐子名成而来，更爲閩之大宗。八世而自他有耀者，蓋不占而已矣。吾之序也，且以爲券。

馬氏家譜序

馬氏之先，江南六安人也，明季徙居寧夏，遂世以軍功顯，至今日，巋然西土望族矣。太原總戎衡聞君者，余巡撫直隸所薦士也。君辛未武進士。其年，余以兵部侍郎知貢舉。及君官深州，適撫標中軍乏人，遂奏請以自助。凡扈從畿輔，君悉與余俱。于是天子稔知君之材武，且機鑒謹密，堪大用也。三年之内，不次擢拔，至專閫焉。君一日書來，以其家譜屬序。余閲之歎曰，有此也夫，天之佑忠節者，爲不爽也。馬氏自六世始發迹，至七世蒼淵公，以薊鎮總兵官，屢建邊功，特命總理關寧軍務，統轄五省援兵，加太子太師、後軍都督府左都督，蔭三子世襲錦衣衛。闖賊之亂，三子者皆以謀興復事洩，先後殉難。嗚呼！父子之不負國恩何如，宜乎天者之大其子孫也。入本朝，衡聞君之父某公，從大軍討平川、雲，限於年，未究厥用。今君兄弟，各承殊恩擁雄鎮，東西相望，屹爲長城。其餘昆季，直禁宿衛、及第出身、典兵從戎者，布列中外，皆異日腹心爪牙之選。時人以爲榮，而烏知夫勇烈忠貞，久而不腐，則其鬱積旁魄，能令後人以功名事業顯於時者，固理數之冥符，前代之已券。嗚呼！其未艾也哉。抑余撫直時，君不余疏，示余以其兄弟往來家問，皆相勗以忠孝廉潔，無一語及私者。此尤人之所難，蓋淳乎儒者家風也。以是推之，其根深，其氣厚，其輝皇建豎于他時者，必且倍于今日。余聞之，風謠慷慨，秦地固然，而蒹葭詩序所謂，澤以周禮者，則如君之一門是已。余是以欣然承委而爲之序。若乃譜系之紀，又君之所以推尋源本，克篤不忘，以敦厲其子孫者。雅意盛矣，尤可書也。

序四

吴將軍行間紀遇後序

我國家誕受多方，集命既固。至我皇上而内鉏叛亂，遠拓疆索，雖在窮島之中，絶塞之外，阻滄波，限大漠，爲兵威之所不至，使命之所不加，莫不遣發專征，親煩六御，羈纓繫組，前後致之闕下。稽近代文德武功之盛，未有如是之赫然巍巍者也。大勛既底，九域乂安，聖明不自以爲神武之力，推恩酬勞，久而彌篤。其在元庸，眷念滋甚。蓋歷指三十餘年之間，名績昭章，如古之登於册府圖畫者，不過數人，而吾閩水師提帥吴公，其一也。公自壯歲從戎兩浙，即值三逆變亂。當是時，滇、廣之寇，度嶺嶠，越江湖，其勢猶遠，而耿賊之兵，則已出僊霞而駐衢、婺，旁散於西江沿海，以分我師。海孽助之，結連搖煽，如浙江不守，則東南財賦之地，有呼噏之危。故議者謂，三徼用兵，獨此爲門庭之急。

其後亦以閩關不守，耿、鄭破亡，滇、粤遂以次誅滅，則此其明效顯證也。公是時初佐戎耳，且以閩人之故，頗有讒構之者。而能以忠勇自著，使王將軍、制府、提帥以下，皆推誠任之，無所疑猜。公又所向摧鋒，績效驗白，卒能披海道之窾，以先霞嶺之師，用區區裨貳之職，而姓名功次，洊聞於朝，大吏元戎，争先進達。公之邁迹行間，固已奇矣。及爲總兵閩中，正廟堂經略海事之會，時則自重臣宿將，至於道路之口，言海可平者，百無一焉。靖海侯施公既銜命而來，乃亟引公自助。公於施公，里戚也，言無不盡，而施公亦委心聽之。自有明天啓初載，而海患萌蘖，至是六十餘年矣。四世相繼，樹本深堅，又既據臺灣之遠，扼澎湖之險，舟檝便習，風潮飄忽，嘵嘵者大以爲非官軍之利。及二公斷以不疑，以六月發銅山，衆又以爲天時地利蓋兩犯之。然二公算既定，謀既合，自始接至于破敵，僅七日間，盡燒其舟船，奪其島嶼，海之驍桀精鋭，一朝殲焉。又復大開恩信，縱釋陣俘，使之還諭兵民，動以禍福，爲傾巢進取計。賊窮迫無所奔竄，遂稽首納欵，舉土降附。斯役也，論者謂自古海外立功，蓋至我朝僅見也。

天子嘉悦公功，晝接殷優，賜賚重叠。以東南既靖，俾帥於西，控馭巴蠻，夷民帖服。既又以濱海重任，非公不可，水陸二闖，公歷專之。恭遇山海清晏，九重以江、淮氓庶爲憂，間歲南巡，察視河務。公與南服制撫朝覲行宫，恩禮便蕃，彌加於昔。公於是感眷顧之隆，循平生之蹟，以暇日記憶成編，題曰行間紀遇。以地爲枌榆親串，使以數言跋其後。地披讀終編，其成功於艱危，萬死一生之狀，足令觀者驚愕悲喜。而至於今日寵命始終，備極渥注，則又使人慨然於功名之際，而益知聖朝之盛德爲難名。故公此述，不曰紀功，而曰紀遇。蓋上以自幸千載之遭，而下以無忘當日羣帥知待之雅，尤古人所謂勞謙君子，厚之至也。用是應命而謹書之。

費副將詩集序

吾友費君，業儒既就，而艱於有司，讀班定遠傳，慨然慕效焉。戊辰，余主武進士考試，旋讀殿試卷，以費君爲第一人。天子拔弓馬上者，故落第八。君與蔡方麓學士，少同學相好，幾掇文武大魁，亦盛事也。自後就職偏裨，然不忘講藝，詩詞字畫皆愈工。其詩則熟於聲病，精於律切，雖矻矻爲此道者，不能過也。向年投余以詩，其卒章曰：「猶聞李供奉，曾薦郭汾陽。」嗚呼！汾陽亦武舉也，值時清平，無驅馳亂略之事，師其忠純可矣。君詩蓋傳聞靖海施侯際遇，故云然。侯成功亦於暮歲，君今尚未也。

施怡園五十壽序

余始識施先侯于京師，維時島嶼未靖，造膝相咨，于風潮信候，生涯斷港，所以審進退，料彼己，皆屈指恢恢，輒先處其成敗于坐立頃。未幾，天子用公爲帥，果卒平之。覆按舊言，不失銖黍。用是策勳拜爵，與國同休。蓋自史册來，成功于海外者，千載一時也。東南巨浸連天，諸蠻大小島，遠近相錯，風舶貿易，彼此機防。而内地失業奸桀，結徒剽害，南風時發，北抵青、遼，雖鄭氏苞根既去，檢衛難疏。以故先侯受命永鎮，俾夷盜有所畏慴。其即世也，天子深難爲其繼者。侯諸子皆能，而第六子怡園公，今督水師，實纂侯事。當宁明並日月，非苟用家世委畀而已。怡園少讀父書，其起家自裨而專，皆有勤勞可紀。定海之役，親搏劇寇於巨浪間，不遑爲之魂奪。是故廷之議，鄉之評，以爲能酬國恩而嗣父業者，怡園無愧也。怡園初自粤帥調移，既至則清營汛，葺樓櫓，防制嚴密，如先侯時。尤以枌榆之邦，必恭敬止，要束族人家從，無敢色加於閭里者。沿海兵民，是以大和。歲丙申，地適蒙恩休假，鄉人相率來請，謂是季秋爲公五十之朝，循俗求所以祝釐者。庚戌之歲，余始通籍，是春拜先侯五十晨焉。今其子又五十，日月如流，余老可知。然以葭莩之託久，而念亂之意同，故知公家本末者，莫余爲悉，雖平生罕作壽言，而不得辭也。史傳所紀，惟唐西平李氏、宋魯國曹氏，父子先後，並授節居藩，伐在國家，名光載乘。先侯臺、澎顯績，不在奉天、南唐下。今時無淮、蔡之奸，而地有秦、夏之重，愬、瑋之勛，非怡園其孰修之？夫述上恩，推世美，相期以一代之完名，則禄在其中，而壽未有艾。此老者祝嘏之迂辭，而亦羣親友厚望之志也夫。

顔哲人七十壽序

己丑春，會試及期，余實奉命總裁試事，榜發而山東顔生紹標與焉。紹標者，復聖顔子六十有八世孫也。於戲！吾徒讀先聖之書，恨前修之益遠，蓋有過其地，望其鄉，俯仰其山川草木，而不能去者，況於其子孫哉！幸而遇其子孫也，無所挾，人猶將張之，況於文行足以自通，有籍於朝，而有譽於鄉國者哉！是故吾之得顔生也，喜而於其爲尊人司教君干贈言也，義不得辭也。司教君以康熙丁卯舉於鄉，屢上春官不第，久之乃就教職長山。長山故下邑，自君勤於訓誨，而學者蒸蒸興起，比歲稱盛焉。余又聞之戴君，不獨司教君賢也，其孺人吕，實以德配。故其一門之内，恭順慈孝，雍然也；祥氣召祉，子孫滿前，森然也。諸子皆以才賢，奮如紹標者，博學能文，則既信于師友間矣，餘且顯世未艾，足以彰君之家學内行，爲有本也。余既以戴君而允君之賢，而又知聖澤之所流，盛世崇道之所感。明德有後者天之契，千秋必返者古之常，君之父子力之，爾祖相之，其爲賢也無疑矣。君有積學長材，今年七十矣，而卑栖學署，祝嘏者必將夸而大之，而我則異於是。揚子雲云：「必欲駕其所説，則莫若使羣儒金口而木舌。」夫發聖人之藴，教萬世無窮者，蕭然陋巷之夫爾。安定在湖州，而太學行其法，安在師儒之爲卑位也？伏生、申公年九十餘，授帝者經，安在七十之非茂算也？司教君其必有以自得矣。紹標又當思夫顔子之位所以光於王侯，顔子之壽所以不敝於天地者，則又他日不朽其親之道也。

代家君季父壽仲伯母序

歲丁未季秋，爲吾仲嫂氏浹甲之辰，親知子姪，咸謀所以爲嫂祝者。叔弟兆慶、季弟日熺曰，吾兩人者，其不可偕衆以有言也夫。蓋古人叙昆弟之愛，至於儐籩豆，和樂且孺矣。然必曰禦侮急難云者，志其初也。乙未、丙申之間，吾兩人胥罹大變，仲氏身履行間，冒白刃抗誠厲志，譙羽嘵音，以至事平。蓋其妻兒置度外，循頂及踵，靡所恡戀者，篤天性之親也。而嫂氏之自處，與其處兄，不異兄之自處。承先子投艱之後，積誠盡瘁，用能葆未彫之和氣，以出家於湯火，而活我諸昆，其亦難矣。方是時，以爲天性團圞，則後是甘苦榮瘁，可以勿計，而轉盻間十餘年於此矣。履常蹈順，遂躋登兹，其亦可以祝矣。

顧覆於予心，若非代言者所能發吾辭也。是吾與若者，區區之事之不可偕衆以有言也。季弟曰，乙未之事，於今十二年矣。夫星歲於是而一周，天道循環，吾門或者其將大，大必始自仲氏家難之首庸也。今兄方厭衣冠之棼競，雅有溪山之意，浩然來歸。然吾察其目光，燦乎如有營；視其氣貌，則屹然若有繫命於其躬者。揆其年，蓋東山之釋烏裘也未久，而平津再策，時相近也。意者天將老其材，大任其身耶？嫂氏摯於昆季，驩於妯娌，明達剛斷，有丈夫風。姪好大節，勇于從義，而膝下孫穎，若硎之方發。是又皆有以葆未彫之氣，弗懈益淳者，於以昌厥後，而迓純禧不遠矣。叔應曰然。於是相與作而歌常棣、斯干之詩，以爲嫂氏壽。

仲父母八十壽序

康熙丙寅之春，地還朝，拜於家長。僉曰：「行矣勉之，吾屬皆老，未料見期。」地曰：「否。卯之秋，伯母耄期，吾拜舞焉。越春，伯又耄期，吾拜舞焉。」于時聞者戲視耳。緬念三春之暉，感愛日之義，懷伐木之燕，賡雨雪之詩，誠雖至矣，行或使之，許與者躬，進退者命，家庭宴語，敢云必酬哉？聖明不世，恩私踰分，控情歸里，適與言稱。昆友羣曰：「兹盛節也，無爲丐贈於公卿，天性私言，可以樹背。」地乃抃且言曰：「蓋天道十年而變，厚德歲晏而昌。不陳艱難，不知假易也；不稔晚暮，不審恒理也。」丙申、丁酉，際家多難，伯勞於戎，母頹於室，計其年適艾耳。越十年，地乃得鄉舉，爲嘏言焉。又十年丁巳，閩事沸羹，周旋危險，踵伯之蹟。至今十年，伯與母耄矣，地又始爲嘏言焉。蓋三十餘年間，家之恐懼數矣。風雨既靜，日月既舒，眉壽依然，升堂舉斝。斯惟吾先世善澤所積，蔚生人瑞，繄亦惟伯因心則友，樂義包荒，伯母明達慈愛，篤厚其祥，以有今日。光地竊聞之，伯自弱年，才華驚郡國，充其精藻志氣，旃厦帷帟，未足酬也。屬鼎革無所遇，年五十得官，又棄之以隱。初生兄一人，舉一孫，堦除之下，猶子子焉。觀者曰：「能世不在多，盛福不在貴。」斯於天道或然，而非應施之極論也。今兄有子三，姪有子四，兄姪先後拔於鄉，貢於國，姪又秀而能文，千里之足，雲霄之毛，吾見其班矣。伯高卧二十餘年，而光鬱然，而望巍然。同郡薦紳之外，自當世以學行稱，魏環極、衛爾錫諸公，莫不亟慕願交，形之聲歌序贊，致音問不絕。故曰儉於實者豐於名，閟於身者發於後。天人之道，應施之符，如佳穀焉，穫遲彌多；如貞松焉，節闌彌茂。詳言之非虛，懽言之不怍，今日有焉。地方以假暫居，間日戒壺觴，從伯叔樂慈堂色喜，諸母怡然。伯酣輒戲言，若家不事舉業，攻古書，且不能俯仰於時，自我始，悔誤若曹矣。雖然，他日有達者，其以吾爲不祧之祖。地曰唯唯。地雖幸逢世，抱其樸學，短於春華，人集於菀，我茹其蓼，實惟家世之教。雖然，適不云乎？時久者天定，穫遲者稼良，伯其加餐彌性，享黄髮之期，斯賢者知師，不賢者知慕。比及期頤，地將載筆焉。于時天益券矣，穫滋多矣，言彌長矣。

季父母七十壽序

曩者吾季父、季母浹日之晨，光地嘗爲言以壽。維時中原阻斷，闢郊不開，光地獨私爲鼇辭曰："吾族將昌與，明禮法，興文教，舍叔其誰哉。"又曰："其膝下修業，亹亹有端緒，是不於其身，必於其孫子。"越十年，而其言悉券。嗚呼！此國之神靈，祖考之休祐，而種學累行之符，灼灼明者，地於是益信也。蓋昔者吾先君子，老而皇皇於仁義，構燬址，考殘牒，披荒墳，收淪孤，皜皜乎，凜凜乎，抗顔以格物之非。蓋有駭且怒者，而終則翕然以聽。暇則羣子弟、鄉人爲文會，指授點最，月有課程。里之後生，是以知奮。時地蓋未籍於朝，割寠以營公，犯侮而直義。既乃生霑朝命，又十年洊以崇階，褒及幽翳。鄉之人無知不知，皆曰邁德之穫也。今吾季父之繼之也，吾又何間焉？合祭綴食，不愆其節，晦朔筵几，雨露松楸，不廢其時。垣楹葺焉，譜衮粲焉。宗人憚之，必力於禮；鄉里化之，漸遠於頑。名聞郡邑，屬以古黨正之事，指譬直曲，莫不各饜其情以去。

講射之餘，論古課文，以親而遍。雖酒食讙讌，其於敦誦詩禮，未嘗去口，津津如也。季母天性和柔，內言不踰閾，老拊支出，過於所生。然且明義禮，篤施愛，何有何無，贊叔豪舉。今其子孫嶄然，名於庠者三，最幼者甫學文便岸異。叔之後且大施於時，魄兆著矣。由前之説，謂宛結於華年，必收功於晚晏，以叔之學之行信之。由今之説，以其所已券，責其所方昌，蓋又以其身、其孫子及先君子之事決之也。王正初吉，七十俱躋，地之詞何以加焉？詩不云乎：「好是正直，介爾景福。」傳曰：「福之興，無不始於室家。」揆是二者，得天之契，昭然見矣。抑地聞之：百年旦暮也，二至晝夜之晷，不過七十，故生七十者，古人以爲稀。然鐵勒之書，有最高晷焉。晝幾百分，夜幾百分，陰陽之純也。季父秉清剛之質，循其少老，行靡脂韋；而母慈和婉孌，極女士之道；陰陽之純氣備矣。理至者其數從之，後三十年，請復以斯言券。

族子世寬壽序

昔吾先君不爲崖岸之操，亦不爲翕翕同行，不軌於正，所與處者，非其類蓋未嘗以顏色假也。晚得吾族子世寬，與之返往，而氣行如合符，兩無違志，凡十有五年如初焉。世寬之爲人，吾稔知之矣。少而與兄弟依母以生，家故單薄，凡所以爲衣食百須，皆克自成立者也。跡其阜貨自細而鉅，其起家自約而豐，多出於什一之計，而未嘗取較於錐刀之末。當歲災歉，中谷仳傓，民負逋越境以免，索負者設罝罘以追其償，世寬不獨舉委其傅别，而又陰爲行糧以資遣之。繇是衆樂其誠，將去者先來告期，以歸所有，利不較而義聲盈焉。以視夫今之操券而籌，甘心於三倍之利，而不顧天行之消息以自豐者，其於相去義利何如也。吾先君慨宗祠之久燬，首聚族人，經紀其堂室。世寬於此時，又獨斥私財，治其寢門，改作東西兩序，而遂稱奂然焉。以至郡東之祠，郡西之廟，先君次第修舉，庀材鳩工，世寬悉心從之。世寬前時，嘗僦屋以居，而勇於公義如此。君子將營宫室，宗廟爲先，居室爲後。世寬非性能而樂之，安能動與禮合乎？有以五行術，推君始生干支王相，謂其某年有咎。世寬不惑，爲善益篤，掩骼施食，除道平梁，凡可以濟人者爲之。至于今康寧未艾，長者列於上舍，幼者立於膠庠。夫天道遠，人事邇，吾未敢操券而必得也。而其遇災修行，與夫罔有敬忌，以樂慆憂者，抑又遠矣。今春令序，爲世寬設弧之辰，内外親戚，欲吾言以張之。吾與世寬，於世爲諸父不能諛，又不可以諛者也。所以言者，蓋念吾先君平昔慎交，於世寬始終焉。且使其子若孫登堂頌喜之餘，思致此之不假易，以深其源而大其瀾，培其根，徐收其實，則所以昌大其家者，蓋不止於此也。

跋

刻韓文考異跋

韓文考異，近年無原本，皆散入篇句中者，而又或删減增益之，每令讀者有遺恨焉。（闕三字）〔一〕家藏宋刻，遭兵火，逸其文章，所存者則考異也。其嗣君（闕四字）後，與予言及，因屬以家書郵致，爲之付梓京師。（闕三字）仍監其役，惜乎未觀厥成而下世矣。徐友壇長遂任校讐之勤，字畫簡譌，雖已登板，必剜剔補備，務合於正。以視舊本之體，完善爲多。書計十一萬七千九百餘字，内有補註，作行書，填洽字名，則此書疑是文公門人張元德所刊定，尤非近本可比。（闕二字）又爲予言，其先人曾得朱子手記，與蔡西山答問之語，曰翁季録者，秘藏多年，與此之韓文，並時失之。厥後訪求人間，則不復得矣，可勝惜哉！

引

重修蔡虚齋先生祠引

昔明之中葉，士大夫講學論道之盛，比于宋南渡時。維時北方之倡者，莫著於河津，而月川、涇野之徒，前後相望焉。南徼學者，則康齋發其端，其徒餘干、白沙，相與張而大之。然二子者，同遊康齋之門，而所學迥然，絶無毫髮肖似。其後遂有姚江王氏，標新立異，一時靡然宗之。其聲華遊從之盛，又非從前諸子之所及也。吾閩僻在天末，然自朱子以來，道學之正，爲海内宗。至于明興，科名與吴、越争雄焉。暨成、弘間，虚齋先生崛起温陵，首以窮經析理爲事，非孔、孟之書不讀，非程、朱之説不講，其於傳註也，句談而字議，務得朱子當日所以發明之精意。蓋有勉齋、北溪諸君子，得之口授而訛誤者，而先生是評是訂。故前輩遵巖王氏謂，自明興以來，盡心于朱子之學者，虚齋先生一人而已。自時厥後，紫峰陳先生、次崖林先生，皆以里閈後進，受業私淑，泉州經學，遂蔚然成一家言。時則姚江之學，大行於東南，而閩士莫之遵，其掛陽明弟子之録者，閩無一焉。此以知吾閩學者，守師説，踐規矩，而非虚聲浮談之所能奪。然非虚齋先生，其孰開之哉？今經學久晦，士大夫好尚趨向，龐而不純。浮華之徒，轉相夸毗，獨至蒙引存疑、淺說通典諸書，則行於海内，家習而人尚之，翕如也。故嘗以爲，吾閩之學，獨得漢儒遺意。明章句，謹訓詁，專門授業，終身不背其師言者，漢儒之學也。師心任智，滅裂鹵莽者，近代之學也。是二者，孰古孰今，孰淳孰薄，後之君子，必有辨之者。自鼎革至今，吾閩苦于兵亂，學士咿唔，僅以應舉，先正淵源之學荒焉。地竊不自量，方將以山林餘暇，與同志之士，誦鄉先生之遺書，蹈前修之典刑，庶幾那與卒章之志。同官莊子素思，適以書來，厚相諄勗，嘿有感於予心。三復之餘，愾然永歎。其後以蔡祠見燬告，且曰：「願與子倡而新之，子宜弁數言，以質士友。」余惟斯文之運，無往不復，吾鄉積亂之後，必將復有嗣音者焉，紹續正學，如宋炎、興，明成、弘時。然則表章先烈，使來者有所觀瞻，其事誠不可已，願與諸友勉之。

梅定九恩遇詩引

梅先生定九，曆算之學，超越前代。蓋昔者僧一行、郭太史之術至矣，然當時西學，萌芽而未著，故二子不得兼收其長，爲有恨也。近年徐文定公及薛儀甫、王寅旭諸賢，始深其道，然於中土源流，反有忽遺。惟先生能會其全而折其中，故其學大以精，而其言公以當。先時，地曾以其曆學疑問三卷，獻之至尊，蒙奬許焉。歲乙酉，南巡還，召見舟次者三，皆賜坐移時，垂問道數精微甚悉。先生既出，上謂地曰：「此學今鮮知者，當世一人也。其人亦佳士，惜乎老矣。」連日賜御筆扇幅，頒賚珍饌。臨辭，又賜四大顔字，曰「績學參微」，爲閏四月二十八日。蓋自前歲西巡，惟關中李顒中孚，承此曠典，熙代以來，并先生兩人而已。中孚以老疾不能對，而先生燕見從容，榮寵其歸，布衣三接，史册僅覯。後之觀者，不徒知先生以絶學被遇，又足以仰窺聖人之閫奥，建用皇極，而兼明夫隸首、商高之業，爲天縱極軌也。先生南旋，在朝鉅公素相知及聞名者，作爲詩歌以美之。地親睹厥盛，故敬紀其事，以爲之引。

母太夫人七十徵言引

家慈姓吴氏，世山居，有渾樸餘風，及年十七，歸於先君。維時先祖妣並無恙，家伯叔同母者四人，庶出者二。上承舅姑，下處兄弟妯娌，一以和敬爲主。讙謔詬詈，以嘿鎮之；薄物細故，以義忘之；睚眦脣稽，以忍消之。行之數年，上下稱順焉。然其天性敦篤，非但柔婉善下者比。故奉先祖妣滫瀡甘旨，必誠必信。疾病極其憂，喪祭極其哀。撫兄弟之子，皆若己子。垂老爲子孫道舊事，未嘗不潸然感惻。自鼎革來，四十餘年間，閩亂尤劇，既窶且貧，崎嶇多難。或衣被不完，或粗糲不飽，或遯荒遜野，風雪飄搖，或被陷遭釁，劍鑊鵕鷉，家慈皆身履其艱，堅忍劬勞，善念益篤。歲甲午、乙未，山海交訌，慘戮遍野。惟先君子聚衆自保，賊莫敢犯，于是鄰附鄉邑，依托者浸衆。先君子既悉力捍患，而家慈躬爲粥以食來者，前後以百計，推衣辟舍，至於事平不勌。平生百凡節約，惟教子讀書不恡。延師至家，敬如神明，甂儲或匱，授餐必豐。諸子於他事或假借，至惰游廢學，則動容勸誨，或飲食起居不樂，必得其悔艾而後已。甲寅之變，艱虞萬狀，處之泰然。今光地迎養京師，雖怯風霜，戀鄉土，然以大義自裁，未嘗幾微見於言面。王正之月，實惟帨辰，鄉之先生長者敎曰：「母之教若如此，今子有列於朝，而次者舉於鄉，叔季未可量，不能徼大人先生一言以榮其親，亦爲子之恥也。」敬述數言，以干知己，覬得鴻篇，樹之北堂，與萱色長茂，榮且罔極。

【校勘記】

〔一〕文中闕字，當係光地後人避忌呂留良案而掩去。下同。

榕村全集卷十四

記

皇帝親耕處恭紀

皇上御極之四十有一年春，省耕畿南，巡視宿麥，勞勉農人。巡撫臣光地及境内文武諸臣，扈從以行。維二月壬申，聖駕次於博野，因東作之興，念稼穡艱難，躬秉犂器，即功竟畝。臣令知縣臣開銓，即按其疆埸，表識聖蹟。追維：自古盛帝顯王，皆以農爲興德之本。周禮王籍掌之甸師，月令孟春天子親載耒耜，參置保介御者之間。其在成王，親與世子出觀農事，又爲饎以饁之，嘗其旨否，不以命之從臣。雅頌矢歌，聲傳至今。洪惟我皇上聖德神功，度越有周，克勤小物，爲億萬年子孫之貽謀。其作典常、播聲詩者，非一邑所得私也。然聖蹟所存，則博野小邑，其名一旦遂望於寰内，非常之幸，蓋自建置所未有。又近在郊甸，臣光地適爲長吏，帥屬耕耨，攝官承乏，與際寵榮焉。爰立貞石，具紀其盛，以垂無窮。臣又竊惟：受事之日，即得内府耕織圖之賜。今兹扈從，特被殊錫，復得臨唐太宗書勸農詔天章一軸。仰窺我皇上宵衣旰食，必以務本力穡是先，庶幾益求庶民所急，竭誠謀度，時請聖謨訓勅，以釐於成，則教農趨時，方由博野而始。臣光地既躬送聖駕，遣歸郡邑諸臣，皆以此申戒之，用並銘勒以自勖。

御賜急公尚義扁額恭紀

康熙乙未八月，越朔四日，辭陛至熱河，奏請八世祖森，當前朝正統年間，捐貲賑蘇州饑，後又從官軍平江西、福建寇亂，經聞於朝，旌義賜爵。平生好施與，官府學舍，橋梁道路，多所建造。前史爲之立傳，乞賜御扁，以爲世之急公尚義士民之勸。隨蒙聖俞。九日，内侍捧御書扁額出，即用「急公尚義」四字。二百餘年義烈，獲賁天章，祖德之厚，君恩之隆，凡我後嗣，其無射於人斯。

御賜女宗挺節扁額刻石恭紀

高祖母林氏，遇賊殉節，事在前朝嘉靖癸巳，距今一百八十餘年。明季，知縣施某曾以旌表詳請於巡按而未上。康熙乙酉四月，駕南巡歸，臣以直隸撫臣迎於舟次。連日召見，書史政務，旁及稗逸，靡所不講。間以高祖母義烈之事聞，遂蒙賜一額，曰「女宗挺節」。今立石於赴水之崖，相望五十步許，御筆親揮，龍鳳蔚躍，幽光映耀，比之有司循例爲坊門者，何啻倍蓰。且是地也，士女千羣，朝夕競渡，觀瞻諮問，風化攸關，非獨李氏一家之舊烈新榮而已。事蹟之詳，具於家傳，兹時恭述蒙賜日月，以示後人。

御賜在原至誼扁額恭紀

康熙四十二年，臣以謝陞吏部尚書恩至京，初九日，内殿召對畢，臣乞以私事陳請，上可之。臣乃稽首頓首奏曰：「順治乙未、丙申間，臣一家十二口陷於賊，質以邀重貨。臣伯父日燝自遠聞難，間關來歸，不顧生死，身詣賊，慷慨引義，繼以涕泣，不願獨生。賊大感動，禮遣之，然猶拘其弟、從子如故。日燝憂憤嘔血，乃募鄉壯，合家僮百餘人夜劫之，覆其大巢。復連鬭四月餘，悉拔出臣家男女大小。賊黨盡平。時貝子王奉命平海駐閩，嘉其功，賜諭稱獎，加賞賚焉。日燝起家恩貢生，後至京，考授通判，未仕，讀書終老。臣父兆慶，每念日燝急難誠篤，私囑臣曰：『他日能通顯者，必章揚伯父事，吾瞑目矣。』今受恩，逾分已極，而先世奇節未著，伏求聖筆一字之褒，死骨不朽。」奏罷，蒙聖主頷允。越六日，召臣至南書房，命内臣捧御書「在原至誼」四大字以賜。臣稽首感泣之下，竊惟天下士大夫、民庶，孝弟貞烈之行，荷蒙褒録者多矣，顧皆循故事陳丐，自有司施行，然猶邑里生華，珉石永焕。日爆以區區友義，上邀宸翰，發其幽隱。此視東漢趙孝、淳于恭輩，赴兄弟之死，義格凶頑，前史爲之立傳，榮耀什伯過之，豈尋常旌門表宅比哉？其天下臣庶力爲本行者，又孰不聞風感激，況臣及日爆子孫等，其銜恩刻骨，顧宜何如報也。

御賜在原至誼扁額刻石恭紀

順治乙未，先君與季父同居山砦中，一夜陷强賊，獨先君一人逸，餘十二口，悉擄以去，索贖重，不能厭也。祖以憂逝，父毁瘠不支，待盡而已。仲父自遠奔至，恤與難俱，亦嘔血幾殆。既而曰，徒悲無益也，則治行，將赴賊陳大義，不幸以身共之。親疎苦援不爲止，遂衰麻抵賊壘，聲淚慷慨，道所以爲弟姪請命者。渠魁爲之感歎，飲饌送迎具焉，然累繫終不釋，於是閲歲矣。有僧欵門密曰：「盍以死求生乎？賊所踞山，巉巗不可上，然有一面陰皆極險，不爲備者，募壯士夜劫之，質其魁則孥可返矣。」仲父練家僮並傭食者纔百人，涕泗與謀，衆皆曰願死。丙申四月九日，夜天大霧，先登二十八人耳。天已曉，遂吹蠃直指魁帳。賊出不慮，又霧厚不辨人，狼狽犇崩，投崖下者無算。出季父弟兩人，餘縶於他山，魁亦走脱。賊於是徵合遠近所部將萬餘人，仲父用百人者，據其阻，日與之戰，以一當百，無不靡者。自夏至秋，小大百餘鬭，賊散亡略盡，十口以次劫歸。地與次弟鼎徵實殿，七月七日也。時閩方有海患，大師疲焉，故山寇投隙起，盤三縣者已十餘年。官軍既無暇收服，績成書生，上下皆奇其事。征閩貝子以諭褒奬，將官焉，而仲父辭。學使孔某誇於衆曰：「李葆甫文事武備，見於天下矣。」仲父僅一遊太學，署通判職，而歸老林邱，湛書史以自樂，終年八十有八。康熙癸未，地撫直隸，陞吏部尚書謝恩，因燕見奏聞當日事。蒙上嘉悦，賜「在原至誼」四字御筆，以顔其家，且命臣以軍門偏將賫送。嗚呼！自二叔不咸，而急難之道衰。東漢君子，有争死於賊者，史臣傳之，以爲盛節，且曰是光武、明、章之烈也。仲父本行可紀，遭逢明盛，表厥幽光，蓋所以磨厲風化，豈私家而已。其孫鍾寧受之，將立石墓次，而今亦歿矣。霰雪相仍，舊事浸湮，孝友之風，式微可懼，後死者不述，將無聞者。矧是異數，實所干丐，恭紀碑陰，以授其次孫鍾準、曾孫清奭等，揀日敬勒。

御賜教忠扁額刻石恭紀

父天植忠孝，其汲汲於祖宗族屬之事者，墳廟無不修，祭薦無不舉，停喪無不掩，忽祀無不續，緩其饔飧，而是之急，天性然也。甲寅之亂，父君臣之義甚篤，濡身有萬仞之顛，抗節有俯仰之禍，積病三年，惟憂用殞。康熙乙酉四月，光地扈駕河干，聖主頗詢舊事，因賜父一額曰「教忠」。凡御書例不系欵，茲特筆其左餘云賜某，蓋異數也。乙未，告歸陛辭，又問所欲得字。八世祖丐扁之外，爲父求兩柱語，有命擬進。竊用唐人成句，杜甫云「一病緣明主」，王維云「終身思舊恩」，以爲父蒙難三年實録。荷恩隨奏寫賜。然杜句頗更易，緣擬時避「病」字，今不敢改也。嗚呼！表碣神道，凡刳琢爲觀美者。今既破俗停止，獨此華衮恩榮，宜勒貞珉，以示來裔。惟古人揚先行者，有損無增，故可以存信。親疎及見聞父事者甚多，必知光地不敢一字欺其君親也。

御書太極圖説西銘刻石恭紀

恭惟皇上道與堯、舜、禹、湯而相紹，學則洙、泗、關、濂而同歸。政撫萬方之煩，心傳千古之秘，而且窮象數之賾隱，訂唐都、洛下以無訛。攬文藝之菁華，裁漢、魏、江東而還雅。顧天縱之睿智，實兼多能；而聖作之文章，悉源性道。以是萬幾一日之暇，獨宗六籍諸儒之書。雖游戲於墨池，必翱翔乎學海。御書太極圖説、西銘，前後凡數百本。歲二月南巡守，臣扈駕涉天津，屢蒙召見。因出御舟中所書二軸以賜，臣謹拜手稽首，祗受者之表章，然必百世以俟聖人而大著。昔者朱子爲圖説首句誤增两字，累欲請之於朝刊改，而終弗獲。及其論西銘，則爲林栗彈劾以去。道之難明，書之難傳也如是。今我皇上篤嗜深契，興絶表微，宸翰所揮，天章所賁，昭兹來許，於古有光。在皇上則爲以聖而下學於賢，將天下皆知沿河而東至於海。斯文之幸，千載一時。儒先復生，不知何如其慶忭也。愧臣凡陋，弗克欽承，恭紀恩遇，勒之貞珉，以惠天下學者。

御書戲綵堂恭紀

今天子宸翰流天下，然自先聖先賢、名山古刹而外，耆舊、禁近及宣力文武諸臣，乃能得之。惟年壽高者，其子孫爲之祈，則往往俯允。蓋優老教孝之心，如此其盛也。吾友徐善長，以詞翰起家，出入禁闥三十餘年，於分得沾光寵。所難者，太夫人壽且康，善長忠而孝，和氣參會，歲晏華榮，倬彼天章，言樹之背，是以士論耀之，舊遊慰心焉。歲癸巳三月，天子以萬壽日，加恩臣民，肇行養老。太夫人又得與晏於皇太后宫，賜賚衣服，纁黄珠飾，悉從厚。夫學者以章句自薦，至於受知明聖，勸講賢英，躡鱗附翼，自託不腐，斯已榮矣。况有皤白之親，同沐眷渥，入振鷺羽，出展烏私。此固先生朴誠純忠之效，而母夫人所爲淑惠幽貞、恩勤育教、以有今日者，亦可由其子以知其母矣。在漢鄒、枚之徒，以文學侍中，兼聞政事，故史稱中外相應以理義之文。賈、董傅諸王，又不時入對，或就其家遺問。是皆儒學遭逢之僅者，而先生兼之。宋張齊賢之母，年八十餘，每入謁禁中，太宗歎其福壽有令子，賜予存問，歆豔搢紳，流輝史册。此又邦家之盛事，非獨門内之寵光也。孤露餘生，撫節歎慕，承吾友之命，而感聖時錫類之恩，使南陔愛日之笙歌，與臺萊頌禱之章並時作也。爲撰戲綵堂恭紀。

御書廉平堂恭紀

天子勤思上理，以澄清獎吏道，而猶病夫逐名者之入於僞也，尚氣者之出於激也。僞則不誠而人不服，激則不和而人不安，如是者以立乎中外，猶未足以宣德意，助皇明。是故訓迪百官，每於清正而和平者諄諄焉。今都御史劉公，其人也。都御史之職，在於清風絶弊，執法持平，又正其官也。兹額之賜，上之所以嘉其人，重其官，而欲舉其官者與。吾儕士大夫，患於不廉，廉者又往往不誠不和，而有二者之病。雖然，亦有朴而非僞者也，厚而非激者也，而猶不能使人服且安焉。則以理之未明，事之未達，或見己是而失虛公，或矜細節而乖大體。是以古之人孳孳講學，至於老而不勌，蓋知夫明理達事，如彼其難也。夫階之稜謂之廉，廉之角謂之隅，詩曰：「抑抑威儀，維德之隅。」言君子物身之有稜角也。然其下所賡，則曰温恭爾，柔嘉爾，言若捫於予舌，行無怍於爾室。此其至心爲之内，太和爲之表，體忠行恕，而無幾微非人己所安者。夫如是故平。公年七十餘矣，而好學篤志，有衛武之風，庶幾乎明理達事，以充其誠而導其和。則聖天子之訓，可以無負，大法小廉之司，可以無愧。雖然，上之訓，非獨爲公言也，蓋欲使吾曹見之者，交相勗勵，以贊太平之治。故余於公之請記也，愛莫助之。又懼而思焉，身雖退，豈敢忘以名行終始？

御批曆學疑問恭紀

壬午十月，扈從南巡，駐蹕德州，有旨取所刻書籍。回奏匆遽，未曾攜帶，且多係經書，制舉時文，應塾校之需，不足塵覽。有宣城處士梅文鼎曆學疑問三卷，臣所訂刻，謹呈求聖誨。奉旨：「朕留心曆算多年，此事朕能決其是非，將書留覽再發。」二月後，承召面見，上云：「昨所呈書甚細心，且議論亦公平，此人用力深矣，朕帶回宫中仔細看閲。」臣因求皇上親加御筆批駁改定，庶草野之士，有所取裁，臣亦得以預聞一二，不勝幸甚。上肯之。越明年春，駕復南巡，遂於行在發回原書，面諭朕已細細看過。中間圈點塗抹，及簽貼批語，皆上手筆也。臣復請此書疵繆所在，上云：「無疵繆，但算法未備。」蓋梅書原未完成，聖諭遂及之。竊惟：自古懷抱道業之士，承詔有所述作者，無論已。若乃私家藏録，率多塵埋瓿覆。至曆象天官之奥，尤世儒所謂專門絶學者，蓋自好事躭奇之徒，往往不能竟篇而罷，曷能上煩乙夜之觀，句譚字議，相酬酢如師弟子？梅子之遇，可謂千載一時。方今宸翰流行天下，獨未有裁自聖手之書，蓄於人間者。豈特若洛下之是非堅定，而子雲遺篇，所謂遭遇時君，度越諸子者，亦無待乎桓譚之屢歎矣。既以書歸之梅子，而爲叙其時月因起，俾梅寶奉焉。

上諭泰山脈絡恭紀

臣嘗因奏事罷，上顧問泰山之脈，何處生來。臣以中州之脈對，且曰：「古泰山在河之南，今河既南遷，則泰山在其北，應是山脈已爲河斷。」上曰：「非也。果是山脈，水不能斷。泰山之脈，乃自遼左而來。今金州與登州，夾岸相對，纔數百里，海中有山島十餘，錯落横渡，即山東諸山脈絡從來處也。」臣退而伏思之，禹貢導山，自「導岍及岐」至「入於海」是一條；「西傾、朱圉、鳥鼠」至「陪尾」是一條；「導嶓冢」至「大别」是一條；「岷山之陽」至「敷淺原」是一條。四條之列，自北而南，中原形勢，大略盡矣。獨疑青、兗、徐、揚之山，不在四條之内。謂非水所經歟？則兗乃河入海之處，揚乃江入海之處也。謂其山不足表識與？則岱宗嶽之長，嵎夷暘之谷，堯、舜所測候而柴望也。謂非禹跡所掩與？則禹治水施功，正自兗、青始。故前叙九州，既以岱表青、徐之域，又曰：「蒙、羽其藝。」且傳載禹會諸侯於會稽，正揚州之鎮也，而四條之山，無一及之，何耶？又此四條者，惟北條曰「至於碣石入於海」，其餘三條，或盡於豫州，而曰「至於陪尾」，或盡於荆州，而曰「至於大别」，或盡於揚州之上游，而曰「至於敷淺原」，皆不紀其入海之山。比之北條爲甚短，又何耶？説禹貢者略而不講，蓋數千年矣。今恭繹聖誨，還證古經，然後知禹貢四條之山，但以中原脈絡可見者言之耳。北不踰塞垣，南不踰嶺徼，蓋其脈絡不在九州中土，則禹跡之所未窮也。泰山之脈，既自塞外横海而來，自登、萊以盡於青、徐。而江、浙、閩、廣之脈，又皆自嶺外迴環，抱江而上。自江右之大庾嶺分支，南盡於閩、廣，而北盡於江、浙。此兩條者，蓋天作而地成之，以爲中原之左右藩護，而推其脈絡所自來，則非中原之山，而塞嶺以外之山也。塞嶺之上流，禹所未至，故禹貢於導山闕之也。夫是以北條諸山，盡於冀州之境者，不得不長。其餘三條諸山，接於青、兗、徐、揚之境者，不得不短。此以知聖人之智，沿流泝源，如此其精，而聖人之經，存信闕疑，又如此其謹。倘非皇上灼知而發明之，則遺經之指，千載夢夢也。

臣恭惟皇上之學，既專於道德性命之源，而其暇力，則自易象、律曆，天文、地理，算數、聲音，農田、水利，無一不窮其理，造其妙，心堯、舜、禹之心，傳堯、舜、禹之道。故凡堯典之曆象，舜典之樂律，禹貢之山川，亦至是而始一明也。臣不勝惶悚。

重建董子祠堂記

凡仕宦所至，首考其地之先賢先儒，以曁名臣高士，風被於來世者，爲之垣墉俎豆，使邦人有所稱思禮也。景州舊有董子祠，而窄隘無規橅，且蕪不修，無以動州人仰止之敬。歲甲申，知州事周鉞，遂更買地於城東偏，斥大其基，出資營葺，凡門堂室廡，齋房具備，自舍菜降登，及官吏止憩，學者講肄之所，皆寬然有餘。又能以扈從自請於天子，賜以額字，曰「闡道醇儒」。此千古之異數，而鉞之勤懇誠款，爲可書也。吏部尚書、管理直隸巡撫事李光地，覩祠之成而記之曰：韓愈氏論道，醇孟子而疵況、雄，當已，然於董子，則莫之及。何哉？在漢，惟劉向頗知之，以爲王佐之材，伊、吕之匹。劉歆、班固雖頗過其論，然亦謂六經離析之餘，使學者有所統壹，爲羣儒首，則非揚雄以下之所及也。韓氏於孟子之後，樂道揚雄，至於董子同時，如司馬遷、相如，皆有述焉，而獨遺於是。是皆以華實爲進退，豈篤論哉？自宋以來，更歷大儒，而其品始定。于是三策之書，上儗七篇，而與之相接。蓋其曰「天性」，曰「天地之性」，則性善之所出也。其説雖源於孝經、樂記，而漢、唐諸儒，未有能述之者，謂非有聞於性與天道之傳者乎？其對江都王義利之分，王霸之判，則孟氏所反覆於齊、梁之廷，累千百言以悟世者，如此而已。然則謂孔、孟既没，董子之學獨醇，程、朱之言，不可易也。自是而又五百餘年，以至熙代，堯、舜、孔、孟之統復合。三十年間，自鄒、魯聖賢之區，以逮濂、洛、關、閩諸儒，毓生居寓講讀之處，皆賁以天章，高龍巨榜。而董子舊里，近屬畿封，亦徼俯俞下州小臣之請，闡幽微顯，使千載道系，粲然重光。恩明意美，垂示罔極，程、朱之言，至是益信，豈非所謂百世以俟聖人而不惑者與？地適以持節於兹，因木石之峻，記識月日，自托不腐。又將使州之人士，仰窺聖代表章之盛，下守此邦文獻之傳，庶幾嗣音有繼。爰述舊聞，表新褒，以告來者，仍使鉞董其事，而勒之祠左。

重建鵞湖書院記

鵞湖者，考亭朱子、象山陸子講學處也。昔東萊呂氏，與朱子交善，又於陸子有塲屋之知，見二君子平日操論有不同者，故約爲鵞湖之會，而朱子及陸子兄弟皆赴焉。後人就其地立爲書院，以祠四賢。起於宋淳祐間，賜額文宗，延及前代，屢有修舉。或曰：

「朱、陸之異同，五百年來，以爲口實。今同堂而祀，於古者配袝之義何居？」余曰：「不然。二子之相崇重者至矣。朱門誨學者以持守，每推服象山爲不可及。白鹿講章，朱子至爲之避席，上手謝焉。陸之於朱則有泰山喬嶽之歎。故朱子有言：『南渡以來，理會切實功夫者，吾與子静两人而已。』原其講辨豪芒之指，一則慮玩心高明之失實，一則恐著意精微之離真。二者於末學，誠皆有弊焉，雖朱子亦謂宜捨短集長，庶無墮於一偏也。昔游、夏同師夫子，而本末之論，互爲訾謷。二程、張、邵，相與切劘者數十年，然其説流弊，程子猶有微辭。今語高第弟子，則文學之科，同配聖師，朱子叙道統淵源，並以周、程、邵、張釋奠精舍，未嘗以其小不同者爲病。然則朱、陸之共俎豆而處閟宫也，而又何猜乎？」今天子衡量道術，一以朱子爲宗，聖人有作，萬世論定矣。在學者誠宜稟皇極之彝訓，奉一先生之言，以講以思，以服以行，庶幾沿河入海，而無斷潢絶港之差也。而又當知張、邵及陸之於程、朱，其學雖微有同異，而實相成，非若孔、墨、告、孟之不同室。無陷於膚末者吠聲之習，以長夫晚出横議之風，是之謂能自得師矣。曩歲逆藩變亂，西江適在其衝，兵燹之餘，舊宇堙圮。康熙癸亥，前令潘君某，曾一修之。今又頹敝，施君德涵，以名進士來尹是邦，尋訪名迹，慨言更新。會諸上官皆留意文事，故請上輒報，加以慰奬。規橅既備，考落有期，適余以丐歸經過，侯與邑之人士，邀請瞻謁，而以祠記相屬。余惟：爲政者首訪邦之明祀勝跡，繼而修之。古之君子皆然，況夫羣哲論道之區，學術源流，移風百代，而可以翳諸荒榛乎？且夫書院之建，實與國家學校相爲表裏。李渤，高士爾，講洞之廢，朱子猶惓惓焉。今使先賢遺址，煥然崇修，江右故理學地，必有遊於斯，而奮乎興起以紹前緒者。倡明者之功，於是爲大，故不可以無書。

重修懷玉書院記

爲政者以新學校、育人材爲先，然學校之新也，必先聚集人士，而啓告以聖賢爲學之意。幸而其地爲聖賢所生長，所遊經，則遺敎流風，往往而在。于是有賢者涖政於兹，咨諏舊迹，興起墜緒，感動奮發，必倍於他邦。班固有言，可貴哉仁賢之化也，詎不諒與？子朱子生長建州，趨朝、歸山，則信州其孔道也。是故玉山之會，鵞湖之爭，傾動一時，見於止齋陳氏之書。而其故址，皆在於信。以今考之，鵞湖辯論，其言不傳，抑止齋所謂刻畫深而傷易簡，矜持過而涉吝驕。是一時學者，猶有疑而未概於心焉。獨玉山講義，剔抉詳明，雖因問而答，而已盡乎義理之根源，功夫之切要。嗚呼！首疏仁義之目，而警以著察之效，中揭性善之指，而進以瞑眩之劑，終提尊德性、道問學之宗，而兩捄其空虛卑近之弊。朱門之所終日言者，不離乎是，而於玉山獨反覆焉，豈爲一時學者設哉？揚子雲云：「去之五百載，其人若存兮。」蓋言聖賢百世之師，不必於謀面而親炙之也，有志之士，可以興矣。懷玉書院，舊有之而不修，前哲風流，來者無所矜式。沈侯景韓以名家子來宰兹邑，上顧高山，仰止生慕，下視城闕，嗣音興嗟，周爰名區，於稽文獻，廨宇聿備，祀事孔嚴。蓋將表前修於渺茫，振斯文之微歇，此豈世俗從政、勞勞於簿領填委者所能知哉？屬余休告，取道西江，謁侯所爲書院者而心偉之，已而宿郡治，信鉛山，鍾靈、鵞湖，所在修舉。嗚呼！何此地賢守賢侯之多也。抵里卧疴，沈侯又千里馳書，命余作記。余惟：天子方躬聖學，揚絶緒，中外承風，蒸蒸廣化。侯又嘗教習禁地，密近清切，尤能深知上意，預聞道德之指歸。則其爲政，而知所先後也固宜。至於書院興廢，祠宇學舍修斥之年月，創始落成，詳在侯自記中。

廣信鍾靈書院記

文明之運，始於國家，而又視乎推行者之至不至。苟其設誠而推行之，雖微上之振起，士君子固不忍愚其民也，況在蒸蒸作人之世乎？文翁之於蜀，退之之於潮，當時兵革猶未盡偃，而巴蠻之西，嶺徼之外，僻深荒遠，素未耀乎光明，二公者皆以太守爲吏民師，能使人士奮興，俗化移易，前史稱賢焉。今天子撥禍亂，致泰平，永惟有道之長，求端於學校教化，崇道尊儒，統一經術，可謂恩明意美矣。而守土者，或推行之未至，或以文具推行，而設誠之未篤。無論僻深荒遠，文教闕焉，雖以聖哲居遊之區，時世之未遠，風流之未墜，罕能尋搜章表，以爲邦人勸者。豈賈生所謂「移風易俗，非俗吏所能爲」者耶？西江故人文地，在宋，廬陵、臨川、南豐諸子，爲文章宗師，濂溪、明道、伊川，於此相授受焉。南渡後，有陸氏兄弟，以學行與朱子道義相切，而朱子趨朝來往，必由信州取道。故玉山之講，鵞湖之會，道脈攸繫，迹在此邦。文獻不彰，緒風亦歇，有志之士，仰止高山，亦何從而遊憩焉？太守周君，慨然遠覽，既訪鵞湖遺址，檄其屬邑興修，百年茂草，屹爾宮牆。而又即府治佳處，創爲鍾靈書院，臨溪環山，在闤都而有泉林之趣，招致士之秀者，近百人肄其中。又以爲文翁在蜀，相如爲之師，退之在潮，趙德司其教，不遠千里，求宿學者督率，身則以時省視而作興之。先時郡士科名寥落，自書院立，明年即有首舉於鄉者，後遂連年相踵起。故曰山川之秀，有開之者也，人文之盛，有倡之者也。人地之鍾靈無絕期，開而倡之，則或百年而不相值。嗚呼！此余所爲於君有感也。雖然，科名其小者爾，生聖人之世，被聖人之澤，當勉爲德業之彥，共定太平之基。此去廬山之下，有白鹿洞焉，朱子之規，陸子之講，班班猶在也，取與玉山講義玩思而服行之，使賢太守之迹，他日於蜀、潮而有光，是則師生之賢，亦邂逅執筆者之惓惓。

安溪考亭書院記

昔朱子舉進士，筮仕同安簿。同安西北，壤接安溪，故朱子常往來安溪道中。喜其山水幽奇，以爲絶似建陽佳處，有詩在集中可撿也。光地於乙未年冬，告休抵里，拜邑父母曾侯，寓其新落文昌祠中。因請侯曰：「俗祀文昌，蓋古者司中、司命之遺。雖然，星辰河嶽，必以人配。五百年來，朱子人師也，今天子崇重之優，風聞天下，敎學者知所嚮往。地之歸也，取道西江，凡玉山、鵞湖，朱子信宿講論焉者，其守土類能修舉。吾邑爲朱子奉檄往來，品題名勝之區，法得立祀，非其人不興也，其有待於吾侯乎。」侯曰：「茲吾素志也。」舊有祠在庠東，湫陋傾圮，侯乃捐貲買地，於文昌祠後，架後堂以棲神，而以中楹崇祀朱子，考古衣冠，用上公冕服，祔食則復齋、北溪兩先生，皆南郡産也。又拓其前爲敬業堂，躬與諸生課業講藝。蓋志乎續朱子之墜緒，而非特復宇升香，循春秋之故事而已。祠成，邑之人士感侯興起倡明之意，相與請余記其事，以示來者。余惟侯之派，自東魯宗聖而南，宋南豐先生，亦其別族也，文行之承，遠有端緒，則其爲政，而知所先後也固宜。考朱子平生爲學，精察力行，謹守曾氏家法，其文章，則一以南豐爲彀率。然則侯於朱子之道，所謂歸而求之，有餘師矣。明道先生爲顔亭銘曰：「千載之上，顔惟孔樂。百世之下，顔居孔作」。蓋有取乎淵源世講，相爲表章之義。余於侯之兹舉亦云。侯諱之傳，字愓若，號石巖。

重修泉州府學記

泉在前代，文章科名，爲天下蔚，學者譚説，至今豔之。然其世升降，俗淳澆，士術人心之變，則有羣然波逝其中，而莫之訾省者。蓋自成、弘間，虚齋蔡先生，醇品邃學，洛、閩是承。親炙之士，則有陳、林、張、史諸君子，皆所謂守章句，踐規矩，不謬於古人明經篤行之意。泉之最盛時也。其後傅、李、許，相繼魁天下，爲時文師，科第遂壓列郡。然而華繁實披，學又一變。及其季也，則有猖狂以壞士習，怪詭以軋文體者，餘風荏苒，而吾郡亦寖衰矣。夫泉僻處濱海，爲九州風氣裔末，然虚齋以經解，錦泉、晉江以制舉業，李贄以横議，天下皆靡然宗之，則豈非世道學術之高下，占諸吾泉而可知與？蔡、陳諸先生，勵行清修，有進退大節，其時風尚淳樸。聞之長老，士大夫有休官而美田宅者，衣冠不齒也。其後則役於名利者多，又敝則破行檢，作毒害，鄉閭苦之，而至今爲梗。此又鄉俗人心淳澆之判。然其所以然者，亦源乎世道學術而已矣。嗚呼！學校者，四術所從出，故曰學術也，其廢其興，昔人重之。詩曰：「於論鼓鐘，於樂辟雍。」蓋言學校之盛，待文王而後興也。又曰：「佻兮達兮，在城闕兮。」蓋言學校之廢，爲賢人君子所憂閔也。今天子恭承道運，以六藝漸摩四海，必世而再矣。周王壽考，則應在作人，固宜其令行風流，而蒸蒸者衆。地之歸也，兩浙、江右聚學之區，玉山、鉛山儒先講肄之所，賢守令類能修舉，視聽一新。吾郡劉侯侃，來自齊、魯，有召南素絲之操，顧瞻郡學頽敝，憮然傷之，此亦風詩城闕之志，欲望學者以嗣音也。請諸僉事黃君朝鳳，而委學職陳君任賢以敦其事。落成有期，吾友舉人陳君萬策，爲之請記於余。夫學校之設遠矣，古之知道能文者，學記備矣，重言累陳，無以爲也。蓋周禮在魯，則問舊章，諸子賦詩，不踰鄭志。泉故先儒舊遊，理學名壤，雖晦明有時，然得賢牧守、師儒作而興之，廨宇既修，必將延召名宿，招誘有志之士，課其道藝，成其德業，所以贊聖天子而育材廣化者。非僻陋荒遐，素未耀乎人文者比也。故爲道前代學術源流，所以關鄉國汙隆者，使返其始而維其初。庶幾援古剴今，其則不遠矣。

宣城梅氏重修祠堂記

古者，士大夫以上祭於廟，庶人祭於寢。故廟非有爵者不立，非宗子則亦不立，其祭之所逮，又各有世數，不敢以相干。蓋愛敬之篤，名分之嚴，其重如此也。雖然，禮以義起，而時爲大。未爵而有世禄則祭之，宗子去國，支子則祭之。大夫士祫及高祖，而經文又有太祖之號，雖五世至於遠祖，則亦祭之。是以近代有祀田者，立廟世禄之意也，支子貴者，立廟代宗之義也。伊川程氏，又推服制，遡宗源，四親始祖，使人各盡其情。雖有据經考古之士，不能盡非也。宣城梅氏，自宋始顯，明三百年，科第相繼。延及本朝，於法固得立廟。其族齒繁盛，散而遷居，故在前代，屢有改建，而歲久材腐，溪齧其基，人稠産稀，曠不修舉。明經處士梅定九先生，及其從子都御史桐崖先生，倡謀經始。桐崖羈於官，歸鄉數年，又早世，故始終皆定九專其事。定九貧者也，好學深思，拙於治生，不量力之不任，而根本是圖，營度顛顇，怠憊且老。是以族人皆感其意，順其令，贊其役而考其工。蓋自辛卯之夏，逮今乙未，載基載落，而先生之孫達矣。詩曰：「奕奕寢廟，君子作之。」言追遠維始，非君子不能。又曰：「莫莫葛藟，施於條枚。」葛藟芘其本根者，而詩人以爲求福，豈其心所希覬？蓋根枝流貫，理固如此也。世之公卿士大夫，疲敝宦路，幾忘其所生。歲時設紙位邸旅，僅於忌日行之而已，春秋雨露，未嘗伸一拜於祖先。其家則斥居室，盛園亭，至祖宗祭享之處，雖祀秩所應得者，莫之肯舉。禮喪俗偷，此其最大者。愾念禮經營室之文，載考春秋屋壞之戒，非學行君子，孰能興之哉？梅氏家廟，舊址在山口，中遷蒲田，每就傍近改建，今則重建於蒲田中處。又於祠後餘地，構屋若干間，聚族人子弟，讀書課業，親爲指授。凡昔賢所謂義學、社倉，皆有志焉，其慕古如此。其孫瑴成，傳先生意，俾記本末，示厥後人。余與先生至交，又念先人舊事極相類，明發憮然，述所感以記之。

榕村記

枝谿以爲澮，曲折灌數百頃，復入於谿。水勢依山，自成隆窪。有榕生其上，舊爲風摧，横卧澗中，折而復迴，翹然兩橋，可以通涉。扶踈遠望，亭亭然三也。村廣輪二百步，澗之南有方沼二，沼上爲亭，傍亭爲臺，皆就榕陰。下臨潭澗，蒼巘遠岫，濯影清漪，水族微鱗，游泳可矚。樹陰深處，榱甍隱隆，周以垣户，皆吾甥孫氏之所經始。其北月池，引入澗流，有長廊踈窗，可以凭俯，蓋余所營也。余又即榕之遠陰，砌爲石臺，與孫相望。炎月西曦，如擁翠幃。又卻而西北爲小山，山之高可四仞許，下竹行源，輸之山腹，降流出於石罅，結茅室，使僧居之。自吾軒而至者，環徑輆邱，忘爲十畝焉。移四序花木，雜蒔村中，薜荔藤梢，漬蝕牆苑。登高之所聽眺，栽秧穫稻，諠呶笑呼之讙。月麗村光，墟烟野燒，雲電摎流，長風高枝，幽壑靈瀨之狀。余既與孫氏子樂此，而二三親串知厚，相要角文其中，意在光時，職思用世，扶樹缺微，嗣音風雅。使榕村之名及後，諸子之志也。

克齋記

謝兄子惇在京師，促膝所言，皆肺腑之要。一日，肅然命予曰：「予之歸，將以克扁其齋，子其爲我記之。」予曰：「久矣哉，吾之愧於斯言也，奚足以記斯齋也？雖然，請誦其所聞，而兄是質。」蓋昔者，原憲所謂克，勝人者也，顏淵所謂克，勝己者也。先民有言曰：「自知者英，自勝者雄。」故力扛九鼎，不足勇也，氣奪三軍，不足威也。夫惟平旦清夜之中，而勝敗存亡之機決焉，言默食息之頃，而盛衰消長之形見焉。是故覺者不及知，勇者不及持，非天下之至勇大覺，則不足與於斯也。古人制字之義，斬心謂之慙，刃心謂之忍。故克之功，始於慙，成於忍。知慙能忍之人，外眂之退然如不勝衣，而風飛雷厲於徑寸之中，傾耳而聽之，如震驚百里也。夫然後天機日以盛，浩乎不至於摧陷廓清而不止焉。易曰：「龍戰於野，其血玄黃。」此坤之終也，再變爲復之初，則陽動而天心見矣。天心者道心也，道心惟微，如眇陽茁然於羣陰之中，故非克無以有復，非戰則天心終不可得而見。雖然，不可以不養也，故六三之休，擇善取友以交修之。雖然，不能以遽純也，故六三之頻，改過遷善而不吝焉。雖然，不可以無輔自廢也，卓然以賢聖爲依歸，知我者其天乎。遯世不見知而不悔，蓋至於中行獨復，而以底於安敦也不難矣。克復之義如此，反乎此者謂之迷。迷復之人，汩没終身而不悟，覆以莊言爲蟊賊，正士爲鴟鴞，淳澆撲散，而天理蕩然，所謂用行師將有大敗，以其國君凶也。嗚呼！吾觀世之迷復者不少矣，惟不知所謂克也。克云，克云，絶嗜閉慾，以遊於方之外云哉？君子之克己也，不離乎容貌辭氣之間，不下帶而道存焉。是故一言之背於情也則克之，一動之疚於躬也則克之。非獨曰此言也、動也云爾。必究其所以言動者，皆吾精神心術之病，意向念慮之差。源委相生，標蘖一貫，朝暮簡檢，畢世服膺，於以混混而放乎四海，夫何遠之有？嗚呼！此古人之言也，吾述之而已矣。迷而莫予覺也，僊而莫予翼也，岌岌乎起而蹶，仆而復興，歌「將伯」之章，如有望而弗得也。今乃得子惇焉而以師資，是予之幸也。以葑菲爲雜佩，亦惟兄有菖歜之嗜乎？

榕村全集卷十五

論

河圖論

昔者聖人之作易也，明於陰陽之運，察乎日月之紀，窮乎鬼神禍福之徵，究乎人事吉凶之兆。故立象以盡意，衍蓍以極變，使夫知其道者，則知鬼神之所爲，而玩其占者，亦足以獲天之祐，而動無不利。然則聖人之於易，雖微河圖，其可無作乎？蓋圖者，天所以啓聖人之心；易者，聖人所以承天之意。天人之際，未有不相符而可以有作者也。自孔子大傳所列十數五位，若指諸掌。又曰：「河出圖，洛出書，聖人則之。」而究其藴，則曰：「所以成變化而行鬼神也。」嗚呼！可謂盡矣。變化日行於天地之間，凡夫動静明晦，開闔出入，枯菀存化之雜然於吾前者，皆是也。而其所以然之機，則謂之鬼神。夫天地之所以爲天地者，以有鬼神變化也，而河圖具焉。然則作易之精意，亦舍圖奚取哉？仲尼既歿，易道湮廢。自卦爻之詞，昭然具存，固已盡失其義，又況乎天人授受之秘，有在於語言文字之表者，無惑乎其不傳也。漢之儒者，雖不能曉暢精微，而守之未失。至於有宋，經學爲盛，而異言轉多。劉牧以九爲河圖，十爲洛書，比之舊傳，正爲顛倒。歐陽修不信大傳，遂與河圖、洛書，皆以爲贋而並棄之。惟朱子表章發明，而圖、書始顯。然自元以來，挾異見而滋羣疑者，尚不勝其紛拏。故四千餘年理義象數之宗，書契文字之祖，以至於今昧昧也。愚學易十餘載，既知返之圖、書以求其端，而竊疑夫爲之說者，何紛然其擾也。于是盡去五行生克之論，獨以陰陽奇耦之數，縱横而推之，逆順而播之。然後始得不疑於圖、書之理，與夫聖人所以則之之由。蓋河圖之半奇半耦者，兩儀之分也；四方者，四象之判也；一二三四六七八九互爲内外者，八卦之交也；中宫五、十者，太極元氣之所居也。此其大致也。以其分限言之，則陽始於北而盛於東，消於南而終於西，故在圖之奇數，則北東居内，而南西居外也。陰始於南而盛於西，消於北而終於東，故在圖之耦數，則南西居内，而北東居外也。内者主之位也，外者賓之位也，得位爲主而用事，則日進而盈，失位爲賓而不用事，則日退而虚。夫自寒暑二氣之所以升降，日月明魄之所以死生，大而元會之所以循環，細而呼吸之所以出入，無一非盈虚之變也，無一非内外之交也。君子小人之進退，天理人欲之消長，學術之所以邪正，世道之所以汙隆，無一非盈虛之變也，無一非内外之交也。甘苦之相生，憂樂之相因，禍福之倚伏，吉凶之反覆，無一非盈虛之變也，無一非内外之交也。以易而言之，則乾龍之潛藏，而天地之心見矣，姤豕之蹢躅，而冰霜之勢成矣。内陽而外陰，則爲泰交之盛矣，大往而小來，則爲斂德之時矣。是故内外之位，賓主之分，進退之勢，盈虛之理，圖者圖此者也，卦者畫此者也。以邵堯夫八卦之位觀之，則自震之一陽，歷離、兑之二陽，以至於乾，是左方之卦，皆陽内而陰外，無異夫河圖之左方也。自巽之一陰，歷坎、艮之二陰，以至於坤，是右方之卦，皆陰内而陽外，無異夫河圖之右方也。然則所謂則圖而作易，誠如合符而比節，非天地不能開其先、非聖人不能承其繼也。若夫五行之義，四象之文，生克之變，老少之交，得乎此者，其於衆説統之矣。欲歸夫易卦之本指，其無先以衆説亂之而可哉。

先天圖論

自秦而後，易圖象之學不傳。其在傳文可考者，則出震一章，頗列八卦之位，而終不究其説。是故學者鮮用心焉，而但緣文生義，以穿鑿於文字之間。蓋易之迷，所從來也尚矣。其偏爲象數之學者，又皆有單傳别授，非易之正。如京、焦卦氣之法，有侯辟公卿之位，推易配氣，始於中孚。此則揚子草玄之所因，曆家之所用。其在漢世，以象數言易者，莫此爲盛，然終莫知其所自來也。獨後漢方士魏伯陽，作參同契之書，言養生之要。其首章納甲之法，以震爲朔旦，兑爲上弦，乾爲正望，巽爲既望，艮爲下弦，坤爲晦日。其陰陽進退之候，似頗與邵氏先天之旨相契。蓋朱子所謂方外之流，陰相付受，以爲丹灶之術者，其指此與？然以愚考之，納甲之説，蓋以十干始終之位推而得之。如乾爲甲壬，坤爲乙癸，蓋甲、乙、壬、癸者，十干之始終，乾、坤者，八卦之始終也。凡畫卦者，自下而上，故庚、辛爲震、巽，戊、己爲坎、離，丙、丁爲艮、兑也。伯陽又因月之朔晦弦望之方，以配合其説。如生明之月在庚，上弦之月在丙，正望之月在甲，皆以初昏言之，震、兑、乾之位也。既望之月在辛，下弦之月在丁，晦日之月在乙，皆以平明言之，巽、坤、艮之位也。其與先天所以得圖之法，迥然不類。然則自堯夫以前，先天之圖，其不傳於世也審矣。朱子又謂，授受出自希夷，其必有考。然而邵氏再造之功，則實與伏羲始作相配。自邵氏殁後，此圖稍出，聞者皆創獲而莫之信。楊龜山曰：「八卦有定位，而先天以乾、巽居南，坤、艮居北，卦氣首中孚，而先天以復爲冬至。凡若此類，皆莫能曉也。」陸象山曰：「先天圖非聖人本意，有据之以説易者，陋矣。」夫以龜山、象山之賢，而其疑若此，況其下者？林栗、袁樞，攻先天尤急。蓋當是時，尊信而表章之者，朱子一人而已。自朱子而來至於今，翕然無復異議矣。然往往新學小生，以爲自孔子後，真有是圖，而不知邵氏之功，如此其大，朱子之傳，如彼其難也，可勝歎哉！或曰：「先天之圖，果伏羲之本也與？」曰：「何爲其不然也？大傳稱：『易有太極，是生兩儀，兩儀生四象，四象生八卦。』又曰：『因而重之，爻在其中矣。』夫如是，則一每生二者，自然之理也；陰陽交錯者，變化之妙也。其方位布列，則雖古未之見，然說卦所謂，天地定位，山澤通氣，雷風相薄，水火不相射者，則其對待之體也。雷以動之，風以散之，雨以潤之，日以晅之，艮以止之，兑以説之，乾以君之，坤以藏之，則其流行之用也，其位與序昭然，亦不可謂於古無初也。以其數而論之，則在右二方者，寒暑之運也，陰陽太少者，四時之交也，八卦者，八節之分也，二十四畫者，二十四氣之判也。三百八十四爻，陽爻爲晝，陰爻爲夜。二分之晝夜平，故積爻之算，至於臨、遯之間，陽四十八，陰四十八，猶春秋分之晝夜各四十八刻也。二至之晝夜偏，故自乾以前積爻之算，陽五十六分，陰四十分，猶夏至之晝五十六刻，夜四十刻也。自坤以前積爻之算，陽四十分，陰五十六分，猶冬至之晝四十刻，夜五十六刻也。此其自然之象，自然之數，不待牽合而自無不應。以視後世規天紀日之繁，增除裁補之贅，其相去不亦遠乎？況乎其道之彌綸天地者，不可以象數求也。故君子之於先天，歿身焉已矣。」

後天圖論

易有八卦，因有八象，其實則天地水火而已。何則？天地定位，則行乎其間皆水火也。水火之精，則爲日月，水火之氣，則爲寒暑，水火之象，則爲晦明，水火之變，則爲風雹雷霆、雨露霜雪。凡夫騰降上下，往來聚散，皆是物也。以易論之，則天地水火之外，爲象者四，風、雷、山、澤也。然風則天氣之行，下交於地者，山則地形之隆，上交於天者，雷則火爲陰所壓，奮而起者，澤則水爲陽所驅，散而下者。此四象者，蓋亦天地水火之交而已矣。以卦畫推之，乾之下爻變陰則巽也，坤之上爻變陽則艮也，離之上爻變陰則震也，坎之下爻變陽則兑也。此造化之妙，八卦之精也。是故易首乾、坤，中坎、離，而終以既、未濟。或曰：「邵氏所謂先天之圖者，乾、坤定上下之位，坎、離列左右之門，固也。而其有始震終艮之圖，何也？」曰：「先天體也，後天用也。體則以天地爲尊，用則以水火爲主。所謂雷者，火之方升者而已，所謂澤者，水之始降者而已。陰陽始於春秋而極於冬夏，故雷澤者水火之交也，水火者雷澤之極也。天地則水火之氣行乎四時，涼燠寒暑，惟其所司焉。風雨雷相薄，火之勢所以行也；山與澤通氣，水之潤所以升也。風之氣本乎天，山之形本乎地，天地之用，寓於一物，而天地無功焉。故一在坎之後，一在離之前，所以佐發生於東方，而乾、坤退處於西成之地也。」或曰：「南北，陰陽之正位也，乾、坤在焉，尊也。黜居偏也，烏乎可？」曰：「黜乾、坤以尊乾、坤。夫辨方正位者分也，分則不可易也。若夫受事任勞者時也，時則有少而出長之先，卑而踞尊之位，於是乎乾、坤有避而弗居者矣，必也其受成之時乎？夫受乎其成者，則必處乎其後也，又何害於尊乎哉？」然則大傳言神妙萬物，敘六卦而不及乾、坤，何與？曰：「此所以爲尊之至也。前言其位，故列之，此言其用，故去之。是以乾、坤之在後天，雖有位焉而無用也，無用之用，用之主也。」

乾坤誠明之學論

乾虛而實，坤實而虛。何則？天者清通而妙乎象，故虛，以其與太極爲一也，故實。地者堅厚而凝乎質，故實，以其承天而無爲也，故虛。在人則乾者心也，坤者形也，心者神明不測，可謂虛矣，然具乎性之真則實。形色皆天性也，可謂實矣，然涵乎心之妙則虛。虛實者，誠明之學之源也，誠明者，合德而殊名。自其心之存存也，其中有主，故乾謂之存誠也，其中無物，故坤謂之敬也。自其事之有終也，实心以体物，故乾谓之立诚也，虛心以順理，故坤謂之義也。無形則恐其離乎物，故言心者主於性而曰誠，誠者實而無不周貫之謂也。有質則恐其滯乎物，故言體者主於心而曰明，明者虚而無所滯礙之稱也。

離爲明明德之學論

離者，明明德之學也，故曰「大人以繼明照於四方」。繼明，即明明德；照於四方，則所謂明明德於天下也。然明德者何？中庸所謂「天命之性」是已。天命之性者，明命也，天命孔明，其在於人也亦孔明。然而昏明之不齊者，喜怒哀樂之變，發於情，交於物，而不能皆中節之故也。二爻者，中之發，和之始，於時則春也，於日則晝也，於情則喜也，故曰「黄離」。言以中爲明也，渾然元氣，故曰「元吉」。三爻者，和之溢，中之過，於時則夏也，於日則昃也，於情則樂也，故曰「日昃之離」。言明已過中也，樂極悲生，故曰「不歌則嗟也」。四爻者，中之反，和之變，於時則秋也，於日則暮也，於情則怒也，故曰「突如其來如」。言其昏且暴也，害於物，傷於己，故曰「焚如，死如，棄如」。五爻者，歸於中，復於和，於時則冬也，於日則夜也，於情則哀也，故曰「出涕沱若，戚嗟若」。言其哀且悔也，哀則思，悔則悟，而本心復明矣，故曰「吉」。四者循環於人心，故昏明由此生，禍福由此變，治亂由此起。初之敬者，慎於始也，上之出征，克於終也。在人心則戒懼於事先，克治於事後。在國家則兢業於平時，攘撥於既亂。中庸言喜怒哀樂致中和之功，而以戒懼慎獨爲要領者，此也。

艮爲不動心之學論

艮者，不動心之學也。然不動者，非枯槁其心而已。寂然不動，而有以酬酢萬變，故曰「時止則止，時行則行」也。始也外不制，則無以養其中，此艮其趾，所以無咎也。既也天君不定，則制外亦徒然，此艮其腓，所以未快也。孟子曰：「是氣也，而反動其心。」是制之於外之説乎？又曰：「不得於心，勿求於氣，可。」是先立乎其大者之説乎？雖然，知求之於心矣，而又枯槁其心，如告子之斷言語，絶心行，而謂其心不動之速，是猶人之柴槁辟戾者，不能俯仰屈伸，而以爲居者也。名曰定之而使明，而實遏之而使薰。其於苗也，名曰助之而使長，而實揠之而使枯。是雖不動，而何足貴乎？必也如六四之艮其身，然後視聽言動必復於禮，孟子所謂養氣者也，所謂配義與道者也。必也如六五之艮輔，然後理遠氣和，其言乃雍，孟子所謂知言者也，所謂發政行事者也。至於此，然後可言敦艮之道。蓋積累以厚之，涵養以熟之，所存者仁義之心而非虚，所握者動静之機而非固，其與曲學之言止者異矣。苟不能厚終而要其成，則又所謂五穀不熟，不如荑稗者也。

卦爻辭論

易之書，爲卜筮而作也，而其精極於陰陽性命，其賾包於品物羣形，其繁周於日用感應。蓋自卦畫既成，而斯三者備矣。後之聖人，因其所藴而繫之以辭。然易之辭，獨與他經異者，言出於象，有象而後有言，義以備占，一占自爲一義。言則不必其相屬，義則不必其相應，非若諸經之文從字順，而義類貫通也。神而明之，則其言有典常，舉而措之，則其道有典禮，又未嘗不文從字順，而義類貫通。此易之爲書，所以至精、至變、至神，而不可以淺迹膠而私見滯也。學易之至者，無如孔子。孔子之言，不可爲典要，唯變所適，率辭揆方，則有典當〔一〕。又曰：「原始要終，以爲質也。六爻相雜，惟其時物也。」又曰：「初辭擬之，卒成之終。智者觀其彖辭，則思過半。」嗚呼！聖人之學易，蓋如此。京房、焦贛，數之賊也，輔嗣、康伯，義之翳也。邵氏出而洩圖之秘，程子生而闡道之微，于是羲皇之所以觀察而作，文、周之所以憂患而興，孔子之所以假年而學，理義象數，如日斯揭。然是二子之書者，微朱子，亦孰與尊信而表章之哉？且邵子之書，理精矣，而主於推步，與卜筮異。程子之書，義備矣，而主於論道，與象占殊。是於作易之本，學易之要，蓋猶有所未發焉者。至於朱子，一以占筮舉其概，所以釋易者，甚近且淺。而至精之理，無不存也；至變之用，無不周也；至神之機，無不寓也。使易之爲言必根於象，使易之於象必當於占，片辭隻字，該貫包含，以爲虛而可以盡天下之實也，以爲小而可以窮天下之大也。四聖不傳之心，至此而若合符節矣。雖然，名之命也，辭之繫也，蓋確乎其不可易。朱子之釋名辭略矣，賁之中虛而含物，何以不爲頤；噬嗑之往来而交錯，亦可以爲賁；萬物皆有常理，何以雷風則爲恒；萬類皆無停機，豈必火山乃爲旅。他若其名之可相易，義之可相通者，蓋未可一二數，更聖越神之心思，宜不若是其漶漫也。朱子非不知之，而以爲未可臆说。故因孔氏之舊，而約略其旨，以俟後聖，意至深也。愚以謂塞宇宙，亘古今，一理而已矣。理之所在，伏羲所以創，文王所以修，孔聖所以翼。出乎理，則非所以爲聖人也。苟能窮理之至，則其心與聖人通。性命之理，變化之妙，萬物萬事之幾，瞭然於心目，所謂易者，真吾心之圓神方智而已。然後銖而較之，至於石而不差；寸而累之，至於尋而不謬。六十四卦之爲質，三百八十四爻之爲物，一一見其所以然而不可易。真有所謂擬初辭而得其終，觀象辭而過其半者，則雖聖人復生，亦將可以質之而無疑。此又朱子所未盡，而有待於後人者也。非夫潔浄精微而不賊者，其誰與望乎？

蓍數論

天地之體數八，其用數七。體數八者，謂如河圖、洛書之數，虚其中央，則四正四隅，通爲八面。此則在天而有定時，在地而有常處，是以謂之體也。用數七者，又以體數均爲十分，則用者常七，不用者常三。謂如夏至之日，出寅入戌，加以晨昏可辨之色，爲晝七分而夜三分。一年一元之數，皆開於寅而閉於戌，是以謂之用也。易之有卦者體也，故其數用八，八八六十四而卦成。其爲物静，其爲德方，其在大傳所稱，則體天地之撰，而行四氣之行。其有蓍者用也，故其數用七，七七四十九而用備。其爲物動，其爲德圓，其在大傳所稱，則當期之日，而紀閏之算。間嘗即其説而推之，四十九者，一歲之弦數也。一歲二氣，四時八節，二十四氣四十八弦。四十八弦者，以三百六旬成數而論也，并其五日四分日之一者爲四十九。是故二以分之，歲之陰陽判矣；四以揲之，月之望晦二弦具矣。一歲寒暑之運有十二月，一變左右之策有十二揲也。掛一者，在用不用之間也。在用不用之間者何也？用之以分，而不用之以揲也；不用之以揲，而又用之以歸也。以蓍之理斷之，則亦用者七，不用者三。何取乎用者七，不用者三也？準以一弦之數，爲五日四分日之一也。盈者因氣而見，故分二之後，遂除其一策以爲氣盈；虚者推朔而知，故揲之而見有餘，則爲朔虛。合氣盈、朔虛，而閏生焉；合掛與扐，而奇積焉；綜三歲之閏，則月成矣；綜三變之奇，則爻見矣。大傳所謂五歲再閏，故再扐而後掛。蓋就一變之中，而取其義耳。實之三變既成，方應一閏之數。是故策者以當日也，爻者以當月也，卦者以當歲也。二篇之爻，三百八十有四，其策萬有一千五百二十，當三十二歲月日之數。三十二歲之月，三百八十有四，其日萬有一千五百二十。蓋閏歲於是而一終也，是以易道應之。愚按：自易而下，如焦、京、揚雄卦氣、太玄之屬，以卦爻準曆者多矣，然皆增損其數，不符於自然。如卦氣則減震、兑、離、坎之二十四爻，太玄則增踦贏之二贊。是皆人欲之私，穿鑿傅會之巧，是故識者譏焉。邵堯夫經世，除乾、坤、離、坎，以舉成數，未離乎卦氣之法。蔡氏範數，爲九九八十一，以紀氣候。司馬潛虛，爲三百八十五變，而又減其二十。則又太玄之支流耳。彼此相非，直以五十而笑百步也。蓋不知易者理義之原，象數之本，其循環終始，與天地同流，不待於割截而始配。惟蓍法則乘除進退，其於一歲盈虛之理，實有取焉，而其算亦自妙合。自唐僧一行以大衍命曆，以策應弦，以揲應月，蓋已得其大致。然其前後之説，尚多牽挽，又不知一月爲三十之成數，與掛一爲氣盈之閏分，是以推算不密，而歲分尚餘於四十九策之外。則其與參摹四分之書，相去直一間耳。愚嘗以大傳著數覆逆推之，至於顛倒爛熟，然後陰陽變化之道，日月赢縮之紀，躍然於布蓍之間。始信古人所謂迎日推策者，或得諸此。夫衆言淆亂，則折諸聖。後之譚易者，雖復窮象之微妙，盡數之毫忽，而不得孔氏以爲之宗，吾見其益漶漫而無當也。

序卦論

易之有序卦何義也？曰：大傳具之矣。禮始於冠昏，書始於釐降，詩始於后妃之賢，春秋始於惠公仲子之事。是故易之始於乾、坤、咸、恒也，明陰陽之際也。坎、離者，乾、坤之交也，既、未濟者，又坎、離之交也。是故易之終於坎、離、既、未濟也，明陰陽之交也。屯、蒙以下，中孚、小過以上，觀其所序，而天地萬物之情可見矣。文中子曰：「大哉時之相生也，達者可與幾矣。」夫時之相生，有相因者，有相反者；人之乘時，有因時而順之者，有因時而制之者。以治繼治，以亂繼亂者，謂之因。以治繼亂，以亂繼治者，謂之反。將治而使之治，已治而持其治者，謂之順。將亂而使無亂，已亂而反之治者，謂之制。斯義也。近自一念天理存亡之幾，遠而國家政事治忽之大，微而民用趨避吉凶之細，大而天地陰陽消長之常，莫不有相因相反之義焉，莫不有順之制之之理焉。是故通乎序卦之説者，其於存亡吉凶，則俱可知矣。或曰：「序卦之説，專主於義，而不及於象也與？」曰：「自乾、坤十卦而至否、泰，則天地之交也。自咸、恒十卦而至損、益，則山澤雷風之交也。坎、離之前，有頤、大過焉，既、未濟之前，有中孚、小過焉。如此之類，豈爲於象無取哉？」又嘗以大傳九卦之説推之，蓋上下篇對待之卦，凡十有二。乾在上篇，則乾也、履也、謙也、復也。在下篇，則咸、恒也，損、益也，困、井也，巽、兑也。乾十卦而至履，履五卦而至謙，謙九卦而至復，復六卦而上篇終矣。咸、恒十卦而至損、益，損、益五卦而至困、井，困、井九卦而至巽、兑，巽、兑六卦而下篇備矣。上下相對，以三十卦爲斷，以十五卦爲限。九十者，天地之終始也；五六者，天地之中數也。數之極則必變，數之中則必過，過與變則憂患生焉。是故惟除乾、咸爲之始，兑爲之終，其餘則皆憂患之卦也。六十四卦，皆憂患而有作。得乎六十四卦之理，則皆所以審憂患之理。而獨九卦云爾者，其意蓋有深焉。神明其道而不鑿，則於易也幾矣。是故言易而局於象數者，其失也膠，專於義理者，其弊也泛。

十六卦論

邵子云：「四象相交，成十六事，八卦相盪，爲六十四。」此十六事者，即六十四卦之中畫，而互成十六卦者也。十六事又生於四象之交，則四象者，又即乾、坤、既、未濟之具體而微者也。夫天道之消息盈虚，人事之吉凶善惡，彝倫之敘斁，情僞之攻取，制事之權衡，揆道之模範，六十四卦之稱名，取類備矣。雖然，乘運者察變知幾，未有大於剥、復、夬、姤者也；審勢者度緩急，權輕重，未有大於蹇、解、頤、大過者也。言乎其變之迭運而不窮，則歸於既、未濟。明倫者造端謹始，未有大於漸、歸妹、家人、睽者也；言乎其分之一定而不易，則歸於乾、坤。是故十六卦者，六十四卦之樞要也。學易者，先識乾、坤之大義以立其綱，明於既、未濟之樞機以善其用。由是剥、復、夬、姤，尚天行而見之微；漸、歸妹、家人、睽，謹人倫而辨之早；量時勢而後動，則蹇、解其緩急之宜也；守義理而不遷，則頤、大過其輕重之則也。

互卦論

道之消息盈虚，有人事之善惡當否，故爲用也，其定理則歸於乾、坤，其變動則歸於既、未濟而已，故爲綱也。剥、復，陰極陽生，陽之始也。夬、姤，陽極陰生，陰之始也。漸、歸妹，陽卦與陰卦交，交泰之象，陽之中也。頤、大過，陽卦與陰卦判，不交之象，陰之終也。蹇、解，三陽之卦，陽之終也。家人、睽，三陰之卦，陰之終也。陽六卦皆主震、艮，始則交於坤，母孕男也；中交於巽、兑，求其配也；終交於坎，從其類也。陰六卦皆主巽、兑，始則交於乾，父生女也；中交於震、艮，求其配也；終交於離，從其類也。探始則陰陽互根，而孕育之理明，致用則男女相求，而婚姻之道正，辨物則以類相從，内外之分嚴，而禮義有所錯矣。剥、復、夬、姤，以天道爲人事之端，漸、歸妹、頤、大過、蹇、解、家人、睽，以人事爲天行之應。剥而復，則陽用事，其既也交於陰，有循序而禮合，有逆節而情動，其究也爲蹇爲解，治外者以之。夬而姤，則陰用事，其既也交於陽，有役陽而致養，有疑陽而交争，其究也爲家人爲睽，治内者以之。陽之道始於體之正，故乾、坤統焉。陰之道始於用之交，故既、未濟統焉。此互卦之義也。

十二卦時義時用論

易之用皆以趨時，而舉時以贊其大者，凡十二卦，稱時者四，時而稱義者五，時而稱用者三。夫時者何也？曰：時者天也，有順而播者，有逆而成者。義者何也？曰：義者宜也，有宜此而值其時者，有值其時而宜此者。用者何也？曰：用者可施也，有不可而用之以成美者，有可而用之以有功者。頤、大過、解、革，何以稱時也？解以生之，頤以養之，此天地之仁氣，所謂順而播之也。革以更之，大過以固之，此天地之義氣，所謂逆而成之也。非無義也，非無用也，而時爲大。豫、隨、遯、姤、旅，時而稱義，何也？以致豫則於順動宜，以致隨則於貞宜，此兼善之義也。以明決者宜於遯，以見幾者宜於姤，以柔正者宜於旅，此獨善之義也。無時不有，無用不然，故稱義焉。坎、睽、蹇，時而稱用，何也？坎非所用，而於設險則固；睽非所用，而於男女則別；此不可而用之以成美者也。止非常用，而於見險則智，此可而用之以有功者也。因其時，當其宜，故稱用焉，何以皆爲大也？曰：時者天也，終始萬物之道，大何加與？義者宜也，不離道，不失義，大哉時之經也。用者適也，時則用，不時則不用，大哉時之權也。曰：盡此乎？曰：舉天地聖人，盈虛消息之理，進退存亡之道，悉之矣。同此者以此類之，異此者以此通之，皆時也，皆義也，皆用也。故曰易之用，皆以趨時也。

聞樂知德論

禮樂二者，皆聖人所以治天下之具。然禮先而樂後，禮以制治，而樂以象成，故曰：「於樂觀其深矣。」言其本於性情，流乎德化，其效至於淪肌浹髓而不自知。故孝經曰：「安上治民，莫善於禮，移風易俗，莫善於樂。」此知政知德之説也。且夫政與德，固相爲表裏之謂，非政則德無所施，非德則政無所本。德者人君所躬行而心得，而禮樂則皆政之屬也。今以政歸禮，以德歸樂，何哉？蓋本德以敷政，則禮於是行，而民以節矣。以其先也，故言政者歸之禮也。政成而德洽，則樂於是興，而民以和矣。以其後也，故言德者歸之樂也。雖然，樂之所自作者非一。有陳祖宗之功德者，則如商之元王、相土、成湯、武丁，周之后稷、公劉、古公、王季，後嗣述而歌之者是也。有象己之功德者，則如韶樂作於舜，大武作於武，九成以象代堯，六成以象滅商。聽其歌，觀其舞，則知其當日之事與志者是也。若乃朝會燕饗，征行愷還，則叙其交懽之心，致其勸勉之誠，道其閔勞盡下之意。於以被之絃歌，用之朝廷、學校。至於民間鄉黨閭巷之樂，則多采之謡俗之所得。如周有二南、邶、鄘以下十五國之什，漢有趙、代、秦、楚之謳，而擇其辭之美，志之善，可以語，可以道古，於以用之黎庶，而以感民心，以淑民身。此則樂之大致然也。然此四者，源流之所自不同，而皆謂可以觀德，則又何哉？蓋祖宗之德，德也，己之德，亦德也。上下交而志同，德之行也；感人心而天下和平，德之至也。故曰：「聞其樂而知其德也。」漢氏以還，四者之迹僅存，而其意微矣。故郊廟、宫庭、閭巷之所用猶是也，然班固謂，漢郊廟詩歌，未有祖宗之事。則所謂陳祖宗之功德者無矣。武帝天馬之歌，汲黯之所不悦；秦王破陣之樂，魏徵之所不觀。則所以象己之功德者悖矣。君臣賡答之詩，固多有之，然頌美相説之辭多，而忠愛交勉之誠寡，且又未嘗叶管絃、示臣庶也，則朝廷、學校之聲衰。民間沉沔鄭、衛之俗，千年不變，而鄉黨閭巷之音歇。所以然者，其立國根本，既無積德累仁之事，而又禮法之不制，教化之不修，三綱之不正，九疇之不叙，太和之俗不成，故雅、頌之聲不興。使其樂猶在也，吾知不必季札、子貢，而知其德之涼矣。然則樂之道，其終不可復乎？曰：亦視其德而已矣。孟氏有言：「今之樂，由古之樂也。」祖宗功德，不可强矣。誠能制禮法，修教化，正三綱，叙九疇，其本正矣。然後取郊廟、朝廷之樂，潤色其聲音，略論其律吕，務使學士大夫，皆能習其文而知其意，拊其節而通其道。至民間之樂，雖未可以驟變，然所謂默成於風俗，而潛移於人心者，其理不可誣也。風俗既成，人心既移，則即今俗樂，而頗采姚江王氏之論，取其有孝弟、忠貞、節烈之行，而歌舞之，以興善志，以助淳風，以爲復古樂之漸。禮樂之道，夫豈遠乎哉？此之不務，而列代修文之主，好古之儒，方且役智弊神於黍尺鍾律之間，似乎伶倫之箭不得，而樂卒不可興者。此劉向「皋陶之刑」之論，可爲三復而歎息也。

朱吕説詩論

朱、吕説詩之義不同，吕据「思無邪」之指，曰：「三百篇皆性情之正，可以被之弦歌者也。」朱据「鄭聲淫」之訓，曰：「所謂雅鄭者，即二雅與鄭詩也。」然則孰爲得聖人之意？曰：朱得之。然則何以處夫無邪之説？曰：無者猶毋也，禁止之也。詩教如此，非概詩辭也。然以愚觀之，鄭、衛之在詩也，不逾十之一，淫者之詩之在鄭、衛也，其灼灼著者，亦十之一耳。然則悖於禮而傷於教，必不可云無邪者，纔百一也，何害夫全詩之爲性情之正，而可被之弦歌乎？聖人於此，何不並夫百一者而删之，而猶存之？曰：俗化之不知，則勸戒之不明，有桑中、洧外之人，則東門、風雨所以貴也。今欲旌顯幽節，必先列强暴者之罪狀。此數詩罪狀也。其俗如此，而猶有王澤民彝在焉，如晦而不輟其音，如雲而不亂其意。此所以爲性情之正，而可以觀，可以興者，此也。漢廣之游女，有求之者矣，行路、野麕之貞，人有誘之者矣，幸而求之誘之無傳詩耳。設其有之而兼載焉，固所以形惡而彰善，而又何諱乎？曰：「是其説與朱子少異？」曰：無異也。朱子不謂鄭、衛純淫詩也，但謂有之而盡文以正者非爾。然朱子之言無邪也，爲讀者言也。吾則以王澤民彝之猶在，察其無邪焉，似乎折朱、吕之中者。此則末學僭妄之過也夫。蓋朱子晚年，而雅自信於易卜筮、詩雅、鄭之説。夫卜筮之爲本義，不可易矣，然象、爻辭之根於理，而用於占，則相爲本末，不可偏廢。後之君子，必將折朱、程之中以説易，猶詩之志也。曰：「鄭風之系以淫也已多。」曰：此亦朱子意之，而初不以爲定論也。大旨立，則此亦淺事爾。區區辨此，是亦不争於室而噪於門也。

天九重論

西人言天有十二重，其三者不可考校，可信者九重而已，曰月天也，水星天也，金星天也，日天也，火星天也，木星天也，土星天也，恒星天也，宗動天也。月天最近地，漸而愈遠，至於宗動極焉。然又謂金、水與日同天，則直七重而已。宗動者，衆動之宗也，其行不息而有常，恒星以下皆隨之，而皆不如宗動之速。故古者謂七緯東行，以退度爲行度也。今則謂恒星亦東行，則古所謂歲差是也。古者以恒星爲天體，故謂之歲差。今也以宗動爲天體，故謂之恒星行度。其致一也。凡九重者，近内者西行愈遲，東行愈速，近外者西行愈速，東行愈遲。東行者退度也，推算以之；西行者行度也，論天以之。今置盂于此，自邊而引之旋，則近中者緩矣。自中而引之旋，則近邊者緩矣。宗動之天，急旋於外，若或引之，其彌近地心而彌緩者，勢也。地之凝而不動者，非獨形氣清濁之分而已。蓋旋於外者，必有其紐於中，爲兩端之紐者，南北二極是也，爲中間之紐者，地心是也。然二極爲動宗，故雖不動而急旋，旋於其所而不覺焉爾。地不爲動宗，故直凝而不動，氣則應焉，而形則否矣。要之，則所謂九重者，皆非質也。如層雲焉，疊湧而升；如二水焉，合流而逝。今觀雲之有背馳，而水之有滯流者，則明乎一氣參差之故矣。

歲分消長論

歲分消長之說，元郭太史所立。蓋上考往古，而百年長一，是前之歲分愈多也，下驗將來，百年消一，是後之歲分愈少也。經今纔三四百年，而其說已不效，蓋歲分又漸多矣。故今之知曆者，推究其根，以爲由於最高之行。最高者何？日行最高處也。行最高，則見其遲而不及一度，所謂縮度也。行最庳，則見其疾而餘於一度，所謂贏度也。自古曆法，皆定以夏至行縮度，冬至行贏度，而亦未知歲分消長之根在於此也。今推最高庳之度，乃不定在二至。自至元辛巳以前，則未及二至，今又過二至六七度矣。原夫行最庳之日，應極疾而有贏度，方其正在冬至，則未及時而晷景已短，行疾故也。若未至冬至，或過冬至，則晷景短之時，分以漸而增，行稍遲故也。凡言歲分者，以今年冬至至明年冬至爲率，而郭太史作曆之時，適當極疾之候，未究其根由於最庳，又未知最庳之行，不定在此。故疑爲歲分之消，一往不復，而推之將來，以百年消一爲期也。今最庳既過冬至，則冬至之日行以漸而遲，歲分以漸而增，可知矣。然歲分非真有增減也，以冬至之日，直其遲疾之分而得名爾，藉令自今年夏至算至明年夏至，以爲歲分，則歲分極少之年，乃其極多之年矣。以彼補此，歲之定分仍無稍長，此又不可不知也。

留侯武侯論

留侯、武侯，皆漢之傑也。論者或以留侯出必於其機，應必於其會，其事漢也若賓，其避侯封以行其志，若神龍之變化於八紘之内，而不可羈以豢也。武侯者，正志於結托之初，自任以興復之重，忘乎時之不可爲以瘁其軀。于是乎疑二子者所術之學殊，所趣之致異，故其出處終始，大較不同若此。雖然，君子之於人，蓋莫大乎論其世也。留侯之君，非漢也，韓也，雖識漢王於邂逅之間，知天授之主，而韓國猶存，則於漢有不純臣之義。及乎韓亡而歸漢，而後主臣之交定矣。前此之往來去就於漢者，蓋古之君子拳拳故舊之心，豈若戰國之士，朝暮秦、楚者哉？九域已一，叛亂已除，雄都已建，嫡貳已定，時則謝成功，遠人事，託意寓言，導引辟穀。武侯處草廬之中，承三顧之誼，投合之契厚，許與之分明。及乎託六尺而專國命，統戎行而興漢室，任重道遠，無有休時，蓋其職然也。假令留侯生季興而負重寄，充其傾家報韓之心，鞠躬效死，殆非所難。而使武侯從容指顧之間，大業早就，則躬耕之初服，淡薄之本志，其與飄然世外遊者，意豈異哉？論者又謂，武侯弘毅忠壯，慨然展布四體，以盡其心。留侯優游譎諫，每若有所懷而難發。故一則有從容之論，一則有正大之褒。夫古之君子，其出也所以直己行志也，然亦將以順時體變，弘濟於艱難。是故外度其主，内度其身，遇之不同，而其應異焉。況乎武侯晚年闔外之寄，而留侯初終帷幄之臣也。在易坎之六四，近君以濟險，而曰：「納約自牖，无咎。」蹇之六二，得其正應，居外平難，則曰：「王臣蹇蹇，匪躬之故。」豈可以是疑坎四之委蛇，矜蹇二之亮節哉？傳曰：「二多譽，四多懼，近也。」武侯厲蹇二之節，故在外而譽不虧。留侯有納約之心，故居中而事獲濟。大哉二卦之義，留侯、武侯當之矣。愚嘗尚論三代之下，以合於三代之英，以謂莫先於義利之間，莫大乎父子君臣之際。良之功，成漢室而不居；亮死之日，家無餘蓄；其高致同也。良報五世相韓之恩，亮追先帝之遇，其大節均也。此其志如日月之光，而行有冰霜之潔，豈區區功名之士，贊世之流哉？或者乃謂亮三顧而出，而良未免於挾策干人，以爲優劣。夫良有不共戴天之怨於虎狼之秦，有能報之者，良所從也。秦、項滅而良之志畢，良豈區區功名之士哉？故曰君子之於古人，豈苟焉而已，亦莫大乎有以論其世也。

【校勘記】

〔一〕依周易正義，「當」字當作「常」。

榕村全集卷十六

説一

性説一

夫性也者，至近而難明。易大傳曰：「仁者見之謂之仁，智者見之謂之智，百姓日用而不知。」所謂難明者，其以此歟？釋氏之言性也，以爲如鏡之明，無一物而無不照也。程氏之言性也，以爲如穀之種，雖未生物而生理具焉。是故由釋之言，無者其體也，其有者虚中之象，如夢如幻者也。由程之言，有者其體也，其無也無而涵有，萬象森然者也。夫穀，木屬也，其德仁。鏡，金屬也，其德智。二氏其皆有見者乎，何以決其是非哉？曰元統天，仁統性，知元然後知天，知仁然後知性。由程者於經也合，由釋者於聖也異，吾於乾、坤二卦知之矣。然則仁智二與？曰不二，吾不曰無而涵有者乎，程氏不又曰聖人心如止水、明鏡者乎。故曰寂然不動，感而遂通天下之故；曰洗心退藏於密，吉凶與民同患。仁以智爲根，智以仁爲本。釋氏之學，其於寂密者幾矣。所謂覺者智矣，而不本仁以統之，故見性物之相礙，至於幻天地，妄人世，而不自知。孟氏言性有四德，而舉其綱，則曰人皆有不忍人之心，仁人心也。此其以仁統之者也。又曰天下之言性也，以利爲本，所惡於智者，爲其鑿也。如禹之行水也，則無惡於智矣。水之鑿，如鯀鄣洪水，遏其勢而不行。智之鑿，如告子止其心而不動，矜其智而非性者。無仁以統之，則非所謂順其自然之故而利也。循是可以定見仁見智之説。

性説二

孔子而後，孟氏獨出諸儒者，以明性也。程、朱得繼孔、孟之統者，亦以明性也。推是則由堯、舜至湯，以其能明維皇降衷而已，由湯至文王，以其能明乾元天德而已。文王既没，文不在兹乎？然文可得而聞也，性與天道不可得而聞也。故惟顔、曾以至於孟子，爲聞道，爲知性。千五百年，如董、揚、王、韓者，猶離合於其説，性之難明也如是。周、程、朱子明之矣，未久而又晦。其所誦説者，周、程、朱之言也，而未嘗心知之，則猶晦而已矣。嘗謂學者於道，不疑而誦焉者粗，疑而意焉者繆，繆之過大於粗。何則？誦焉者其言存，意焉者其指亡也。元至明初，誦焉者也，故無大過。其後聰明之士，益求所以通其指焉。整庵羅氏、虚齋蔡氏，則謂「氣外無理，朱子所云有理而後有氣者非也」。姚江王氏，則謂「心外無性，朱子所云性具於心者非也」。守溪王氏，以心之精神言性，而姚江善之，其明鏡之喻，與釋正同也。夫理猶性也，氣猶心也。王固淫於釋者，羅、蔡皆据儒以觝釋，而論乃相似。且惡其所謂精英者，而存其燼粕，豈非所執又出其下者與？吾故曰疑焉、意焉者之過也。然則如之何？曰信孔、孟、程、朱之説，而必求其指，得於心焉止矣。易言形上者道，形下者器，道不離乎器，意不離乎象，而終以默而成之，不言而信，存乎德行。此之謂疑信之極，粗耶繆耶，夫烏得參於其間哉？

心性説

爲釋氏之學者，例以鑑水喻性，謂其至虚而無不照，而有無不相碍也。吾讀程、張之書，蓋以水火喻之，謂如種之有生意焉，含之而必發；謂如日之有光精焉，積之而必耀。然則性有也，此吾所以異乎彼之無與。或曰：「五行之生，各一其性，何木、火、金、水之殊？」曰：「陽體性，陰體陽。木火陽也，故其所涵者性也。金水陰也，故其所涵者陽也，亦性也。今夫石，扣之則火焉。今夫水，滋之則木焉。是其所以涵陽而體性者，而何光景之足喻。」然則光景何喻也？曰：「生理以喻性，光景以喻心。性發於陽而涵於陰，水、火、木、金之生理似之，心感於實而寂於虛，水、火、木、金之光景似之。火日外光，金水内光者，心象也，非所以語性也。然因金、水之能受陽，則知其中之有陽矣。月所以受日光者，以其中有陽精也。故指其體陽精者以爲性則可，指月之魄爲性則不可。金水受日火之光而能返映，則知性之未嘗絶也。若夫約景於虛無者，猶人夢寐之變云爾。指夢寐之變以爲應物，而曰大地山河，衆生萬有，皆幻也，此釋氏之蔽與。」

仁説

性，生理也；心，生機也。生理與生機合之謂仁。孔子曰：「仁者，人也。」孟子曰：「仁，人心也。」然則人之爲人，一仁焉盡矣。大傳又曰：「立人之道曰仁與義。」孟子又曰：「人之有是四端。」何哉？夫一歲而統言之，則元氣而已，分之則春秋也，又分之則四時也。一心而統言之，則生理而已，分之則仁義也，又分之則四德也。元氣無不貫，故春統四時；生理無不周，故仁統四德。天地之道，始於北，生於東，盛於南，成於西。然則智在仁之先者也，禮與義在仁之後者也。仁非智無由動，故曰智在仁之先。非節莫行也，非宜莫止也，故曰禮與義在仁之後。是故君子之學，始於窮理以求知者智也，謹節而熟焉者禮也，守禮而安焉者義也。此謂性之德，此謂爲人之序也。昔之言道者多矣，其專於求仁者，自孔門始。顏子之博文，曾子之格物，子夏之博學、篤志、切問、近思，吾所謂窮理以求知者與。顏子視聽言動之力，曾子容貌、辭氣、顏色之貴，吾所謂謹節而熟焉者與。夫子曰：「無求生以害仁，有殺身以成仁也。」曾子曰：「臨大節而不可奪。」吾所謂守理而安焉者與。仁合衆德而成名，故德之成也，則名之曰仁人。求仁者必合衆德焉，故智也、禮也、義也，皆所以爲仁也。故曰：「仁之爲器重，其爲道遠，舉者莫能勝也，行者莫能致也。」又曰：「甚哉仁之難成也，俛焉日有孳孳，斃而後已。」

人說一

日月，吾身之耳目也。五行，吾身之氣血骨肉也。風雨、雲霧、雷霆、雪霜，吾身之吹噴噓呵、汗洟涕液也。稚、壯、老者，天地之一終一始也。疾病、康寧者，天地之一治一亂也。晝有爲、宵有夢者，天地之出明入幽，光照靈秘也。是故世之治也，三辰順，六氣和，岸谷高深，河嶽翕墮，人鬼之分判，地天之通絶，王道休明，而怪神寥闊。及其亂也，日月吉凶，星辰顯慝，灣麓交吞，陵原倒易，妖孽之變生，而顯道爲民惑。人之康也，則清華上浮，純美内盎，滋潤營流，官骸滌盪，神明舍於中宮，客影没於夢寐。及其病也，晻爾而晦，蕩然而荒，火升水降，精瞶魂盲，虛邪盛發，而聞見不祥。是故天地亂則人失其職，身病則心爽其常。吁！人者天地之主，心者形氣之君也，心無病則身病何由作，人無亂則天地之亂何由根。故病起於心，而亂興於人。善醫者按脉引理，以療其府藏，善治者揆時察變，以理其人倫。人治則兩儀自得，心平則百體皆春。故曰：「人者天地之心也。」又曰：「聖人以天地萬物爲一身。」是故古之聖者，致中導和，體信而達順。效斯術者，謂之虞、唐。鄒、魯以下，世傳其方。不明乎此，則不足以建人位而稱皇，負大道而佐王。

人説二

父母所生曰子，草木實亦曰子。説文者曰：「子者孳也。」動植有子，而生道不窮矣。故人之爲天地子也，天地之道所由不窮者也。禽獸之生於天地也與人同，然言繼天地者不存焉。譬之人則五穀也，禽獸則稊秕也，人則嘉果也，禽獸則酸辛也。夫人者，中和之氣寓焉，肖天地之本然，則其名天地子也宜矣。人而曠乎其爲人者，五穀而化稊秕者也，嘉果而變酸辛者也。故完之與天地相似，而失之者違禽獸不遠。聖賢者，全體所生，使之蓄其種者也。帝王者，全付所覆，使之廣其植者也。樹之神盡於實，天地之神盡於人，舍人而言天地之道者，譬猶棄實而譚枝華，必迷其名而誤其種矣。是故良農善圃，孜孜於美其實，欲其植之廣也，又欲其種之蓄也。聖人賢士，孜孜於善其身，善其類，欲貴天地之貴者於不毁也，又欲久天地之久者於無窮也。

鬼神説

或以夢寐言鬼神，余謂非喻也。鬼神與人，其心思與動作而已矣，寂記與經營而已矣。動作而經營者，必有事焉，事之興滅，物之生死也。于是而歸於心，休於寂，則鬼神之謂也。動作而經營者無心乎？心寄於事者也，神體乎物者也。寂記於心者無事乎？事息於心者也，物泯乎神者也。事已而在，物過而化乎？化者其迹也，存者其神也，迹則事已而亦不復在也，榮枯欣戚，尋之而不可復追也。豈獨生死之際，神人之分哉！事之滅而又興者，其釋氏迴環之説乎？滅而又興，非昔事也，其所以事者，同而已矣。如以迹，則昨之飲茹者，今可復蓄乎？適之語言者，後可復收乎？不以迹，則萬古同流者也，又何賴於迴環之説乎？是故天地山川，精氣之物也，鎮古而長存；人事代化，游魂之變也，興滅而不熄。物之精爲鬼，氣爲神；魂之動爲神，静爲鬼。魂乘於氣，魄藏於精，以是知人行於天，而鬼宅於地也。言聖賢上與天合者，謂其昭明與神化長流，非若凡物之泯默幽沉，卒爲滯魄而已矣。然則夢寐之景，又何居乎？曰：「夢寐之景，亦有興滅焉，而非其真也。」喻則鑒水之鑑物乎？鑑水之光明者，鬼神也，其所鑑之物，非鬼神也。然因鑑水之光明，而有所鑑之物，因鬼神之靈，而有變異之迹，因心思寂記之神，而有夢寐之事，此非鬼神之真也。是故變異之有徵，夢寐之有應。古有占焉，而不可與卜筮祭祀比。蓋此所感通者，鬼神之本體，不掩而常在，彼所形見者，鬼神之光景，或有而或無也。異氏專以夢寐言人鬼，則妄矣。

魂魄說一

魂之靈喻人，魄之靈喻鬼，故魂返而歸於魄，人返而歸於鬼。歸於魄則無迹矣，歸於鬼則無形矣，無形無迹，則其靈安在？曰：靜而常在者也。其有交相感通者何？曰：魂、魄、人、鬼，相依而不相離者也。交則孰爲主？曰：魂爲主而交於魄者，記憶是也，魄爲主而交於魂者，寐夢是也，人爲主而交於鬼者，祭祀感格是也，鬼爲主而交於人者，吉凶警告是也。然則孰爲正？曰：陽動而陰靜，陽感而陰應。故陽交於陰者正也，陰交於陽者變也。陽交於陰，其感通也昭明而不昧；陰交於陽，其感通也髣髴而無常。然則當其無感，而鬼之情狀何如？曰：如魄然，靜而常在而已。其有動皆感也，感皆人也。人交鬼固人之爲也，鬼交人亦人之爲也，故夢寐亦思爲之致爾。有賢聖之爲明神者若何？曰：是之謂鬼而神者也。天地曰神，故常伸，常伸者無窮。人死曰鬼，故有歸，有歸者不返。是故鬼也者，非以氣類求之，則寂而已矣。如其人之精神，上與天地合也，則鬼而神矣。鬼而神，則亦與天地常伸而不窮。人固有存記之事，與耳目心思，維繫凝結，而昭昭然長流以終身者，如聖賢之天壤俱敝也。

魂魄説二

或言：「人之死也，形氣既離，則散而無矣。鬼神之説，所謂神道設教者與？」曰：「子未知人，則且以物驗之。夫謂神形合而有知者，不謂如草木之體質與香氣也與？今夫枯槁之屬，雖爲灰爐，未有不如其本性，以藥於人者也。是其魄之靈不銷也。其香氣之所觸，或經時而薰染。是其魂之靈不滅也。魄不銷，魂不滅，則雖無生榮之勢，雨露之食，而亦避風濕之漂蝕，逐陰晴而燥潤。是其靈之離而未散，散而未嘗無者也。」或曰：「此爲餘氣之蹔然者爾，豈長在者哉？」曰：「既爲餘氣而蹔然，則爲精氣而可以常存，其致一也。故夫槁落之物也，護之則氣完，棄之則氣耗。其尤至精之物也，久之則彌馨，陳之則彌寶。聖人之制爲墓藏祭享也，爲使人勿棄也，其教人以順事於生也，爲使人可久也。」曰：「凡此所譬，即以體魄喻爾。吾聞古者，達人志士，外形骸，殘肢體者，則又何藉焉？」曰：「今有得良藥者，服而吞之，爲可以益氣；得異香者，聚而焚之，爲可以降神。夫人神之靈大矣，而是物者與之合體，豈不賢於敝簏之藏哉？且夫人之道，與天地同流，又未可以是區區論也。」作魂魄説。

後天圖補説

八卦以天道言之，一而已矣，配之於人，則有兩説，一在衆人者，一在聖賢者。在衆人者，陰陽之判，則形神之分也。故震者道心初動時也，至巽而人心始伏矣。離、坤、兑，形氣用事，道心著見者此時，人心顯行者亦此時也。人心既盛，故至乾而不能無戰。不能無戰者，天理之不可息也。至於形氣休歸，其日夜之所息，如滿水而暫澄，則爲坎勞艮止，而道心又將發矣。其在聖賢者，陰陽之性，則誠明之德也。故震者戒慎恐懼，以存其誠者也，巽者省察克治，以謹其幾者也。離、坤、兑，誠而明，明而無不順且和也。聖賢之誠不息，發於外者未嘗不繼於中，天德之剛純亦不已，戰而無不勝者也。至於坎勞艮止，則一真内凝，成終成始，而其道不窮矣。説卦以天道言，而聖人之道在其中。然苟不知其在衆人者，同具斯義，則聖賢之學，初不得其根据，而所謂巽齊乾戰者，亦不知其何所爲而然也。故復爲之説如此。

詩説

詩之説爲先儒所汨没，至朱子而始得其意，然其可疑者，猶非一而足。蓋先儒之説，謂雅、頌者，朝廷之詩也，宗廟之詩也，西周之詩也。國風自邶、鄘以下，列國之詩也，東周之詩也。二南，文王之詩。豳風，則周公之詩也。然如鄭、衛之武公，秦之襄公，如序者之説，固非盡東周矣。小雅之篇，所謂「周宗既滅，靡所底戾」；「赫赫宗周，褒姒滅之」。此亦豈西周之詞哉？惟豳風之爲周公可信，若頌則有「成王不敢康」。成王「不顯成康」者，既足以明其非盡周公之作，而魯頌則僖公詩也，亦不得謂東遷之後無頌也。且以事理揆之，風者，天子命太史陳詩而得者也。西周之盛，巡狩慶讓之典行，故風謡達焉。及其既東，則天子不巡狩，太師不采風也舊矣。今乃西京之采，樂府之藏，無一篇在者，而盡出於東遷之後乎？則其詩又孰采之而孰收之也？如謂夫子周游所得，則季札觀樂於魯，而其篇什既備矣。魯存六代禮樂，故自韶箾、夏濩以下皆具。曾謂昭代樂府列國之詩，太史之所掌者，盡皆亡軼，而反取東遷以後，不隸於樂府，莫之采而莫之收者，以與易象、春秋並藏，而與韶、夏濩、武、雅、頌迭奏，必不然矣。先儒惟局於東、西周之説，故於孟子所謂詩亡者，必曰雅亡也。蓋既以雅爲西，而風爲東，則王迹熄自既東，故曰雅亡也。近代長洲顧炎武，反其説曰：「詩亡者，直謂風亡云爾。」蓋西周之天子，詩陳於列國，察其風俗，知其政教，而賞罰行焉。此義明，則春秋不作可也。其篇什既亡軼，而無有存者，則賞罰之義不明，而春秋所以作。余謂先儒之説既偏，顧氏殆亦蔽於先儒之説，從而爲之辭，而並不可信。以愚論之，十五國之詩，必也東、西周具有焉，而後可通也。不獨風爾，大、小雅之詩，亦必東、西周具有焉，而後可通也。西周之詩巡狩述職，通於天下，禮樂征伐自天子出。故其巡狩也，風詩作而慶讓黜陟隨之；其述職也，雅詩作而慶讓黜陟亦隨之。凡今之風、雅云者，大抵此類也。其東周以後之風、雅，則亦列國之遺俗，時有傳篇，京周之故老，閔時思舊，各以其體附之者也。二南，蓋西周畿内之風，而不盡出於文王，頌亦西周列廟之樂，而非盡作於周公。如此，則風詩所謂淇澳、緇衣，雅詩所謂「周宗既滅，褒姒滅之」，二南所謂「王姬之車」，周頌所謂「不顯成康」云者，不亦釋然而皆可通已乎。孟子詩亡云者，蓋言風、雅俱亡也。東遷以後，巡狩述職不行，則風、雅俱亡矣。縱有所謂舊俗之歌謠，故老之咏慨，然皆變風、變雅之餘音，而無當於明時黜陟勸懲之義，則其謂之亡也固宜。春秋具列國之貞淫治亂，而施褒貶焉，則風之指也；明王事之禮樂征伐，而謹僭濫焉，則雅之指也。詩亡然後春秋作，意蓋如此也。然則其有王風何也？曰：二南，西周畿内之風也，王風，東周畿内之風也。以畿内之有東西，則知列國之亦兼東西也。王風列於邶、鄘、衛之後何也？曰：無他意也。衛爲殷都，故不夷於列國，如頌之以商繼周者耳，以服事殷，革命猶尊焉，文、武、周公之志也。曰：當時紂在北方，而文王之化，先行於南，故其詩曰南。如子之説，則南之義奚取焉？曰：謂文王之化行於南國者，蓋見詩有漢廣、江沱之章，是亦傅會之説云爾。北鄙之風殺伐，而南方之風和厚，故舜作五絃之琴以歌南風。然則二南云者，但取其風之和，而非以其地之限。詩曰：「以雅以南，以籥不僭。」雅，正也，南，和也。二雅、二南之名，其以此而起與。嗚呼！如前之説，則先儒之義不可沿者多矣。朱子之傳，少變序説，世之詬厲者，至今未熄。若如此而盡變之，其不以爲怪妄幾希。雖然，不直則道不見，而古人有蓄疑之戒，直其所疑，以俟夫世之君子，學者之事也。

周禮三德六德説

大司徒「以鄉三物教萬民，而賓興之。一曰六德，知、仁、聖、義、中、和；二曰六行，孝、友、睦、婣、任、恤；三曰六藝，禮、樂、射、御、書、數」。至師氏「以三德教國子，則一曰至德以爲道本，二曰敏德以爲行本，三曰孝德以知逆惡。教三行，則一曰孝行以親父母，二曰友行以尊賢良，三曰順行以事師長」。保氏則「養國子以道，而敎之六藝」。又大司樂「以樂德教國子，曰中、和、祗、庸、孝、友」。夫其名之若是其不同，何也？曰：此正成周之盛，育材造士之方，小大有品，而先後有倫，不可不察也。夫鄉三物之教者，鄉學也，所謂小學也。師氏、保氏之教國子者，國學也，所謂大學也。若夫大司樂掌成均之法，而合國之子弟，則正典樂教胄之司，皆所謂大學也。小學之教，則先行而後文，孔子謂「行有餘力，則以學文」是也。大學之教，則先知而後行，孔子所謂「博學於文，約之以禮」是也。然皆以身心性情爲之本，故又有養之於文行之先者，所謂德也。此則不以小大之學而有殊者也。鄉三物之教，先之以德，次之以行，次之以道藝，其序明矣。若師氏之教，大司樂之教，則不離乎三物，而有深於是者。其曰至德，即修其知、仁、聖、義、中、和之謂也，德修則有以進乎道藝矣，故曰以爲道本。其曰敏德，即勤於禮、樂、射、御、書、數之謂也，學明則有以措諸躬行矣，故曰以爲行本。其曰孝德，即篤於六行之謂，但自民間言之，則有婣、睦、任、恤之事，自國子言之，則以取友親師爲要。故彼六行，與此三行爲不同也。行篤則有以治人之悖亂矣，故曰以知逆惡。然則三德即三物之事也，以其皆欲得之於心，故皆貫之以德，以其欲修德明道而不徒爲匹夫之行也，故先道於行也。凡經言道者，即謂六藝，故每以德行、道藝並稱。而保氏教之藝者，即其養之道之實也。至於大司樂之六德，則正與師氏相表裏。蓋知、仁、聖、義，必以中、和爲極，故中、和即至德也。六藝之業，在敬而有常，故祇、庸即敏德也。六行、三行，皆以孝、友爲先，故孝、友即孝德也。由此言之，名雖有異，豈不同條而共貫哉？孔門之教，文、行、忠、信。文即六藝也，行即六行也，忠信即中和，而所謂至德者是也。異日又曰：「德之不修，學之不講，聞義不能徙，不善不能改，是吾憂也。」又曰：「君子不重則不威，學則不固。主忠信，毋友不如己者，過則勿憚改。」是皆以德爲道本，而以學爲行地。周公、孔子之道，其揆一而已矣。或曰：「聖之道大矣，列爲六德以教鄉民，何也？」曰：「六德而充其至，皆聖人之事也，不獨聖之一字然也。然愚嘗疑聖字乃禮字之誤，蓋不慮四德俱全，而獨闕一焉。且循貞元之序求之，亦當作禮字。四德俱備，而貫之以中和，中庸之藴也。」

國語伶州鳩上宮下宮説

按上宮、下宮之説。韋昭以夷則、無射，陽氣在地上，故謂之上宮；黄鐘、太簇，陽氣在地下，故謂之下宮；似矣而非也。上下恐即謂聲之高下，蓋黄鐘、太簇之聲濁而下，夷則、無射之聲清而高也。然辰在戌上，而用夷則之宮，亦無義理。布戎以厲六師，而用黄鐘和緩之聲；布憲施舍，而用無射清剽之律；尤無義理也。是時王方欲鑄無射之鐘，州鳩意在諫止，顧以爲周家優柔容民，實以是爲武成之終，無乃啓之與？愚謂夷則之上宮，黄鐘之下宫，皆無射也。太簇之下宫，無射之上宫，皆黄鐘也。蓋無射在夷則之後，黄鐘之前；黄鐘在太簇之前，無射之後。前者爲下，後者爲上，故舉其前後而有上宫、下宫之名。無射者，乾爲金氣，戰陣所宜，故畢陣布戎則用之。且當癸亥夜陳之時，辰正在戌，辰謂日所次地平之位也。無射之律，正與戌合，因而吹之，以達其氣。既用之畢陣，則遂以之而布戎也。黄鐘者，律之初而氣之始，故布令布憲，與民更新則用之。管極長，聲極和，而氣極厚，以是更始於民。姬周之曆所以長久，其以此夫？然不著本律之宫，而必以他律上下爲名者，蓋言本律自爲宫則可爾。周官「黄鐘爲宫」之類是也。若言本律之宫，則文勢不順。吕令黄鐘之宫，乃别作一器而爲之名也。今言某律之上宫，某律之下宫，借其旋相爲宫者以命位，猶之某之商、某之角之意也。言無射則先上而後下，黄鐘則先下而後上者，夷則本在無射之前，黄鐘實爲六律之首，故其立文之法如此也。或曰：「子之爲説，何證焉？」曰：「言夜陳，則是戌而非申，辰在戌而用律，則爲無射而非夷則明矣。此一證也。司馬遷曰：『武王伐紂，吹律聽聲，殺氣相并，而音尚宫。』夫十二律殺氣并者，惟無射耳，此其以無射爲宫無疑。又一證也。大司樂合祭之樂，分用十二律，獨無射闕焉，此與不用商聲同意。以此爲一戎衣之事，而示天下弗服也。又一證也。樂廢其聲，故器久而失，王鑄之以補其失，未非也，而當日廢而不用之旨，則未必知也。

州鳩述牧野之事，迄於施舍，此與夫子之答賓牟賈者，詳其武功文德之先後，以解商聲武舞之疑正同。此又一證也。蓋無射之聲，殺聲也，周人有大事於宗廟，當以無射者，則變而用南呂。若當布憲施舍之時，而用窮秋之殺聲，則何優柔容民之有哉？昔王朴之樂清高，故武功競而國曆促，藝祖下之，運祚以長。曾謂武王、周公之智，乃出藝祖下哉？獨矢於牧野，戎事方興，殺伐之聲，于是一用。偃武修文之後，則大祭之樂去焉。維時景王蓋亦留心於樂律者，而未明其本意，州鳩具以本末言之，蓋緩而不迫，辭命之體也。」

吕覽黄帝使泠綸作律説〔二〕

按黄鐘長九寸，寸以十分爲法。然史記云黄鐘八寸一者，寸以九分爲法也。既用八十一之數，則與宫聲之數合。故三分損一，而下生林鐘五十四之徵，又三分益一，而生太簇七十二之商，又三分損一，而生南吕四十八之羽，又三分益一，而生姑洗六十四之角，於是五聲窮矣。變而通之，以爲二變，於是又三分損一，而生應鐘四十二之變宫，又三分益一，而生蕤賓五十六之變徵，由是七聲備焉。此則黄鐘爲宫，一均之聲也。泠綸取竹爲管之初，先定黄鐘之管，其長八寸一分，乃以三分損益之法，而穴其旁，除全管宫聲之外，蓋自七寸二分之太簇，至四寸二分之應鐘，凡三寸九分之中，七律咸具，故曰黄鐘之宫也。間三寸九分而吹之者，更迭而吹，不出此三寸九分之内也。其全管則黄鐘，其餘則黄鐘之宫所含之少聲，故曰次爲含少也。此管既得，然後如其損益之法，制十二律以參驗之。其諸律爲黄鐘所生者，無以異於此管，則是此管得而十二律定矣，故曰黄鐘之宫，是爲律本者，此也。吕氏作月令，十二月應十二律之外，又有季夏中央土，律中黄鐘之宫。則黄鐘之宫，自爲一管，而非子律之黄鐘無疑。顧司馬遷律書既未之及，班固又删其數字，以爲律志，于是東漢以後，紛紛沿謬，而真謂有三寸九分之黄鐘也。獨朱子語類引梁武之律通三十絃者，以證吕氏中央之説，可謂深得其理。然三寸九分之云，則未及也，予乃記其臆見如此。

予舊爲此説，然素不解音律，未之敢信也。及見琴者綢絃之法，其隔絃以取聲者，按第一絃之律位，則餘絃之散聲應之。蓋一絃爲宫，二絃爲商，三絃爲角，四絃爲徵，五絃爲羽，六絃爲少宫，七絃爲少商者，散聲也。其每絃按徽所定損益相生之法，則律位也。今如按宫絃太簇之位，則商絃散聲應之，按宫絃姑洗之位，則角絃散聲應之，按宫絃林鐘之位，則徵絃散聲應之，按宫絃南吕之位，則羽絃散聲應之。諸絃散聲，譬猶諸律之全律也，第一絃各律位，譬猶黄鐘宫所含之少聲也，而其所按之聲，與全絃之散聲，無不相應者。然則黄鐘宫之七聲間而吹之，其與諸律諧叶者信矣。又記其説，以竢知音者。

修德説

人生所重，惟在修德。德者何也？吾性中自有，中庸所謂「性之德者」是也。其本則自天地而來，與天地不相似，則謂之悖德。易言天地有四德，曰元、亨、利、貞，然統之者元也。其在人，曰仁、禮、義、智，然統之者仁也。惟其統於元也，故曰「天地之大德曰生」，惟其統於仁也，故朱子曰：「仁者心之德。」然則人而不仁者，如德何哉？德以仁爲本，仁以孝爲本。凡人生來，有愛父母、兄弟之摯情者，此其終身立德之基也。然恐自幼而長，逐物變化，如孟子之所云，故聖賢教人不失其赤子之心，而益加以充養之道。誦詩讀書，欲其感發開明於此也；敏行慎言，欲其維持保任於此也。温恭朝夕之間，常自檢省。此藹然之意常流乎，此廓然之心常在乎。有乖厲，輙自消磨；有褊狹，輒自開拓。無論父母、兄弟之親，故舊朋友之愛，即自州里至於行路，常使矜憫含容之意多，憤疾較争之事少，如此則爲有德之人。然後禮以節之，義以成之，智以通之，庶幾乎可以進於德之盛矣。

氣水言浮物説

韓子言「言由於氣」，孟子則先「知言」於「養氣」，其説同與異與？曰：「孟子之知言也，知他人之言也，韓子之所謂言，則已之言也。已之言，故謂氣充而後言盛，他人之言，故謂理辨而後氣可充也。二子之意，各指所之，而可以觀其學焉。凡孟子之汲汲於知言者，將以集義養氣而治其心也。凡韓子之汲汲於養氣者，將以仁義詩書之積而達之言也。」

聖人定之以中正仁義而主静説

或問太極圖主静之説。曰：「謂仁義禮智，皆有動静。此一説也。謂仁禮爲動，義智爲静。此又一説也。即朱子亦自分此兩説，故其仁説既以仁義禮智爲性之具，惻隱、羞惡、辭遜、是非爲情之發矣，而圖解則以中與仁屬陽、屬動，正與義屬陰、屬静。此其二説之顯然差互者也。」然則二説竟不可合與？曰：「可。人心之與天地，同運而並行，仁義禮智之外，無所謂動静。亦如天之春夏秋冬之外，無所謂動静也。故其發也，而藹然周流者謂之仁，發之極也，而燦然有文者謂之禮。其斂也，而截然斷制者謂之義，斂之至也，而湛然虚明者謂之智。仁者由内而外，動之始而未離乎静。義者自外而内，静之始而未離乎動。此二者，陰陽之交也，孟子所謂『仁人心，義人路』是也。禮則動而見於外，智則静而藏於中。此二者，陰陽之純也，大傳所謂『智崇德，禮廣業』是也。聖人之心，一動一静，無非中正仁義之相爲體用。出此四者，又烏有所謂寂然不動時哉？雖然，蓋有之矣。思慮未起，事爲未交，即安得不謂之静？要之，此即湛然虚明之極，而智之德也，又豈有出乎四者之外哉？如以爲湛然虚明之頃，專屬乎智之分，而與静，而仁義禮智具焉之説相害也，抑以爲仁禮動而義智則静，而與動，而惻隱、羞惡、辭遜、是非行焉之説相害也，則又有説。蓋智之統四德也，以其爲静之極，而四德無不具也。仁之統四德也，以其爲動之端，而四德無不貫也。故湛然虚明之頃，以爲專屬乎智之分也可，以爲仁義禮智之性具焉也可，藹然周流之際，以爲專屬乎仁之分也可，以爲仁義禮智之用行焉也可。蓋智一静則無所不静矣，是四德之所歸也，仁一動則無所不動矣，是四德之所起也。由此觀之，二者之説，果相悖乎哉？」或曰：「人心介然而寂之頃甚微，即安得而以義並爲静也？」曰：「吾固言之矣，義者静之始而未離乎動，而智則静而藏於中者也。雖然，非有義之收斂，安得智之歸藏如此其固哉？義智之爲静也明矣。是故語動静之大分，則仁禮動也，義智静也。語其動静之交，介然甚微之頃，則仁智交際之間，乃萬化之機軸，四德之所成終而所成始也。於易曰『乾元』，曰『坤元』，是求端於動也，是孔子求仁之説也。乾曰『利貞』，坤亦曰『利貞』，是根本於静也，是周子主静之説也。」

主静説

仁義禮智之發，有就一事而四德具者，則所謂其發之也仁，其裁之也義，其行之也中，其處之也正也。有因事而發而四德行焉者，則仁爲惻隱，義爲羞惡，禮爲辭遜，智爲是非也。一事而四德具者，如五行行乎天之氣，生長收藏，相爲終始也。因事而發而四德形者，如五行具乎天地之質，温涼寒燠，各一其性也。二者之致殊矣，而其理不殊。故凡心之初發而藹然也，是惻隱者爲之也；發之於事而燦然也，是辭遜者爲之也；及其斂之而截然也，是羞惡者爲之也；斂之於密而湛然也，是是非者爲之也。若夫感於物而分應，則見入井者，惻隱而已矣，而可以驗其心之初發；見嘑蹴者，羞惡而已矣，而可以驗其心之始斂；賓主酬酢，而辭遜形焉，而可以驗其發之所施；見人善惡，而是非定焉，而可以驗其存之所主。此五行之氣，所以播乎四時，而四時之氣，所以寓乎五行也。朱子所謂静而仁義禮智之體具，動而仁義禮智之用行者，以因事而形者論之也。所謂仁禮爲動，義智爲静者，以一事而具者論之也。一事而具者，根乎心之德，所謂動静兩端，立天地之大義。因事而形者，存乎物之感，所謂遊氣紛擾，生萬物之散殊也。至於四德之統夫仁而根夫智者，則合二者而皆然。其一事之發斂，藏之爲智，顯之爲仁者，固不容説矣。若夫感物而動，動於惻隱，固仁也，動於羞惡，若辭遜，若是非，無適非仁也。此其統夫仁者也。是非之極定於内者，則能應於愛惡辭受而不差。此其根於智者也。故明道以上蔡玩物羞惡之心爲惻隱，伊川以譚虎色變恐懼之心爲真知，蓋此意也。聖人之心，湛然虚明，其爲大智也，固不期静而自静矣。衆人之心，未能然也。居敬窮理，以至于無欲而虚，虚而明通，則亦庶幾乎山下出泉，而聖可學矣。

【校勘記】

〔一〕按吕氏春秋，「泠綸」當作「伶倫」，下文同。

説二

隱逸富貴君子説

花之表異於天地間，曰香曰色。菊之爲物，其色淡，其香遠，隱逸之風也。牡丹之爲物，其色豔，其香馥，富貴之容也。蓮也者，其色潔，其香清，有君子之德。特立而不孤，叢居而不狎，有君子之行。出於深澤，糞壤不近，君子之志也。結藕成房，根華兩實，君子之功也。品既如此，厥遇亦然。菊之生也，百卉痱，萬木枯。故詩人以興亂離，大易繫其剥廬。乃能對元亮霜下之酌，飽屈子日夕之蔬。豈非所謂時之窮而節之顯，道之肥而身之癯者耶？牡丹之生也，春物盛，景風至。前有桃李之蹊，後有芍藥之戲。足以恣傾國之遨遊，極樂園之靡麗。斯又所謂得志於時，而光耀於世者也。惟蓮之生也，方春而不華，正陽而始露。序必歲中，令必坤土。律應於宫，數會於五。蓮於是時，其花始吐。

君子哉，邦有道則仕，邦無道則可卷而懷也。』斯亦善於名言，可以繼愛蓮之志。息盛衰，不失其時者乎？温陵蔡介夫曰：『菊，隱者爲高也。牡丹，仕者爲通也。蓮則淵潛泥蟠，無所尋窺其逕與畦。如蒹葭白露之伊人，上下求之，而路阻且隮。斯又非消及乎秋風颯颯，涼氣淒淒。蘭桂方競而未歇，而蓮獨翩其反而。銷沉摧折，委翳離披。

五帝之世如夏説

四時之序，往而必復者也，一治一亂之數，亦無往而不復。是故每數百年而盛衰之變異，亦如一歲之間，氣候慘舒，草木梏菀之異其變焉爾。若夫皇帝王霸之道，則有往而不復之勢。霸之末流，極於秦氏，未聞皇帝之復興也。故王仲淹曰：「後之帝者，非昔之帝也。」其雜霸王之道而取帝名乎？如是則運窮於霸，冬不復春，而康節之説不行。曰數百年而盛衰者，小四時之運也，皇帝王霸者大四時之運也。康節之意，以爲開闢以來，道有升降，而皇帝王霸分焉。天將以極道德功力之變，而啓易、書、詩、春秋之學也。易、書、詩、春秋之學既興，道德功力之變既定，則天理具矣，人事周矣，聖人之經世道法備矣。由是則行皇道而皇，行帝道而帝，行王道而王，行霸道而霸。運之汙隆迭乘也，而致道有純疵，人之賢不賢迭生也，而取數有多寡，要不能出乎四者，以爲盛衰治亂之標，而春夏秋冬之序，乃相衍於無窮。二者之説，不相悖矣。然則帝道其可復乎？曰奚爲而不可！自漢而後，不專霸也，蓋有近王道者矣。自是而純王，自是而帝，自是而皇，其孰能禦之？漢文帝之清静無爲，其有皇之心乎？仁厚恭儉，其有帝之意乎？唐太宗之納言致治，其有王之思乎？惜乎其致道也雜，而取數者淺也。後有作者，承百代之敝，當窮變之勢，卓然而更始，復古以乘天命，則堯、舜之道，甚易簡而可行。此敘書起唐、虞之志也。

敬義説

自古聖賢相傳心法之要，大率不外乎兩端。虞書「欽明」，欽其體也，明其用也。「安汝止」，體之静而正。「惟幾惟康」，用之動而宜也。禹作洪範九疇，其要在「敬用五事」。蓋自一身貌言視聽之則，以至萬物萬事之理，無非事者，然必以敬爲體，而後五事之用，可以各盡其職。湯、武因之，是以有以義制事，以禮制心之誥，有敬勝怠，義勝欲之書。太甲、成王反乎此而自訟，故曰「欲敗度」，無義也，「縱敗禮」，無敬也。「維予小子，不聰敬止」，亦此意也。以及中宗之「嚴恭寅畏，天命自度」，高宗之「恭默思道」，皆是堯、舜、禹相傳心法。夫子特著其旨於易，曰：「敬以直内，義以方外，敬義立而德不孤。」不孤云者，體用兼流，其德不偏也。曾子之學，獨得其宗，其述大學，主於誠意，以明明德於天下。爲善、去惡、謹獨之説，雖若專以義言者，然非敬則不能謹，非有本體之誠，則亦不能隨事而致其誠矣。蓋自養之小學，已教以恭謹之道，既入大學，復進以窮究之功，庶幾心存理明，則遂使之謹獨以誠其身。蓋包乎敬與知而並進，非截然而有彼此先後之殊也。子思之作中庸，自戒謹恐懼以致其中，自誠明而尊德性，以至大德敦化，而同乎至誠之歸，皆由敬而造之之事也。自謹獨以致其和，自明誠而道問學，以至小德川流，而極乎聖人之盛，皆由義而充之之功也。孟子七篇，多示人體驗擴充之要，然非其心惕然而存，則不能察仁義之端而充廣之，必矣。故其所謂操存得養，求放心，立大體，存心養性云者。以爲專以持敬言，固不是；以爲有義無敬，有察識擴充，而無操持涵養，亦非也。就其對舉言之者：則存其心，以操持其心言也；養其性，以充長其仁義言也；亦敬義之説也。周子通書，首言存誠敬之事也，下言謹幾慎動，義之事也。故後又合而言之曰：「君子乾乾不息於誠，然必懲忿窒慾、遷善改過而後至。」程子謂：「涵養須用敬，進學則在致知。」又曰：「敬則天理明。」又曰：「未有致知而不在敬者。」又曰：「佛氏敬以直内則有之，義以方外則無也。」既無義，則其直内豈有是處？其論孟子之養氣也，以爲必先有事於敬，然非集義，則亦無事。皆此意也。朱子之言，尤極剖晰。蓋曰：「致知不以敬，則昏昧紛擾，而無以察理義之歸。力行不以敬，則頹墜放肆，而無以踐理義之實。」則敬與知行，渾然合一，相須並進，亦可見矣。今人以爲敬自敬，知行自知行，而不知其相爲表裏，而未始相離也。其以中庸戒懼慎獨兩節，俱言持敬而未及知行者，此固拘牽文義不通之説。其或知省察之兼乎克治矣，亦未敢訟言謹獨之即爲行，又復不知其中即有窮理之功也。且以首節屬之静，次節屬之動，静則用敬，動則用謹。自古聖賢相傳夾持心法，皆支離割裂而不可尋矣。原夫道不可須臾離之意，則敬蓋爲義而存，不然則是異學之操其心，不足尚也。故不特念慮之起，事物之交，義于是乎在，而必敬以察之由之，當乎萬感不至，百慮未萌，而此心昭然，坐立必端，舉止必謹，固即敬與知行夾持之效，而爲應用之根。歷考朱子平日用功之要，及其章句、或問之言，微指精義，可以推見。惟其講貫詳密，而聽問之下，鮮能好學深思，以意逆志者。故語類所記，時多出入，使覽者莫知一是之歸，而各以意爲説。章句「既常戒懼，而於此尤加謹焉」兩語，驟觀之似略分晰，然其意則以爲既常存其心矣，而凡善惡之幾，尤必省之治之，以致其謹。正如周子所謂「不息於誠，又必懲忿窒慾、遷善改過而後至」者。得其意而讀之，其説固無弊也。或問之言，讀之亦如章句之指，無不可通。惟大學謹獨，章句以意爲心之所發，學者不能無偏於動之疑。殊不知誠身工夫，日用之間，一動一静，無有欠闕，非專就發處言也。蓋方其寂然未感之先，而惺然之念自在，當此之時，動容整貌，而不使有惰慢邪僻之干，亦即所謂謹其獨而誠其意者。若必待其念之有所著於事而後謹之，則工夫有所脱漏，而誠之本反失矣。蓋意者心之用而主於心，貫乎動静而常存，非必其應事酬物，義利鬬進之時，而後有也。觀章句「言欲自修者知爲善以去其惡，則當實用其力，而禁止其自欺」，則直以知爲善去惡之念當意字矣，固不專就發處言也。其以心之所發爲訓者，蓋即所謂心之用而主於心者耳。以是而推中庸兩節，知其皆包動静以立言。蓋自睹聞以至於不睹聞無不敬，自隱微以至於顯見無不謹也。或曰：「子以敬義分屬中和，且以後章誠明、尊德性、道問學言之矣。今言一動一静，敬義合一而不可分，則中和者，未發、已發，子思子固分之矣。」曰：敬以直内而主心，敬非中，敬而無失，所以中也。義以方外而主事，義非和，精義流行，所以和也。且静之中非無義，而主於心言，則以敬爲體，故可屬乎致中也。動之時非無敬，而主於事言，則以義爲用，故可屬乎致和也。誠明與尊德性、道問學之説，亦如是而已矣。蓋凡聖賢之言兩端者，如誠明、敬義、知行之屬，若陰陽在天地間，雖一息未嘗相無，而亦各有迭王之候。默而識之，無以執一而廢百焉，則其若相反者，正其所以相爲發明，而又何悖乎？

松柏後彫説

松柏非不彫也，後彫耳。舊葉未黄而新葉青，人不覺其彫也。故在詩曰：「如松柏之茂，無不爾或承。」新舊承繼，則雖謂松柏不彫可已。君子之於世也，遭治亂，居顯晦，歷乎逆順安危之位，身之困者彫也，道之否者彫也。雖然，其隨而生者未嘗息，蓋絶于此而萌于彼，塞于今而通于後也。易曰：「枯楊生稊，老夫得其女妻。」大過之時，澤不潤木，于是乎枯矣，而其下自生稊，則芽枿條肆之昌也，不猶老夫之能衍嗣續於無窮乎？夫往而必復者，天之命，彫而必生者，物之性。松柏之爲萬物貴者，與物俱生，不與物俱彫者有以待夫生者。此其性之異，而獨足以觀夫命之無端也。詩曰：「子寧不嗣音。」有音之可嗣者，其後彫之人也夫。又曰：「尚有典型。」有典型之可繼者，其後彫之人也夫。

同類説

物有相似者，則類相同。故日應天，月應地，晝從暑，而夜從寒。馬似龍也，故均爲乾之象，蠶似馬也，故同爲星之精。鳥羽如葉，故依樹；獸毛如草，故伏莽；魚鱗如波，故川泳；蠃蚌黿蠏之介如石，故穴藏；蒨如血，故滋血；豆如腎，故益腎。霜降而鐘鳴者，金氣至也；月上而潮來者，水氣升也。木火相生，故燧取火而於日；金水相涵，故鑑取水而於月。男爲尸者，以陽求陽也。女爲巫者，以陰求陰也。以氣求魂，故用香薌；以味求魄，故用鬯臭。由此言之，雖上下四方之大，古今去來之遠，類不變，則其所以相感者不變，可以理推也已。孟子曰：「聖人與我同類者。」又曰：「服堯之服，誦堯之言，是堯而已矣。」夫人之爲人者貌耳，服其服，誦其言，事之淺者耳，而以爲聖人者堯者，惟其相似故同類，同類故感通。雖天地大矣，而求其與人相似者而似之，則天且不違也，況於其受血氣而生者乎？如詩曰：「螟蛉有子，蜾蠃負之，教誨爾子，式穀似之。」而揚子釋之曰：「祝之曰類我類我，久則肖之矣。速哉！七十子之肖仲尼也。雖然，仲尼不易肖也。」七十子比於衆人則肖，顏、閔之徒，比於七十子則又肖。故曰：「子夏、子游、子張，皆有聖人之一體，冉牛、閔子、顏淵，則具體而微。」夫或肖其全體而微，或止肖其一體，則等而下之，有髣髴其影響，近似而不可得者矣，如之何勿思哉？

觀梅說

百花之格尤高者，曰蘭、曰桂、曰蓮、曰菊，及梅而五。雖然，語其開之令，則梅最先，語其實之成，則梅最夥。且五者之香皆異，梅則異而尤異者乎？南嶺之梅，恒以冬月開，不俟春至，故謂梅爲寒花而爭霜雪者有矣。夫陽以至日復，而萬物莫之知也，梅則其知之者爾。傑然于霜雪之中，殆非氣之强，而神之靈也。孔子曰：「歲寒，然後知松柏之後彫也。」等彫也，何取於後？蓋謂新舊之葉相繼，而不覺其彫，所謂「無不爾或承」者是也。世之極亂，禮、樂、詩、書，掃地而盡，雖有起者，而終不足徵也。故守先王之道，以待來者，斯後彫之節，相繼之義與？詩曰：「風雨如晦，鷄鳴不已。」言守之堅也。「縱我不往，子寧不嗣音。」言待之切也。又曰：「雖無老成人，尚有典刑。」則其守也長，而待也遠矣。夫松柏非能自爲時也，亦陽之無終絶，而松柏知之爾。故吾於梅亦云。

詩八病説

周顒、沈約等言詩，有八病之説，解者多不能通。今以意解之曰：平頭者，謂首字同韻也，如唱句首字是「東」韻，則對句首字不當復用東韻也。上尾者，謂末字同韻也，除韻脚首兩句相叶外，餘聯則末字當避。蜂腰者，謂五字中四平夾一仄，或四仄夾一平也。鶴膝者，謂下三字累三平，或叠三仄也。大韻者，謂犯韻脚字也，如既以其字爲韻脚，則句中不可復用此字。小韻者，謂犯句中字也，如前句用此字，則後句不可復用。旁紐者，謂四聲相犯也，如以「東」爲韻，則句中不可疊用「董」、「送」等韻字。正紐者，謂本聲相犯也，如以「東」爲韻，句中復用「東」韻字者是也。周、沈雖無明說，以今律體推之，當如此。然休文有言，惟上尾、鶴膝最忌。古律詩亦唯避此二病最嚴，餘則出入者有矣。

解

春秋謹嚴解

韓子云：「春秋謹嚴，深與孟子懼亂賊、莊周辨名分之旨合。」然他日詩云：「春秋書王法，不誅其人身。」無乃謂聖人猶有所含隱，如答張籍書所謂深其文辭以避咎者，而與謹嚴之意異與？曰：答籍之書，有爲言之也，若夫書王法而不誅其人身，則正所以爲謹嚴之至也。且如弑君之賊，州吁、華督以下，莫不大書而斥言之，宗國有諱禮，然而不地不葬之類，義例亦已明矣。羽父、共仲之絶，罪人亦既得矣，不斥言之者，稱國弑、稱人弑。説者因謂罪累上，而聖人之有恕辭。嗚呼！是可恕也，孰不可恕也。蓋春秋之爲信史也，從乎告訃而伸大義焉，彼亂臣賊子之戕其君父，肯顯然聞於諸侯哉？弑不可掩也，必將有所詭其辭、諉其罪者矣。幸而國有南史、董狐之直則已，非然，未有不以微賤愚豎當之者也。孔子於此，將求其實與，非從訃之體也，將從其訃與，其爲失賊大矣。今州縣之中，有殺人者，而適爲貴族桀大，其力足自解脱，因而委罪於微賤愚豎，官吏甘爲之掩覆者多矣。將得其大憝則無徵，直以微賤愚豎充之則廢法，於是立疑案曰，某州某縣有殺人者，庶幾大憝有時得，而王法未嘗廢。稱國弑、稱人弑，春秋之疑案也，疏而不漏之義也。故書王法而不誅其人身，乃所以爲謹嚴之至。

辨

春王正月辨

春秋夏、周正之事，自朱子不能決。雖然，此四字者不明，則全經不可得而讀也。釋而不思，置而不講，可乎哉？蓋程子之説曰：「建子非春也，假天時以立義耳。」意謂三代不改時而改正，周之正月，冬也，而孔子系之春，以寓行夏之志云爾。胡文定祖其説，而又引商、秦之書，以謂月亦不改。此則朱子疑而辨之矣。愚切思之，則朱子所謂並行者是也，不獨十二月數，爲周、夏並行，蓋四時之序，亦周、夏並行也。行周者，以改正朔示革命，故書時事、頒列國則用之。行夏者，以殷天時，存古制，故作禮樂、垂憲章則用之。豳風一詩，有一日、二日矣，是周正也，有七月、九月矣，又夏正也。小雅之詩，「四月維夏」、「六月徂暑」，是夏正也。孟子之書，「十一月成杠」、「十二月成梁」，又周正也。此其月數並行之徵也。周官「冬日至圜丘」，「夏日至方丘」，是夏時也。泰誓「十三年春，大會盟津」，又周時也。此其時序並行之徵也。金縢「秋大熟，未穫」，説者以謂是夏之秋。然熟於酉戌者，獨今南方稻田然耳，若北地之黍稷，則大熟未穫，正在未申之月，又何嫌其爲周之秋乎？由此觀之，則與大會盟津者，又一證也。蓋泰誓、金縢所謂書時事者也。孔子春秋所書，所謂頒列國者也。用周制焉，所以示革命而一正朔也。周官祭祀，所謂作禮樂者也。豳風農桑，所謂垂憲章者也。兼夏制焉，所以存古法而殷天時也。呂氏月令，固非經比，然所述者多周典也，此又周人之禮樂憲章，不改乎夏之一證也。孔子作春秋，以尊王而大一統，故不獨月數不敢改乎周，時序亦不敢改乎周也。蓋自周先王之頒列國者則然，而孔子從而因之。若曰周不以建子爲春，而孔子春之，以寓吾行夏之志，則不獨與尊王之意、從周之語相悖，且以建子爲春，是變夏時自夫子始也，又何志之寓乎？然則孔子之書此也，遂無意乎哉？曰：有之。夫月，王之月也，則時亦王之時也。今於月而系以王，明乎王朔可得而改也，於時而不系以王，明乎天時不可得而移也。王朔可得而改，則從周之義可見，天時不可得而移，則行夏之志又可知。以王正正天下，此一經之名分所以定也，以天道正王道，此一經之大義所以起也。故孔子之言曰：「殷因於夏，周因於殷，及其所損益可知也。其或繼周者，雖百世可知也。」子思之贊孔子，曰「吾從周」，曰「憲章文、武」，又曰「祖述堯、舜」，「考諸三王而不謬」。周子亦曰：「春秋正王道，明大法也。孔子爲後世王者而修也。」然其志雖寓，而事則不可亂其實；其義雖明，而詞則不可失其體；其道雖爲天下萬世之所折中，而其分則爲昭代臣子之所遵守。故通此四字，而全經始可得而讀矣。

尚書古今文辨

古今文之辨多矣，雖朱子亦疑之，曰：「伏生背文暗誦，不應偏得其難，而孔氏校對於錯亂磨滅之餘，不應反得其易。」故吴幼清奮然斷之曰：「四代之書，分爲二手，是不可信也。」近年學者，則毁詬尤甚焉，其語殆不足述。余曰：果哉，後學之疑古也。世有辨古字古器者，不論其法之精、工之良，而必曰其紙墨非也，其款識非也，何以異於是哉？漢之儒者，如董仲舒、劉向，醇矣博矣，然而人心、道心之旨，太甲、説命、旅獒、周官之篇，二子豈能至之，而况魏、晉以下，六朝之間乎？若夫朱子之疑，則愚嘗竊思之。人之於書也，其鈎棘聱牙者，則誦數必多，誦數多者，其著心必堅牢而永久。安知伏生之偏得其難者之非因難而得乎哉？至於孔壁之反易，則有由也。蓋其甚難者，孔氏既以不可悉知而還之書府矣，則其傳者皆可知者也。此其所以易也。又伏生之書，其女口授有訛音，而鼂錯不敢改。其書既行於漢代四百年，則益莫之敢改也。故難者愈難。孔壁之書，自其校出之時，間或增減以通文意者有之，而其書又藏久而後顯，安必傳者之無潤色於其間哉？故易者愈易。然則古文云者，疑其有增減潤色，而不盡四代之完文，理或有之矣，謂其純爲僞書者，末學之膚淺，小人而無忌憚者也。

方正學釋統辨

甚哉！方氏之固也。其言曰：「三代，正统也，漢、唐與宋，正统之次也。取之不以正，如晉、宋、齊、梁，不可以爲统。戕虐乎生民，如秦如隋，不可以爲统。外國、女后，不可以爲统。」其不以爲统奈何？蓋將不處以天子之禮，而國號、紀年、稱名、行事，皆異其辭焉耳。然則可行乎？曰：不可。蓋聖人之爲道也，通而不窮，故一可以順天命，一可以立人紀。彼其一四海，爲天下君，或傳世數百年而未改，而吾不謂之正统，其將能乎？且夫正也者，非必其得之之正，而後謂之正，蓋異於割壤畫地而偏焉。而方氏以爲正變之義，宜其惑也。然則统之説何据？曰：一四海，爲天下君，傳世數百或數十年，是之謂統也已。莫與爭統，是之謂正也已。有統之始，如漢高元年，項氏猶未滅，而與之統，是自其後而與之也。有統之餘，如蜀漢區區在吴、魏之際，而與之統，是從其初而與之也。非此族也，正統不存焉。此朱氏之所定，雖聖人有作，不能易也。曰：「新莽、周武一天下矣，何以不與之統也？」曰：莽篡而漢誅之，周僭而唐討焉，則二代之賊也，宜乎不與。不與者，有正其爲賊者也。其幸而免及於子孫，或起而誅之而非當代，而彼已儼然爲天下君，則吾亦不得而正其爲賊也。然則大義其廢與？曰：不廢。彼其賊之實固在焉，因而存之，罪將不没。且夫偷一時之利者，固將不恤萬世之名也。如以名，則彼知夫雖天子而罪迹且不泯，固所以懼篡竊者之道也，奚必奪之乎？且方氏之説曰：「正統者，子孫雖愚不肖，必貴之，尊以正統之禮。非正統者，子孫雖賢智，而不足掩其惡。」信斯言也，其祖宗篡竊而有天下，子孫知其雖賢智無益也，而不以君道自律，而以天下恣睢，其可乎？又曰：「非正統者，用兵不曰討，刑人不曰誅，天下兵起不曰反。」信斯言也，天下奉之以爲君，而不得正其誅討之禮；羣起而叛之，而不正其君臣之分；或傳世數百，而上下之誼蔑如：可乎不可乎？方氏之意，始于欲正君臣，辨中外，澤惠生民，而不知説之弊，禍之烈。惟聖人爲無弊，是故或去其名，或存其實，惡惡止於其身，遷善廣於其路。中國而夷禮則夷之，夷而進於中國則中國之，抑揚予奪而人心服，後世安之。吾故曰一以順天命，一以立人紀，是其利民也至大，而慮世也至深。

陳生説周禮辨

陳生之言井田也異哉，未暇與之廣徵而極辨也。但其曰高原之田，無有溝洫，則非矣。彼徒見黍稷之異秔稻，而謂無以水利爲也。夫溝洫者，非獨備旱爾，亦以泄淫潦而限疆界也。且田間必有塗徑，其旁必有溝洫，然後可以避沮洳，利蹄輪。又況黍稷非能捨水者也，何惡乎井田之有溝洫？而以意決之，曰遂人、匠人，必有一誤也。謂孟子之國中爲王城，律以周禮邦中之云，則亦不類；謂下濕之地，田不可井，然八夫同井，既不可矣，十夫同溝，則亦烏乎其可哉？苟謂十夫、百夫、千夫、萬夫云者，橫斜列之，而非以方置之，則下濕之地，斥鹵廣莫，未必不可方也。是先儒所謂避城邑道路、市肆氓居者，猶有理，而陳生專以濕地言之，益非也。其末連及兵制，又似以鄰里閭黨與井邑邱甸分中外者。不思五家爲鄰，與十夫同溝，法正同也，蓋倍五則十也。兵有中外，又何訾於田制？以此攻先儒之説，非柳子所謂「諄諄佐予言而曰不逮」者歟？則又文之曰：「鄰里、鄉黨之民，即井邑、邱甸之民也，在田與在鄉之異也。」夫既以八聯之，而又以十聯之，一以爲井邑、邱甸，又以爲酇鄙、縣遂，古人之法，比之王莽、荆舒倍爲雜亂矣。徒見陳生之自爲牴牾，而卒不能通其意也。

朱陸折疑

有宋中葉，運膺五百之期，天顯聚奎之象，其所以紹絶學，理遺經，使聖人之道復明於斯世者，豈偶然哉！周、邵、程、張，皆以先覺之資，任道統之重，又幸而相師相友，講明其所未至。其淵源所漸，所以深造，直達於聖人之藴者，必有非後人之所能窺者矣。虞廷羣后、鄒嶧諸哲以來，於斯爲盛。是以千餘年之蕪翳堙塞，啓之闢之，攘之剔之，聖人之道，灼乎其可見，坦乎其可循。嗚呼！其功可謂偉哉。南狩以後，而朱子出焉，祖孔、孟，宗周、程，正六經，黜百氏，躪中庸之堂而入其室，雖聖人有作，不能易也。而在當時，與象山陸氏，其學終不能以相一。後世隨聲之徒，入者附之，出者汙之，始也安於性之所近，繼遂執爲門户之見而不可回。嗚呼！彼固不知朱子，然亦何足以知陸氏哉？夫陸氏之論躬行，必先於明理，其言窮理，必深思力索，以造於昭然而不可昧，確然而不可移。此固與朱子知行之學同歸。而其心悟身安，言論親切，雖朱子亦且感動震矜而爲之左次。然則朱、陸之道，豈如一南一北之背而馳哉？其始終大致之所以不合者，陸氏之反約也速，收功也近，其教人之法，則徑而多疏。朱子之用力也漸，衛道也嚴，其教人之法，則周而無弊也。夫破末俗之陋，傳聖賢之心，洗訓詁之訛，發精微之意，若是者，固二子之所同心。然惟其訛且陋也，則必有以矯而正之，爬梳剔抉，究其枝葉，以達於本根，使夫精微之意，聖賢之心，學者有所望而至焉。豈可謂是無益之業，而不復措意於其間乎？孔子聖人也，問禮于老聃，問業于萇弘，問官于郯子，假年學易，至於韋編三絶而不能休，歎夏、商之文獻不足，足則吾將往而證焉。仲尼亦胡爲是孳孳而事此無益之業哉？所謂文、武之道，未墜於地，而天之未喪斯文者，蓋在乎此也。經莫大於易，易莫大於先天。先天之學，不傳久矣，自堯夫發之，而陸氏以爲非作易之意。無極之妙，主靜之宗，自濂溪啓之，而陸氏以爲是老子之旨。性之所以善，心之所以仁，主敬之要，知行之方，自程氏兄弟明之，而陸氏以爲與孔、孟之言不相似。凡如此類，皆可以見其講學之疏，而其議論舉措之間，猶未免于精神用事，而氣不可掩。不如朱子之粹然平中，有以極其規矩準繩於無憾也。揆厥所由，陸氏蓋見世之支離沉溺，而不能以自振，故刊落擺脱，直接乎孟氏之傳。然愚竊觀夫孟子之時，發明人心而無述作者，去聖未遠，羣經大備，故第啓管鑰，示關津，以爲當世人心對病之藥而已。自漢以來，道喪文弊，禮、樂、詩、書，掃地而盡，異端邪説，諸子百家，紛紛藉藉相亂。學者顛倒眩瞀於其中，何由而見聖人之宗乎？濂、洛諸子，扶持整頓者未幾，或疑或信，若明若昧，又緜延而將絶。是故朱子之矻矻著述以終其身，殆有所不得已也。昔周之衰，王道廢而舊章亂，邪説繁而大義乖，于是仲尼討論墳、典，述帝王之道，正雅、頌之篇，除九邱，黜八索，修明禮、樂之遺文，使萬世道術有所統一。朱子之心，孔子之心也。若以六經爲注脚，章句爲俗學，豈獨足以病朱子，又上以爲孔子病矣。由此言之，陸氏之學，得無極高明而失之過，反説約而弊則疏者乎？是故陸氏之學，吾儒之學也，其閑道也猶謹，其擇言也猶精。非若明之中世，儒、墨、老、莊，混爲一途，始也帥其意，後也言其言，靡然遂入于二氏而不可反者也。雖然，追原其弊，則謂非陸氏爲之端不可。蓋朱子之言曰：「今之以學自立者，門户衰塌，唯陸子静精神啓發，其流禍未艾也。」嗚呼！賢者之爲慮，豈不遠哉？竊觀自朱子而後，幾四百年之間，守其學者，崇正經，敦實履，循循乎其不畔。逮乎中明，士大夫自以其意爲學，于是乎章句不足守，文字不足求，甚而典訓不足用，義理不足窮。經術文字，議論行檢，胥爲之一變，而風聲大壞矣。傳曰：「差之毫釐，謬以千里。」又曰：「不知其形視其影。」生今之世，有欲爲聖人之學者與，吾願謹而擇之；其有世教之責者與，吾願審而思之。

對

裕親王問無極太極對

康熙壬午年五月端陽後，裕親王銜命有事於恒山古郡，職光地敬率屬寮，迎謁道左。既而拜覲於次，王既幸進而寵接之，又弘錫之以教言。自當官立身之道，引而彌深，遂及性命之要。其説微妙高迥，蓋有近代諸儒所未闡者焉。職敬聽之下，初則茫然以迷，既有所動于中，乃惕然以感，終然後竊自敬歎。知草茅迂滯之學，鄙悋叢積，至老其身，而不自悟也。敬惟王所謂無極太極之説，精矣至矣，非職之所能窺矣。職所反之於身，參以歷古賢哲之論，而有省焉者。蓋王之言曰：「有心爲善，雖善亦私。我心而不求吉者，還有凶乎？」職思爲善一也，而以爲有心焉者，是張栻所謂有所爲而爲者也。有所爲而爲，安得不謂之私心？以私心爲善，是圖度以求吉者也。命不可以倖徼，福不可以回求，故有求吉而得凶者矣，有雖吉而亦謂之凶者矣。逐名而干人之忌，趨利而冒世之爭，既忌且爭，禍害將至，非求吉而得凶者乎？幸而蒙尊榮以没齒，席寵厚以終身，然身之榮，名之辱，生之厚，行之薄，非雖吉而亦謂之凶者乎？惟聖賢則無所爲而爲善。無爲爲善者，性也。性之體寂然不動，有意於爲者，人心之動也。人心動必有對，故有善則有惡，有吉則有凶。五性感動而善惡分，故吉凶悔吝生矣。惟反之於不動，以至於雖動亦靜焉，則其善也，無聲無臭，純粹至善者也，其吉也，自天祐之，吉无不利者也。王所謂一念不生，一心不動，先天之易，無極之妙。職之蠡測，誠未知有合與否，而就其所見，則所警於愚陋良多。此所謂如飲於河，各充其量者也。職曩者承乏侍從，每蒙皇上開示理數之學，今又從王啓以無極先天之秘。在古賢人，猶歎性與天道不可得而聞也，職何幸而生皇上之世，治媲於堯、舜，道極乎羲、軒，而見而知之有如王者，又贊道德之光華而茂明之。然領不傳之奧，而無以揚微指；仰撝謙之美，而無以副德音；所遇之幸，不足以掩所學之愧；則職不勝惶懼。

榕村全集卷十八

雜著一

關雎

關雎之詩，爲三百篇之首，其義不可以不求也。古説所謂后妃之德者，固已得之，但辭有未達耳。如以窈窕淑女者即爲后妃，而輾轉反側之憂，乃爲他人願望之詞，則所謂性情之正者，亦在他人，不在后妃矣。朱子病舊説之偏於一德，故謂不如以幽閒貞靜者，形容其統體，則見后妃之德難名，真可以配至尊而爲宗廟主也。然愚嘗以孔子之言思之，「樂而不淫，哀而不傷」，爲作詩者言也。若作詩者宫中之人耳，雖有願望之心，亦何至於寤寐反側？而「琴瑟友之」、「鐘鼓樂之」之辭，亦豈宫人所以施於尊者哉？蓋古者朝有外職，宫有内職。妃嬪婦御之數，與公卿大夫士等，所以修陰教而隆治本也。公卿大夫士不得其人，則外職曠矣，妃嬪婦御不得其人，則内職闕矣。是故賢聖之君，側席求賢，至于積精思，形夢寐，世之所以盛也。求焉而意不切，用焉而誠不至，世之所以衰也。文王之興，其后妃有聖德，故其思淑女也，無異君子之思賢臣焉。不敢曰爲己助也，曰君子之逑而已，不敢曰爲己下也，曰琴瑟友之而已。寤寐之思，所以擇德，此所謂憂而不傷。鐘鼓之樂，所以揚善，此所謂樂而不淫。蓋秉盛德之至者后妃也，得性情之正者亦后妃也。如此，則孔子之言「樂而不淫，哀而不傷」者，美其性情之正，而盛德在其中也。序解「淫」、「傷」二字，稍失其意。然所謂樂在進賢，與夫哀窈窕、思賢才者，其説蓋亦甚善。此關雎所以爲詩之首，而又以其出於宫闈也，則道之造端，而王化之始基也。大抵六經之書，至於好賢，則其義至矣，不可以有加矣。故在易曰：「井渫不食，爲我心惻。」哀之深也。「可以汲，王明，並受其福」，樂之至也。就詩言之，則風之首，寤寐反側之憂，琴瑟鐘鼓之樂，是后妃所以行於宫内者也。雅之首，旨酒承筐之貺，鼓瑟吹笙之燕，是君所以施於朝廷者也。大雅之首，則曰：「濟濟多士，文王以寧」。頌之首，則曰：「濟濟多士，秉文之德。」嗚呼！此天下國家興亡治亂之由也。故愚謂二南之篇，以后妃之賢先之，不如以后妃之好賢者先之，以合於孔子美關雎之意。

二典

孟子曰：「堯以不得舜爲己憂，舜以不得禹、皋陶爲己憂。」是善讀書者也。是故堯典以舉舜終，舜典以命二十二人終。雖然，正邪不並立，君子小人不兼進。故共、驩、伯、鯀之既辨，然後舜可得而舉也，四罪之既加，然後二十二人可得而用也。又其上則經緯天地之事，故曆象授時，堯典先焉，齊七政、封山濬川，舜典先焉。若其本，則皆聖人之德爲之。故贊堯者，首曰峻德，而其效至於百姓昭明，黎民於變也。贊舜者，首曰元德，而其效至於百揆時敘，四門穆穆也。觀二篇所紀，可謂至約矣，而堯、舜之道備焉。故曾子固謂，當時史者，亦聖人之徒，豈不信哉！抑二篇之事不同，而其體如一，蓋其本末先後，有如前之所言。則堯之道，舜不能易，堯、舜之道，天下萬世不能易也，審矣。不修德則不能敬天，不敬天則不能遏惡揚善，退小人而進君子。不遏惡揚善，退小人而進君子，而曰致治，如唐、虞之盛者，此後世所以日遠於唐、虞之治，而不可復也夫。

禹皋二謨

禹、皋二謨，文意亦相對，然禹謨中雜有益、皋陶之言，皋陶謨中又雜有禹之言，蓋言則以唱其端者爲主，事則禹謨中有禹禪受之事也。孟子曰：「禹、皋陶則見而知之。」又曰：「禹薦益於天。」然則禹之所尊讓者皋陶，而帝卒以天下授禹，及禹即位之後，則皋陶已老而死，故禹薦益而將傳以位焉。三人之更迭陳謨，殆以此也。稷、契無言於唐、虞之間者，蓋其職專於教養，民事是勤，則朝廷之上，固可以委之禹、皋諸人，而已不與矣。抑百篇之名，原有益稷，而今所謂益稷者，乃就皋陶謨中分以備之，非其舊也。又安知此篇無稷、契之言論，而今軼之與？皋陶謨「允迪」以下，猶禹謨「文命」以下也；天敘、天秩之訓，猶禹謨人心、道心之傳也；「無若丹朱傲」之規，猶禹謨「滿招損」之戒也；「苗頑弗即」而「施象刑」以服之，夔「擊石拊石」以終之，猶禹謨之「苗民逆命」而「誕敷文德」以懷之，「舞干羽」而格之也。二典、皋謨皆及在廷三凶之事，獨禹謨無之，蓋在廷三凶有鯀焉，史者之體也。皋謨有三凶而無鯀，義與此同，而又出於禹之言，固不應及鯀矣。禹、皋謨皆以苗民終，一以見聖人之不忘外憂，一以見聖人之獨務內治。而皋陶賡歌叢脞之箴，則又與二篇之末，禹、益儆滿之意相發。其一時君臣交儆之盛，豈非萬世之法哉！

後天卦義

問後天卦義，以人物言之，當何如也？曰：「造化生物，陰陽者華實之分也。震則種實在地而發生之時，故曰出。巽則枝條備矣，故曰齊。離而坤則葉茂而華盛之時也，華葉茂盛，而果實之胎在於是，故曰明，曰致養。兌則生意充矣，故曰說。雖然，華葉不剥，果實不生，乾則成實之時也。脱落華葉，而復返於種，故曰戰。坎而艮，則實熟而堅凝完足，可以復生，故曰勞，曰終始。」物類如此，人倫如何？曰：「以家信之，陰陽者男女之别也。震則長子而當室也，故曰出。巽則長子之耦，妻者齊也，故曰齊。有嫡必有娣，離次於巽，嫡娣之序，天地相遇，品物咸章也。男女相遇，家道咸理矣，故曰相見。如是，則生育之道廣，而母道在是。故次坤而曰致養。兌則少女也，妾也，家之道，恩洽於賤者而後和，故曰説。於是震始成乎父道而爲乾，有繼嗣則異日又將爲家之主，雖母亦聽從焉。故曰戰者，陰不敢抗陽之義也。子生而幼，爲中男，爲少男，皆未成人之稱也。飲食教誨以待其成，則又爲長子，而當室矣。故曰勞，曰成。以國言之，陰陽者君臣之義也。君出而守宗廟社稷，以爲祭主，震之位也。臣必潔白其心，與君齊力，故巽曰潔齊。臣道之盛，朝覲會同，君南面而聽之，故次離而曰相見。臣之職莫大乎役於君以養民，故次坤而曰致役、致養。君臣相説，太和之治乃成，故次兑而曰説，于是而臣功終矣。無敢疑陽而主威孤行，故乾位於是而曰戰。雖然，臣之功成而不居，君之德尊而不抗。勑天之命，不敢忘勞者，坎也。凝天之命，端拱無爲者，艮也。故曰勞，曰成，而德之所以日新，道之所以不窮，治之所以可久而可繼也。大率陰陽之義，造化之本，天道流行，萬物同根。故其理象參差，而大致皆同。推而言之，無適不有，無時不行，深於易者知之爾。」

春秋

文敝則救之以質。周之季，其文縟矣，觀列國辭命，載在左氏者可見。先聖作春秋，撥華爲根，一言增損，必有深意，可以精理焉，可以決事焉。餘如書體義例，句節字法，皆可以爲萬世修文者折中。韓子謂「左氏浮夸，春秋謹嚴」者，甚善。荆舒號爲宋文之知所裁者，而不好春秋，是故以知其膚末於文也。

周禮

周禮一書，爲近代諸儒改易竄置，真贋相亂，自吴幼清、方遜志之賢，皆不能免。要其疑端，皆生於冬官之闕，而地官所掌，乃邦土之事。故或則曰地官闕而冬官未嘗闕也，或曰冬官錯於地官之中也。然以愚考之，大司徒之職，及其所屬之官，雖所掌邦土，而要歸於教，其非冬官之誤，明甚。且大、小司徒之章，文意相從，所屬自鄉遂以下，官職相序，亦絶不類他官攙入。然則諸儒之所改易竄置者，其可信乎？是則何説而可？曰：自虞、夏之間，而司空之職，率先於司徒舊矣。舜典伯禹作司空，稷播百穀，然後契繼敷教。其在後世，則播穀亦司空職也。洪範序八政，四曰司空，五曰司徒。禮記王制，説者以爲夏、殷之書，其文曰：「司空執度，度地居民。地邑民居，必參相得也。無曠土，無游民，食節事時。民咸安其居，樂事勸功，尊君親上，然後興學。司徒修六禮以節民性，明七教以興民德，齊八政以防淫，一道德以同俗。」此皆司空、司徒二官，皁教相成之證也。周監歷代，損益厥禮，董正治官，六典斯備。其列司空於五官之末者，蓋別有深意焉。然周禮者，周公未成之書也，故其敘司徒之篇，猶首以司空之事，合養教而備厥職。惜乎司空未作，而成書不可見矣。學者無由盡知周公之意，又未嘗深考沿革之由，私疑臆決，穿鑿傅會，遇不可通，則悉以爲漢儒變亂之罪，豈不過哉！然則司徒之篇，雜以司空之事，此周公之舊，而非所謂誤與錯也。蓋周公初革官制，其猶未能變古若此。

王制

禹之洪範八政，一曰食，二曰貨，三曰祀，四曰司空，五曰司徒，六曰司寇，七曰賓，八曰師。今觀王制，自冢宰制國以下至司寇，其序正合。蓋冢宰所司，食、貨、祀三者備矣。然後以司空定民之居，然後以司徒興民之德，至於樂正、司馬，因司徒所教而升之，故以附于司徒，而以司寇明刑終焉。賓、師二者，洪範次於後，王制敘於前。蓋洪範言其切于民生之先後緩急，則柔遠安邦之事，宜居養教之後。王制言其關於建國之規模綱紀，則禮樂征伐之柄，必在庶政之先。義各有所當也。此書上比虞典，既微有不同，下視周制，又甚相懸絶，獨與洪範，則其暗合若此。蓋洪範作于夏，而殷人守之，則知註家以王制爲夏、殷之書者，不謬也。然冢宰之名，唐、虞無是。禹宅百揆，冢宰職也，而其自言曰：「奏庶艱食鮮食。」又曰：「懋遷有無化居。」禹貢自田賦財賄，綜理纖悉，則唐、虞之食貨，固亦冢宰司之。周禮天官，其職掌皆食貨之事，則亦有所從來矣。故曰虞、夏、殷、周，所損益可知也。其詳自夫子之時而無徵，然而能言之者，蓋參互考究而得之爾。

孝經

不愛其親而愛他人，不敬其親而敬他人，其弊至於悖德悖禮，其卒未有能愛人敬人者也。愛親而惡於人，敬親而慢於人，其弊至於及親辱親，其卒亦未有能愛親敬親者也。蓋仁孝之理，得之最先，而統之最全。惟其得之最先也，故施由親始，而一本而無分者，不足以言道也。惟其統之最全也，故事無終窮，而於萬物爲有外者，不足以盡仁也。夫始也舉斯心而加彼，而孝爲之根，終也挹乎彼以注茲，而孝爲其極。故孝也者，仁義之宗，道德之要。孟子之距墨翟，韓愈、程、朱之闢釋氏，其源本之差，正在於此。曾子述聖言而目之經，終篇大意，惟此二者。以是二者爲綱，然後尋其職分之所當，成效之所至，則此經之義，昭白無疑，而章句之間，亦無凌雜之可議也。中間與左傳文相出入，故先儒以爲疑。然易文言釋四德處，亦左氏文也。左氏傳出最後，大抵采摭經史，雜以傳授聞見，烏知非左氏撮易、孝經之意而爲之辭乎？

讀諸葛武侯傳

或疑：武侯誠王佐也，何以規取荆、益，爲兼并之謀，非王佐之道；短於用兵，淹歷年歲，非王佐之才。曰：此鄙儒文人之論，非識經權之體者也。漢室傾頹，盜賊蠭起，璋、表以枝葉之親，上無周公定國之規，下無晉文勤王之舉，而攘踞巴西，觀望江表，僭擬擅專，坐自貴大。此爲輔亂之徒，宜伏管、蔡、鄭、衛之誅者矣。先主時方寄食襄樊，衆不盈旅，名義威力，兩有未便。然因琮、瑁之亂，將舉國附賊，聲而討之，未負於信。既得荆州，結吴拒魏，正名西征，兼弱攻昧，未損於權。及乎先主托孤之盟已堅，而棄荆土於前；法正、張松之謀既行，而覆西州於後；遂使江東求地，有所執言；成都攻圍，未免遺議。此則時事之變，非武侯之本圖也。故東征喪敗，追惜孝直之亡，以知一德之合，知己猶艱。昔孔子不競於墮成之師，孟氏被謗于伐燕之役，苟不推論時世，則賢聖失圖，獨三代以下哉？奇謀爲短，此陳壽之言也。夫興大業者無近功，志王道者絶小利。是以罪人煽亂，數載斯得；頑民弗靖，歷紀風移。非聖人之無顯績，實規其大者也。觀其馬謖之用，則感攻心之言；二郡之徒，則哀赤子之困；艱難草昧，而仁義愈明。此其流風軼軌，所以取貴於今也。樂毅不急二城之下，論者以爲服齊人之心；管仲不究伐楚之威，先儒以爲不殘民之意。若襲韓、彭之餘策，事攻取之急謀，以暴易暴，而助亂略，多殺不辜，而得天下，事雖成，其本蹶矣。管仲、樂毅之所不爲也，豈武侯之心乎？

讀韓子

韓子之言道也，其論道德仁義之意甚美。其觝佛、老也，所謂爭四代之惑，比於距楊、墨之功者也。或謂終篇無及釋氏者，意退之未讀其書，不知其瑕釁之所在。此可謂輕指古人，不自知其膚略者與。夫道之裂也，必有一人始爲邪誕，然後尤者得以繼焉。楊、墨非老氏比也，而皆竊乎老氏之意。及佛之入，自謂超然尚矣，識者審其根實，究其崇長增高之僞，又以爲與老源流表裏，而大濟以夸虛。是故孟子專攻楊、墨，障其流也。退之則源之務塞，而謂道德仁義之説，自老氏離也。然後楊、墨肆行，佛乃以晚出而承其敝。且謂不及釋氏者，彼謂清淨寂滅之言，去父子君臣之言，老書有之與？出三代之下，爲夷狄之人，老氏當之與？吾則曰其所謂蔑禮樂刑政者，老氏也，棄君臣父子者，佛氏也。又申其説，以爲蔑禮樂刑政者，爲太古之無爲者也，棄君臣父子者，治其心而外天下國家者也。韓之時，佛之禍爲烈，故悲其不遇列聖，而生於夷狄之邦，哀後王之不能黜之正之，而反使加於先王之教之上。老子詖淫之始，而釋氏邪遁之窮，其言之蓋有序矣。荀況之言，雜駁乖離，擇焉而不精。揚雄之書，艱難晦塞，語焉而不詳。故道之傳，斷自孟氏而止，而以爲其流也長。曰：「其仁義之説，朱、程猶譏之，何也？」曰：「先原性，後原道，則未可譏也。博於愛，宜於行，情之用，道之經也。其論性則異是。性有五，在七情之先矣。原道者，自情始，殆敘文者失之與，故未可譏也。」然則韓其醇與？曰：「惜其於性也，詳於三而略於五也。詳於三，故謂孟子不知品之區也，略於五，故未知孟子所謂善之腴也。苟求其故，則知下焉者之可制以法也，乃其善焉者之有同於初，而聖人之意得矣。是故精焉而有未精，詳焉而有未詳，不然則朱、程曷譏焉，於道豈獨粗傳爾乎？」

讀周子太極圖説

無極者，無所爲極也。太極者，極之至大者也。無所爲極，而爲極之至大，則陰陽之本也，五行之宗也。男女於是生，萬物於是出。其在人，則形神之主也，五性之會也，美惡於是判，萬事於是繁。與天地合德，太極也；與日月合明，陰陽也；與四時合序，五行也；與鬼神合其吉凶、美惡也，此聖人之事也。協于極而歸于吉，君子之事也。不協于極而罹于凶，小人之事也。天有陰陽，五行之氣也；地有柔剛，五行之質也；人有仁義，五行之性也。原夫天地萬物之所以始，太極始之也，而太極無始也。反夫天地萬物之所以終，太極終之也，而太極無終也。有始終者，有死有生，無始終者，無死無生。以其生生故謂之易，以其極至故謂之極。易者極之用也，極者易之體也。

記陰符經

陰符經亦衰世之書，大抵老氏之苗裔，知其意者爲之也。五賊三盜之云，語尤嶮惡，然其本指，則老氏所謂反者道之動云爾。通以儒者之言，則豢養者酖毒也，患難者藥石也。逆制其性，所謂害我之賊，然而可以昌；順縱其心，所謂恩我之親，然而可以亡。德之昏明，命之融短，國之興衰，軍之勝敗，孰不由是？雖然，見此機者，必歸之於至靜。其故何也？靜雖天地之本，而自人觀之，則殺機也。魏伯陽云：「象彼仲冬節，竹木皆摧傷。」反本還寂，外則彫槁，非昊、羲、文王，孰能於此見天地之心哉？於是有得，然後可以察虛盈之幾，語屈伸之感，萬象變滅不以撓其志，亂其胸矣。故靜者心符也，見其機而順之者用符也。雖曰陰陽相勝，而道主於陰，故曰陰符也。

記離騷經二條

前半篇自皇考命名，以至女嬃訓誡，直述己事。後半篇自陳辭重華，以至問占遠逝，託意寓言。直述己事者，身之已經，而傷其時；道其志行，以攄其憂鬱。託意寓言者，意之末已而決，其時之無可爲，斷之以志行之所不屑爲者，以矢其堅貞。書之大致也。前之詞顯，故議者以爲譏誚之太過，後之詞微，故談者以爲荒幻而不經。夫怨誹而其流及上，小雅先之矣。親之過大而不怨，是愈疏也。若至決上下之無人，將違棄而遠去，是豈忍以明言者？原之滑稽，其不忍明言之心乎？

楚辭所謂求女云者，古註近之，而指未明。蓋所謂求女者，非求君也，欲其君之得賢臣焉爾。始也哀高邱之無女，則高位者無人矣。繼而相下女之可詒，猶望其有處於下位而備進用者也。乃求如虙妃者而不可得，相與爲驕傲淫遊而已。上下相習，小大成風，亂國之朝，其勢固然。於是思遺佚之士，曰庶幾其登進乎？乃爲媒者，鴆已毒矣。鳩猶巧焉，隱逸之賢，安能以自通？鳳凰既受他人之詒，而不爲吾國媒，則有娀之佚女，必爲高辛先之，而非高陽氏之有矣。雖然，望未絶也。使少康而有賢配，倘所謂祀、夏配天，不失舊物者乎？奈何媒理之妬嫉欺蔽，無異於前，則事既可知，而原之望於是絶矣。蓋是時也，懷昏而不知，襄淫而失道，原固灼見之，而惓惓之誠，不能自已焉。他日天問之作，反復於鯀、禹、啓、少康之事，夫亦離騷之志也。然自原没二千年，而莫有明其意者。方且以求女爲失喻，幽昏爲無禮。嗚呼！原其益冤也哉！

記握奇經

此陣法本易八卦。天、地、風、雲者，乾、坤、艮、巽也；艮爲山，山出雲也。龍、虎、鳥、蛇者，震、兑、離、坎也。以四方、蒼龍、白虎、朱鳥、元武而定。四維方而主靜，故正兵布陣則用之。四正圓而主動，故奇兵制敵則用之。天、地、風、雲，取其定位而能變化也。龍、虎、鳥、蛇，取其威猛而能騰繞也。風以天氣下行於地，故風附於天，在周易乾與巽對是也。雲以地氣上接於天，故雲附於地，在周易坤與艮對是也。前衝變爲虎翼，而風應之，風從虎之義也。風變爲蛇，蟠以應虎，在周易兑、坎西北是也。後衝變爲飛龍，而雲應之，雲從龍之義也。雲變爲鳥，翔以應龍，在周易震、離東南是也。按周官司馬，自五人爲伍，至七十五人爲乘；自五百人爲旅，至萬二千五百人爲軍；皆以五爲陣法。此則以八，異於五家爲鄰。意者出兵之數，治戎之法，亦必以八爲其節。何者？凡比鄰共井天子六鄉、六遂，諸侯三郊、三遂之兵也。至於四野，則經地以井，異於十夫有溝；處民之人，居則守望足以相助也，行則危難足以相救也，其歡愛足以相死也。夜戰聲相聞，足以不乖；旦戰日相視，足以相識也。如井牧之氓，亦編以伍什之法，則調發之數雜，軍旅之心離矣。故除一甸出車一乘者，數家而賦一人，尚可馭以卒兩之制，以合於司馬之法。

若野鄙之間，田役教民，或追胥竭作，則家出一人，必以八八之數馭之。蓋始於八家編之以同邑同邱，而成於一甸六十四井之數。此疑自古以井田制兵之法，而周家但行之野外，今周官、管子，俱於四鄙軍制，略而不詳焉。是以爲握奇者，託之於風后，以大其事，意必有所祖述爲之，未可以出於兵家，而盡疑其僞也。所謂握奇者，兵法尚奇，故云握奇也。以天、地、風、雲爲正，則龍、虎、鳥、蛇爲奇也；以天、地爲正，則風、雲爲奇；以龍、虎爲正，則鳥、蛇爲奇也；以前列之八陣爲正，則後隊之遊軍爲奇也。總而言之，則凡正陣遊軍皆爲正，而時靜時動，變變化化，不可測度，皆爲奇也。故曰「以正合，以奇勝」，此握奇之指也。雖然，餘奇者遊軍也，遊軍稱「握機」，與「握奇」通者。蓋兵家之奇，無所不在，而其用遊軍也爲多。夫所謂正兵者，利戈矛弓戟之用，習金鼓旌麾之節，閑步伐進退之方，識高下向背之地。其教養之素，至於如手足之相捍衛，其節制之重，至於如山邱之不可頓撼。如是，則正兵之用盡矣。若夫偵間以得敵情，窺望以審敵勢，未遇而致師，既陣而躡敵，方合而出其傍，繞其後，我退而設之伏，示之疑，變强弱之形，移彼己之利。若此者，非遊軍不足以備其用、濟其機也。是故養遊軍之禄，可數倍於養兵；馭遊軍之權，或更甚於馭將。此「握機」之號，所以或專屬之遊兵，以爲設奇制勝，專在此也。孫武之書，以權計始，以用間終，其得握機之用乎？湯、武之師，未之有也。作書者，其春秋之後，七雄之世乎？

記太初曆

太初章會統元之法：至朔同日謂之章，交會一周謂之會，至朔分盡同于日首謂之統，統首日名復于甲子謂之元。其日法以八十一爲分，以一千五百三十九爲小分，以三百六十五又小分之三百八十五者，爲日之周天，以二十九日又小分之八百一十七者，爲月之會日。十二會不盡歲氣，而閏餘生焉。十九年七閏，則冬至復在月初，而氣朔分齊，故謂之章也。然月之周天與會日不同時，故每月雖合朔，而不在周道之交，則會而不食。太初曆法，計五月二十三分月之二十，而一近交，凡一百三十五月，而一當交。當交則蝕既，日月數之終也。一章之日月，雖會于冬至，而不當交，積之二十七章，則朔日冬至交會分窮，故謂之會也。又以日法計之，一歲全日之外，小分三百八十五，比之四分之法而少盈，蓋侵小分四之一也。章會至朔之分，未盡于日首，積之三會，則分釐相補，復得全日，而冬至交會，復起于日，首而無餘分矣，故爲一統也。然甲子者日名之端，必氣朔肇於此日，乃得曆元之始。故初統而得甲子，次統而得甲辰，三統而得甲申。三統既盡，則復值甲子，朔旦夜半冬至。交會分窮，而一元章矣。是以通而論之，冬至者氣之始，凡推步以爲準焉。一章之日月雖會，然同經不同緯，同度不同道也。至于一會，則同經而同緯，同度而同道矣。統則以得夫時之首，元則以履夫日之端，斯又以日辰干支，與天月日星之紀而相合者也。於是推之，五星亦皆有會合之元焉，歲月亦必有幹枝之首焉。引伸觸類，原始反終，曆家立元之法，大抵若此。

記四分曆

四分術，即後漢章蔀紀元之法，蓋古曆所同也。四分者，析日以爲四分也。以九百四十爲日法，四而分之，得二百三十五分。故一歲之積，凡三百六十五日四分日之一。四年而氣在日端，十九年而氣朔分齊，七十六年而氣朔同在日端，一千五百二十年而復於甲子日，四千五百六十年而返於青龍歲。蓋日之月分，有十二度十九之七，歲之月分，有十二會十九之七，故必十九年七閏，而後氣朔之分齊。四年而景復初，故必四章爲蔀，而後朔日之分盡。八十年而甲子日冬至，故必二十蔀爲紀，而後日之六旬周。六十年而歲運一變，故必三紀爲元，而後歲之六甲窮。所謂歲月日辰皆甲子，而天與日月會於子，以爲曆元者，此之謂也。此與三統一元之年數雖近，而推步不同，日法異故也。然自太史公作曆書，紀漢太初曆，而下所列者，乃章蔀之數，意者褚少孫所補。少孫未學太初，故直取古法附之。然則古曆並同四分，不自東漢始矣。

記韓子原性 二條

自魏、晉以下，言性者高之，高之則謂虚空而已；言情者卑之，卑之則謂邪欲而已。故其於性也，幾如天之不可親也，如風景之不可捕繫也；於情也，幾如水火之不可蹈也，如疾病瘡痏之不可加諸其體也。雖與韓子並世，如李翱復性之書猶然。今韓子之言性也，曰仁禮信義知而已；言情也，喜怒憂懼愛惡欲而已；是皆禮運、中庸、孟子之所言，學者之所誦記。然能見之明、言之慤、卓然不爲浮論若此書者，鮮矣。其曰所以爲性者五，是即程、張天命之説也；性之品三，是即程、張氣質之説也；性視其情，情視其性，是即程、張心統性情，體用寂感之説也。不知天命之實，故謂性爲空虚；不知氣質之流，故謂情爲邪妄；不知體用寂感之無間，故謂情不根於性，性不累乎情。凡此，皆爲老、佛者之蔽。是故荀、揚之悮易知也，釋、老之妄難見也。韓子于三説之偏，折之詳矣，後乃曰：「今之言性者，雜佛、老而言也。」雜佛、老而言，何言而不異。明乎佛、老之非，甚于荀、揚不辨之斥，其義至精。

此篇言性，上接孟子，而下啓周、程。蓋其品三，即氣質之性也；而其所以爲性者五，則天地之性也。然既知所以爲性者五，則性非善而何？性既善，則孟子之與孫、揚，又豈可若是班哉？蓋孟子之言性也，授天命以權，而掩氣質者也。韓子之言性也，授氣質以權，而掩天命者也。孟子非不知有氣質，故曰：「非才之罪也，非天之降才爾殊也，不能盡其才者也。」以爲雖有不齊之材，而不足以奪其所受之中。韓子非不知有天命，故曰：「下之性亦畏威、寡罪而可制也。」以爲雖有未泯之性，而不足以移其所定之品。韓子之極推尊孟子，而言性之有不合者，其在斯乎？抑此蓋韓子之於孟子，所謂未達一息者也。不然排佛、老之功，且與距楊、墨者並矣。

記韓子原道

此書大指，明仁義，排佛、老而已。然仁義之道，皆出於性，而釋、老言道之謬，皆由其見性之差也。故原性之篇，首言五性，而主於一，深得以誠爲本之意。末言二氏言性之異，以斥虛空斷滅之非，然後道之大用流行于天下者，皆性之固有，而非自外至矣。故原性一篇，乃此篇之根柢。自編文者失次，而學者誦習，又專此而捨彼，反緣此而滋無本之疑。則韓公之扶樹教道，有所明白者，何自而使後人知之哉？

記韓子原人

天者，四象之宗；土者，五行之主；人者，萬類之靈也。故天地人並立，而其餘者皆舉之矣。民吾同胞，物吾與也，故一視而同仁。親親、仁民、愛物，推恩有序，故篤近而舉遠。不能一視而同仁者，楊氏之爲我也，而老近之。不能篤近而舉遠者，墨氏之兼愛也，而佛近之。

記韓子原鬼

神、鬼、物、怪，四字有别。神者，天地山川之神之類是也；鬼者，人死爲鬼也；物者，本是物而忽有變異，如木石蟲獸之類皆有之；怪者，陰陽不正之氣所生，如夔、罔兩之類是也。此篇因原鬼，而分别鬼、物二者，又因鬼而兼言神，因物而兼言怪。辨形聲之有無，究妖祥之自起，可謂知鬼神之情狀者。

榕村全集卷十九

雜著二

記周子太極圖説四條

濂溪太極之傳，疑者多矣。自朱子發明尊信，濂溪固居然斯道之統，圖亦粹然理學之源也。陸象山頗疑太極之上更加無極，爲老氏有生於無之旨。當日國史又妄增其文，曰「自無極而爲太極」。朱子所以辭闢摧辨至矣。夫惟目以有也，故謂生於無，周子非以太極爲有物也。何無之推乎？正惟恐人惑於老氏之説，以爲有物渾成，故以無極名之。又懼觀者二之也，申之曰「太極本無極」，曰「無極之真」。此其不爲老氏之學，何疑焉！夫真者何也？通書之所謂誠也，所謂純粹至善也。誠與善，蓋大傳、中庸七篇言性與天道之極，非老氏之書所有。若乃首句文意，猶之通書動而無動，靜而無靜者云爾。動而無動，靜而無靜者，有而無；無極而太極者，無而有。有而有則非神，無而無則非道，神理之間，有無之妙，觀之太極、通書盡矣。
　　圖首之以太極。太極者，渾然一理而不見其有餘也，粲然萬分而不見其不足也。是
故圖以圓象之，所以目其渾淪一理之妙也。其次爲陰陽，陰陽動靜，互爲其根，神之所以
不測也。其所以陰陽動靜，一本於極，道之所以不貳也。圖之陰中有陽，陽中有陰，而陰
陽之中，共函太極，以此也。又其次爲五行，圖之五行，交系乎上，猶之陰陽之互爲其根
也。通書云「水陰根陽，火陽根陰。」其總會于一，猶之陰陽之中函太極也。通書云
「五行陰陽，陰陽太極。」皇極者，萬民之所象而效也。太極者，萬物之所肖而生也。皇
極有位，故曰「皇建其有極」。太極無形，故曰「無極而太極」。然則周子圖說，太極之
名本於易，人極之名本於範。太極皇極，其理至周子而始明，其義至朱子而始當。
　　諸儒言有無對之靜，超乎動靜之外者，皆非周子之意，惟朱子圖解得之。主靜之靜，
即動靜之靜也，中正仁義，動靜周流，而靜者常爲主焉。如義與智豈無動，然止是纔交義
智，便截然而止，潄然無事。故董子謂：「陰之位在秋冬，而積於空虛不用之處。」正與
此意相合。且如通書所言，圖說之演釋義疏也。其言靜無動有，寂感誠神，動而無動，靜
而無靜，靜虛則明，明則通，動直則公，公則溥，皆是動靜對言，絕無所謂無對之靜者。且
其所謂主靜之意，惟於末章蒙艮而後見之。其所謂無欲之指，則於聖學一章見之。聖學

章言無欲則靜虛而動直，不專言靜，豈真復有無對之靜哉？蓋言無欲則靜虛，靜虛則動直，是靜乃動之本，而無欲則靜之本也。明道答横渠書、伊川易傳皆是此意。伊川釋艮卦，謂艮其背者，止於所不見。然止之而能止者，止之各於其所也。止之不各於其所，則無可止之道。明道答横渠問定性，謂絶物以求定，則愈益其憧憧而不自知。惟去其自私用智之心，則大公而順應，靜亦定而動亦定矣。張長史監試無欲故靜論中，言人知靜故無欲，而不知夫無欲故靜也。知靜故無欲，則必專其功於靜，專其功於靜者，釋、老之學也。無欲故靜，則必如聖門所謂戒謹恐懼，以完其未發之中者而後可，吾儒之學也。此論極其精切，自中庸首章，艮卦彖辭，及圖説、定性書皆當以此意求之，則庶乎其不謬於聖賢之指矣。伊川是恐人求靜於靜，故艮象如此立説。横渠惡累於外物，亦有偏靜之意。故明道書中云云。

記周子通書卒章

蒙，初學也；艮，成德也。自初學至成德，一以靜爲本焉，所以發明圖説主靜之意也。蓋嘗論之，易卦一陽在下，則爲震爲動，於時爲春，於方爲東，於人爲面，於心則感物而動時也。一陽在上，則爲艮爲止，於時爲冬，於方爲北，於人爲背，於心則寂然不動時也。所謂人生而靜，天之性者，非謂此靜之上，别有無對之靜，爲之本體也。所謂主靜，亦非謂此靜之外，别有所主之靜爲之功夫也。但自其寂若未發之初，性之全體于是乎具，苟無以汨之擾之，則主靜之學，亦于是乎存。易之艮象發明此理，故曰：「艮其背，不獲其身，行其庭，不見其人。」背者人之所不見，至靜之地也。艮者止於所本止，主靜之功也。其所以能此者，周子以爲無欲，程子以爲敬。然程門所以言敬，蓋曰「主一無適」，又曰「其心收斂，不容一物」，則亦未有出於周子無欲之旨也。至於初學，未易言此。然古人之教，自其幼稚蒙昧，則已施以整齊嚴肅之規，充其精專純一之性。此即主敬之功也。主敬之功，即主靜之學也。程、朱謂敬爲知行之要，蓋始於童稚之習，終於聖人之歸。而周子通書卒章，中主靜之學，必兼蒙、艮言之，淵源授受，於此益著矣。

記張子西銘

辛未會試，發策問及西銘，張長史答云：「西銘之義，非專爲明理一分殊也，要之教人盡性而已。謂人生受形性於天地，猶其受之父母。必其能守身，而後爲能事親；必能盡性，而後爲善事天地。故言民吾同胞，物吾與也，總以見吾身實爲天地之子，而要歸於存心養性，不愧屋漏，乃盡所以事天之道。是則謂西銘乃仁之體者，固言體以該用，言心之德以該乎愛之理也。程子理一分殊之語，亦因龜山兼愛之疑而答之。朱子又因而析其義焉爾，非語張子作書之意專在是也。」及長史登第後，養疾余寓中，復言及此。長史言此有一直一横之理，直上是父母，横去便是兄弟，直上是祖宗，横去便是族姓，直上是天地，横去便是民胞物與。因其横出兩旁者，皆與我自直上生來，故須窮到上頭，方纔管得兩邊住也。因其論精切，今記于此。

記張子正蒙太和篇

張子以太虛言道，往往不概程子之心。蓋道也者，統虛實，貫清濁，該動静，通有無，孔子、周子以爲太極者，盡之矣。以清言道，以虛言道，是道有對也，不幾乎以無言道者同歸與？故又爲之説曰：「所謂清者兼濁，所謂虛者兼實。」如是則有有對之清，有無對之清，有有對之虛，有無對之虛。厥後，胡五峰之門，皆謂有無對之静，不與動對；無對之善，不與惡對。以是形容天命之性，未必不由正蒙權輿其説也。然老、佛之言無，意主於無，若曰有不礙無，將率天下而無之者也。張子之言虛，意主於實，若曰虛不礙實，將率天下而實之者也。故虛空即氣章，極言老氏有生於無，及浮屠幻妄天地之過。程子以爲至正而謹嚴，可以觀其學之精矣。

記邵子觀物内外篇三條

邵子之學最精，其功最大者，在發明先天卦畫次第。其經世、觀物，自成一家，經非附義，道不純師，謂之邵氏之易可矣。其説以日月、星辰、水火、土石，爲天地之體，暑寒、晝夜、雨風、露雷，爲天地之用，變化而生萬物，則有性情形體之異，走飛草木之殊。其在人，則爲精神、魂魄、血氣、骨肉之身。其主於腑臟，則爲心、腎、脾、膽、肺、胃、肝、膀胱之應。其發而感於物，則爲目、耳、口、鼻、色聲、氣味之交。合天地所以生人生物，則爲歲月日時，元會運世之運。聖人所以理人物，贊天地，則有皇帝王霸之事，易、書、詩、春秋之經。此其書之大略也。

陰陽有合有交，乃邵書要妙。燧取火於日，鑑取水於月，霣星爲石，天壤爲辰，此合之義也。日紀於星，月會於辰，水生於土，火潛於石，此交之義也。暑多風雷，寒多雨露，合也。暑晝長，寒夜長，交也。食草之獸草伏，而毛如草之莖，食木之禽林栖，而羽如林之葉，物類之交也。魂隨神而變，魄隨精而止，人身之交也。心肺相聯，肝膽相屬，府藏之交也。元猶歲也，會猶月也，運猶日也，世猶辰也，則以小運之合，而知大運。易始於羲、軒，書序自堯、舜，詩歌詠商、周，春秋功過桓、文，則以經術之合，而知經世。

天地之體數十者，如天有四時，合元氣則五矣，地有四方，合中則五矣。五者之中，有無體之一焉，即中央元氣是也。有不用之一焉，則又就四者之中，去其一用其三。如春夏秋生物，而冬不生，東南西皆見，而北不見。無體者，體之體也，不用者，用之體也。餘四者，體之用也，餘三者，用之用也。若以十論，則去二而存八者，體之用也。又以其八而十之，去三而存七者，用之用也。故邵子曰：「一年生物之數，夏至之日，皆止於七分。凡人事之極，亦至七分可以止矣。」河圖具天地之體數，故以十終，卦者體之用，故以八成，蓍者用之用，故以七變。

記程子定性書

程子語類，有教人繫累穿鑿一段，即是定性書注解。蓋敬以直內，則無所繫累而廓然大公矣，義以方外，則無所穿鑿而物來順應矣。故始終歸之於敬與義，此定性下手工夫也。忘怒便是敬，觀理便是義。張子東銘，亦是從敬義下手。其戒戲言戲動，如論語所謂「不重不威」，持敬之事也。其戒過言過動，如論語所謂「遷善改過」，徙義之事也。故其書之上文，引論語此章，而後以東銘系焉。

記渾儀

儀有三重，其外一重不動者，爲六合儀，所以定上下四方之位。其中一重旋轉者，爲三辰儀，所以象天體圜動之行。其内一重周遊四遍者，爲四遊儀，所以挈玉衡而便觀察。蓋三辰一儀，尤爲要切。其儀有三環，一環以準赤道，一環横跨之，以準二極，一環側倚之，以準日道。三環交結相連，上刻南北東西，縱横之宿度，以水激其機輪，使之日夜隨天東西運轉，必使在儀之度，與在天之度，相應而不忒，然後可以按候而仰窺也。即以木星言之，今夜經天之處，距極幾度，距赤道幾度，於何知之？以儀上所刻南北之度準之，則足以知之矣。又如木星行疾時，今夜距昨夜幾度；行遲時，今夜距昨夜又幾度；於何知之？以儀上所刻東西之度準之，則足以知之矣。以至日軌之南北平斜，太陰之纏絡委曲，五緯之遲留順逆，莫不皆然。然儀度雖與天相準，而人之轉瞬難定，故四遊儀挈衡管于中，可以隨處低昂，掛於儀之上而注視焉，則儀度與天度，相直不爽。如盤針定於秒忽之中，而外薄乎四表，蓋無幾微之差也。古璇璣玉衡之法，雖不可考，然大要當不甚遠。

記星書

李子曰：諸術皆易理之殘也。星命雖淺近，然其造初者，必有説焉。其術以人生之時，星出地平卯位爲命宫，故星宫者無定者也，卯位者有定者也。此與萬物出震之義合也。福禄者其盛，故直巳午，遷者其變，厄者其災也，故直未申。午前爲嚮明，午後爲衰昃之象也。妻者身之敵，故取對宫。僕役者妻妾之餘，故次妻位。在易，坤爲妻道，兑爲妾道，而皆處於西方，亦其義也。其尤精者，子嗣、父母、兄弟，位乎亥子丑之三宫，其於易也，殆庶矣乎。夫乾居亥子之交，言乎歲序，則前震之子也，言乎卦象，則後震之父也。亥者微陽之復生，爲今歲之子。子者一年之始初，爲明歲之父。故乾之爲子，又爲父者，猶之木果也，語實之成，則前樹之子也，語種之生，則後樹之父也。自卯而亥而生子，亥子之繼，子復爲父，終則有始，以終爲始，乾之所以如圜無端，而不可爲首也與？坎、艮于震爲兄弟，有父母則有兄弟矣，與身俱生者也，故次父母也。梅定九曰：「四海之域，惟昧谷與中國通道。故秦火之後，道術散失，而西方往往有聞焉。」西域星盤之序，於易有合，吾故曰易理之殘也。

東里書生篇

雯蘿子居於清溪之源，碧翠之麓，漱咽巖泉，喟咏松風，充然若有得也。東里書生過別業而休焉，與雯蘿子逍遥而縱乎樵漁之逕，神流於雲物之上。東里書生曰：「兹山壁立而峻，多石而華卉不生，與村落隔越，人跡希踐焉，夫子烏乎眷爾？」雯蘿子曰：「噫！子之相是也以迹。兹山峻而腴，清泉瀉焉，生喬松不生靡草。天將雨，水氣上，中心蒸薄，貫頂流趾，然後瀰密四野，而漫乎東皋。當其絶壁幽阿，寒風蕭另，松竹高揺，神籟響應，若顔淵、子輿，簞瓢窮巷，曳履而歌商。陰陽既和，雲谷出布，若伊尹、尚父，應會乘機，幡然而出於巖渭之野。」東里書生曰：「善哉！夫子之寓志於斯山乎。」雯蘿子曰：「山以石爲骨，潔清不穢，故曰碧。其上多大木，閲四時而柯葉常青，故曰翠。夫惟碧故翠也。肥饒沃美之地，彌望皆紛華繁葩，而不可以歴久也。」東里書生曰：「然。再以請。」雯蘿子曰：「夫山之下泉出焉，山之上雲興焉，瀦澤盛者蒸雲多，膏雨渥者鍾源厚。泉與雲其互相灌輸者耶？曷不息機於騰降，而寂若于太虚耶？雲無泉，將遂滅耶？泉無雲，將遂竭耶？相資於不相資之中，呼噏於真元之始，窮乎是者，吾與子觀化矣。」於是東里書生俛焉而思，嗒焉而悟，築精舍隣居，與雯蘿子學易，期終老焉。

希寥子篇

希寥子學道巖上二十年，鼓枻來溪之西，與雯蘿子游而問焉。曰：「吾聞子業子之業也甚劬，其病矣夫？」雯蘿子曰：「未有得也，不敢言病。」曰：「子之業是也，則亦有所圖矣乎？」曰：「不知也。」希寥子啞然笑曰：「業焉而不知所圖之謂愚，圖焉而謂己不知之謂欺。夫我則知之。盛躬之飾，握世之資，覬時之適，而浮譽是沽。又不然，引志幽貞，媲美蘭蕙，身没名傳，來世之貴。夫子之業，則蓋未離乎是也。復托於悲命，謂己憫人，若有大不得已者，而矻矻爲勤。吾聞之，崐、岷之流，逝者不見其西也。陰陽有乘除，日月有盈闕，天則尸之，而人謀奚爲？標枝之民陋，世淳以睦，六藝既修，亂亡相躅。由此觀之，謂己之區區之爲療世者，誕也。若夫飾節以驚愚，移情於南山之竹，而不知其身之腐也，則曷不與我按魂熒之候，睎日月之光，驂舵風雹，而與元化翺翔哉？」雯蘿子嘿然者已久，喟然而興曰：「夫子之論，天人一矣，而又二之。夫世有先後，道有淳漓，渾豐樸散之人，則投以百藥之滋，棄天者不祥，爲己者不公。古之至仁，盡天之職而不茈其躬。詩云：『民莫不逸，我獨不敢休。』誠未能謝役役之譏，而與夫子相從于大荒之野。」希寥子一笑而别。雯蘿子歌而送之曰：「四冥寥廓兮，元氣氤氳，往者予弗及兮，來者予弗聞。吾何獨憂兮，爲仁斯存。」希寥子屬而和之曰：「葵藿希陽兮，鷃鳥呼旦，西崦不留兮，明星彌爛。二物何愚兮，海鷗泛泛。」又歌曰：「獸則有犧兮，木則有材，覬用於世兮，是物之災，含淳還化兮，與道去來。」遂登舟嘯風，而還乎溪東之巖上。

臨川篇

臨川人有游於華山之洞者，其洞至深，游者以炬照行，炬盡則返，率不知洞之奥。近一人者不返，停慮凝眡。久之則若有微睹焉，又久之澄若月星之明，旁側傾坎，皆可矚見。其卒也，乃爛如太陽之晝，珉璞之藏，蛇虎之居，神魑之窟，三古之墳埋，千年之薜葩，靡所不睹，遂極洞之趣而還。越山高者千仞，衆登之胥敝焉。其一人氣意休暇，若無勞者。問之，則曰：「吾疇昔精力不分，今者之行，視前一步。當其未至，吾不矯首而一望巔焉，猶平地也。是以心閒而不挫於氣。」洛人有遷於海濱，而航海者，颶風至，垂覆溺，舟人跳踉號呼。洛人起正冠衣，若將有所待者，而神不荒。舟既島，衆謂洛人曰：「若子無懼則勇矣，敢問適者之容甚莊，何謂也？」洛人曰：「或者天之以死我也，敢不敬乎？」希寥子聞之，曰：「善乎三者之於道。雖然，夫至人則不然。彼且憩於混沌之谷，而又烏乎見？彼且御於大風之隧，而又烏乎踐？彼且狎於呂梁之波，而又烏乎變？」或以問於雯蘿子，雯蘿子曰：「否否。夫入洞者心矣夫，登山者性矣夫，航海者命矣夫。傳曰：『思之思之，鬼神通之。』心也。易曰：『不耕穫，不菑畬。』性也。詩曰：『上帝臨汝，無貳爾心。』命也。」

衲者篇

雯蘿子邂逅衲者於湖鄉，舊相識也，謂其别後爲有聞也，就而問之。雯蘿子謂衲者曰：「吾聞子法，人爲不善，則身轉而爲禽獸。有諸？」衲者曰：「然。」雯蘿子曰：「吾聞過而不留者，天之道，故物而生，游而化。夫今之來者，非昔之往者也。若子言，則造物者其已病乎？」衲者曰：「自爾爲也，造物烏乎病？」坐有間，又曰：「夫天地則心法爾，生死則起滅爾。起滅者不停，生死者無端，子亦烏得謂子之心之起者之來，非復子之心之滅者之往者乎？子亦知子一日之間，人而獸，獸而人者，蓋不知其凡幾乎？」雯蘿子不答，久之而言制伏之道。衲者曰：「徒言制伏者，標哉而非其本也。夫學則有願力焉，有行力焉，願力大者行力大，願力小者行力小，願力完以固，則有折衝於談笑，一戰而功成。徒言制伏者，標哉而非其本也。」雯蘿子歎曰：「甚哉！事心之難也。」衲者曰：「有是夫。子其心子之心爾，子其心子今日之心爾，不以已陳之迹而誤當幾，不以未生之境而存顧慮，不以浮形幻影而廢大事。」雯蘿子辭衲者而歸，書其言於几。或曰：「我與彼不相謀也尚矣，夫子於其言奚取焉？」雯蘿子曰：「斯其言有足以感予者矣。詩不云乎，『采葑采菲，無以下體。』」

蒭者篇

蒭者蒭於清源之谷，失其友也，憑爽而呼之，蓋三呼而有相之呼者三，望之則闃無人焉，以爲鬼也。旁皇反走，遇雲谷丈人憩於蒼松之下。蒭者倒蒭於地，而噫氣焉。丈人曰：「子何走遽而視變也？」蒭者曰：「異矣。適者吾失吾友焉，憑爽而呼之，蓋吾三呼而相吾呼者三，望之則闃無人，玆鬼也與？」丈人曰：「昔者吾居於霞塢之村，有行於田間者，其旁有人形焉，己行則行，己止則止，走則追，至顛倒駭愕，疑病以瀕死。或告之曰，愚哉，是己之影也。夫人不知夫侶己而馳者，己之影。今子不知夫相己而呼者，己之聲。夫陰陽相薄，而影響生焉，是虚實之機也，有無之竅也。且夫疑己之響與影之爲鬼，又烏知夫鬼之不爲己之響與影乎？」蒭者曰：「善哉。」丈人曰：「吾與子言，智也而未及乎仁。」蒭者曰：「敢問仁道。」丈人曰：「山川之塊然，禱之則雨雲興焉，是物而神也。荒墟之髑，同氣者血相附焉，是死而生也。盡生生之理，故有廣意於無生之地。存生生之誠，故有感通於不動之境。夫晝夜也，幽明也，應感也，一而已矣，而奚所趨舍於其間？」蓊者於是俛而再拜，起謂丈人曰：「微子言，吾且疾吾五官之用。始吾謂吾有睹者，蕞諸區爾，子其寥然覽我以無極哉。」

太乙丈人篇

雯蘿子學於碧翠山中，俯仰圖書，神交千載。一夕肅衣襟，望北而拜，再俛乃興，仰瞻紫微，其光煌煌。祝曰：「微臣之生，兩終星紀，質乃童昏，靡有覺知。十七之年，神明是詔，抱此區區，旁稽遠紹。顧惟靈不長，恐負明命，載錫之光，弗墮于成。」祝已，退坐澄心。既而假寐，見有藜杖老人，鬑鬑皤然，神光炯然，爰立於吾前。徬徨拜迓，問來所由，而曰：「吾太乙丈人也。」雯蘿子復拜曰：「昔劉向氏讀書，丈人照之，洪範五行，實丈人詔之。臣之玩心天人久矣，芭符茫昧，圖緯紛紜，河、洛授受，真贋未分，九京不作，慮、禹鍵門，末流襞積，蔓於祲氛。是以微臣竊疑焉，以爲非精義所存也。」丈人曰：「嘻！子知之。吾之所付於劉生者，其糠粃也。神靈精英，天地所惜，道寶不愛于中天，而今日何日，顧子得聞之，以藏於名山。子其齋心而祗栗哉！」遂曳杖而歌曰：

「黑白碁子，環相巡兮。元黄蓋軫，左右分兮。孰與翺翔，植督樞兮。茫茫之間，神所都兮。河流滔滔，洛湍瀠瀠兮。中有舵翁，不記名兮。子能見之，千秋萬載，不數劉更生兮。」雯蘿子默然，丈人還顧曰：「環相巡者無端也，左右分者長存也，植督樞者化之性也，神所都者物之命也。滔滔者不返，瀠瀠者迴轉，雖不記名，我思不遠。」言畢飄然而去，雯蘿子乃蘧然而覺。追念神言，輾轉數日夜，于是乎大悟圖、書之機，識易、範之要，以律羣經，以睹衆妙。

原人

問人曰：「西銘備矣，退之原人，所謂語焉而不詳者與？」未達曰：「原人一則知三才之各有主，而未知人之所以繼天地，而參天地者也。二則知人之宜兼愛乎人物，而未知人之所以盡其性，而盡人物之性者也。此其語之而不詳也。」曰：「西銘之言人則備矣，其終以存順没寧，何也？」曰：「人道于是乎至也。周子圖說，引死生之說以終篇，亦此意也。」曰：「知死生之說如何？」曰：「非苟知之而已，存順没寧，然後可以言知矣。」或者疑曰：「既没矣，又孰從而知之哉？」曰：「夫子不云乎，原始反終，故知死生之説原反者，非特原反之於身而已。萬事萬物，莫不有始焉，莫不有終焉。

推事物之何以始，何以終，何以有始而無終，何以使終而無失其始，何以方始而知終，何以既終而無憾於其始，此即一行一事驗之，所謂順且寧者，昭然也。所謂死生之説，莫著於是也。豈曰推陰陽期數，如管輅、郭璞之云乎？又豈曰存順吾所知，没寧非吾所意乎？是故一行之愜而覺夢安矣，一事之適而尤悔去矣。至哉！朱子之以仁義言之也。欲知人之何以生，則仁是已，仁存而後其生也順。欲知人之何以死，則義是已，義盡而後其没也寧。推之萬事萬物，其始也皆仁，其終也皆義。中庸所謂誠者物之終始，不誠無物，仁義之謂也。原反事物之終始，則知吾身死生之説矣。故又曰未知生，焉知死。」

原鬼

或問：「韓子之原鬼，分别形聲有無、殃祥信爽，則幾矣。然鬼之所以爲鬼，未聞也。」曰：「聖人蓋難言之。雖然，不曰知鬼神之情狀乎？於何知之，以吾身之精氣游魂知之也。釋氏所謂以心法觀天地，亦此意也。何謂精氣？耳目之精熒，呼噏之氣息，長存而不散者是已。何謂游魂？精之所交，氣之所感，往來而不可常者是已。耳目呼噏有定體，而其交感往來也有萬變。耳目呼噏，氣之常伸者也，神也，方其有交有感，而所交所感之事，與耳目爲體，亦伸也，神也。既交既感，事往而休焉，則屈也鬼也。以其紛擾聚散，故謂之游魂。其根本皆精氣也。噫！鬼神之情狀，居可知已。今夫日月山川之體，寒暑之運，萬古長存，非其常伸者乎？其水土之所生，三光之所感，爲人爲物，爲感遇流形於天地之間者，亦非其暫焉而伸者乎？聚而散，有而無，則非其休焉而屈者乎？常伸者神也，暫焉而伸者亦神也，休焉而屈者鬼也，以其紛擾聚散故謂之游氣，其根本皆天地也。」曰：「屈而爲鬼者遂無乎？」曰：「精氣之所交接者往矣，而迹之留者未嘗往，留之而久者亡矣，而觸而存者未嘗亡，烏在屈而爲鬼之爲無也。」聖賢之神，與天地敝，信乎？曰：「人有善事嘉行，名言至理，而終身誦之者，此其與耳目心思爲體，而偕之俱敝也，亦何異之有。」

兵制

古者民與兵出於一，故天子有六鄉六遂之兵，諸侯有三郊三遂之兵。此外又有都鄙邱甸之兵。其實，則皆比閭族黨，井邑之民而已。漢初亦然，然京師有南北軍之屯而已，其餘則天下有事，乃以虎符調發郡國之兵，事已兵休，則仍復於其故。故三代、秦、漢，無養兵之費，而財用足。三代則又不輕於用兵，而民力裕。其時有農隙講武，追胥竭作之法，固無患乎武備之不修也。六朝日事戰爭，而兵與民亦未嘗二。至唐，府衛之制雖善，然已駸駸乎有兵之名，而兵民始二矣。於後藩鎮分裂，始有長聚不散之兵，而天下之費，盡于養兵，遂自宋至今，不能改焉。明初，則講屯衛之法，蓋以天下既定，兵無事而坐食，不可也。屯者，漢之所謂屯田也。衛者，唐之所謂府衛也。蠲閒曠之地，使兵耕之，而因以爲世業，設衛官統之，職如州縣。是古者寓兵於農，今也寓農於兵，可以漸省養兵之費，而又使爲兵者，不至浮浪而無根。此所謂不師三代之迹，而師其意，法至善也。今海宇承平，而武備不可以不修，則餉饋浩繁，而屯衛亦不可以不講。愚意謂沿邊沿海，形勝阨塞，要害之地，則重兵固不可去。法當漸興屯田之利，以省歲給，且使漸化爲土著之民，以固兵心。此非得廉幹之帥而用之，其事不能成，其利不能久也。至于腹内近處，爲可稍師古制，而用民兵。何則？腹地者，備盜賊，捍鄉井而已。用客兵，則地利形勢不習，一也。主客之情不安，二也。卒有變故，則無固志，三也。韓愈言土兵之善，以爲無遇敵望風之驚，有愛護鄉里之情，有勇于自戰之意，豈不爲知兵者哉！周、漢之臨事調發，雖難驟復，亦宜使著籍之卒，更番來往，其半在伍，則其半歸耕。當其歸耕之時，則裁其餉給。如此，則合天下邊腹之兵而計之，而費之省者已過半矣。又自宋以來，兵民分，故文武亦分，無事則互有猜嫌，有事則動相掣肘。此而望其同心以敵愾，不能也。漢家列郡之兵，管于太守，唐亦每使大臣臨邊。此則亦其古意之未墜者，倘猶可稍采而師之乎？

榕村全集卷二十

雜著三

算法

周以六藝教士，其曰九數云者，一曰方田，以御田疇界域；二曰粟布，以御質劑變易；三曰衰分，以御貴賤廩税；四曰少廣，以御冪積方圓；五曰商功，以御功程積實；六曰均輸，以御遠近勞費；七曰羸朒，以御隱雜互見；八曰方程，以御錯糅正圓；九曰勾股，以御廣遠高深。此聖人所以極數之用也。然古人精密之法不傳，而後世所用，悉皆疏率。故所謂徑一圍三、徑五斜七云者，不過約略之算，而其方圓相求，三分進益，虚加實退，皆非真數也。自漢至元，惟劉徽、祖沖之、趙官欽爲算學之最。故徑七則圓圍二十有二，圓積十一則方積十四者，是其約法也。至於今日，而新法立焉。其於方圓、圍徑、冪積之算，不爽纖毫矣。而其書有所謂幾何原本者，則以點線面體，爲萬數之宗。蓋點引而成線，線聯而成面，面積而成體。自此而物之多寡，長短方圓，廣狹大小，厚薄輕重，悉無遁形。自此而物之比例參求，變化附會，悉無遁理。古所謂勾股者，舉中之法耳。今三角法，即勾股也。然而有直角，有鋭角，有鈍角。又其算也，分周天爲三百六十度，而角度對之。故量角之度，以爲起數之根。然則勾股有直而無鋭鈍，其數起於邊而不起于角，豈非有待于新法，以補其所未備者乎？其用之，則以八線之表。八線者，亦古人所謂勾股弦也。今則變勾而曰矢，且有正矢焉，有餘矢焉；變股而曰弦，且有正弦焉，有餘弦焉；其在圓外之股，則曰切，且有正切焉，有餘切焉；變弦而曰割，且有正割焉，有餘割焉。八線相求，互爲正餘，故舉一則可以反三，窮三則可以知一。舉一反三，窮三知一者，則今之三率法是也。三率之法，即古者異乘同除之法，而其立法加妙，用之加廣，則非古人之所及也。欲通新法者，必于幾何求其原，以三角定其度，較之以八線，算之以三率，則大而測量天地，小而度物計數，無所求而不得矣。

曆法

曆象之法，成周以前尚矣，而其法之詳不傳。自漢以下，作曆者七十餘家，要其立法之大端，則定氣也，定朔也，步五星也，推曆元也。蓋氣定，則太陽之躔、冬夏之晷不差矣。朔定，則閏餘之分、交蝕之度不失矣。五星之步明，而遲留伏逆，陵犯之期，可覆而知。曆元正，而七政交會之本，可坐而致。此其立法之大端也。然去聖既遠，道業殘闕，故其術以推測而彌精，考究而彌密，蓋至於今而曆學無餘藴矣。定氣之法，古謂天周歲終而已，不知所謂歲差也。至何承天始知之，而立爲歲差之率。然其年數，則或以七十五年，或以五十年，或以百年，迄無定論。惟郭守敬謂六十七年者近之。今新曆則不謂之歲差，而謂之恒星行度。蓋自有宗動之天，萬古不變，而恒星亦行乎其中，故不能以無差也。郭守敬有歲分消長之法，然非歲分之真有消長也。日行有高卑，有遲速，冬至之日，適直速度，則是日之晷刻減，而見爲歲分消耳。新曆推得最高之度，不在一處，自至元辛巳以後，最高漸過夏至而東，故其歲又已自消而長。此則郭太史之所未知者已。定朔之法，古者案日月常行，定爲經朔而已。然月有本天高卑遲疾之行焉，又有去日遠近遲疾之行焉，其變尤多，故新曆之立法尤密。步五星之法，古者以遲留伏逆，别爲段限。王朴謂其遲速也，須以漸，故破段限而立衰次之法，當已。然五星有本天高卑，又有去日遠近，蓋與月行無異。故新曆謂七政終古平行，本無遲速也。但日則但有本天高卑，月五星則有本天高卑，又有去日遠近。月則高卑遠近之分微，五星則高卑遠近之分大。故日有贏縮，而其遲疾不如月之甚，月有遲疾，而無所謂逆與留者。此則其所以同異之由，參差之變。又古但有五星經度，新曆則并緯度有之，凡皆古人之所未講也。定曆元之法，自漢前、後志始，而歷代沿焉。然歷代之曆，皆數十年而遂差，而能使萬年之前，千載之後，入其軌轍乎？故郭守敬破而不用，而新曆亦然。此豈非直捷簡易，不事支離之法哉？至于里差之説，具于周髀，而其學不傳已數千載。郭太史分方測候二十七處，其于里差詳焉，然終局于地平之説，故其法不能通于四遠。新曆以地爲圓體，南北東西，隨處轉移，故南北則望極有高下，東西則見日有早暮。望極有高下，而節氣之寒暑因之矣；見日有早暮，而節氣之先後因之矣。推之四海之外，四方上下，可以按度而得其算，揆象而周其變。其説與周髀合，不獨自漢以下，爲渾天之術者之所未到，而實則聖人之意，乃千載而一明也。然而法既妙矣，而神明之者存乎其人，故隨時修改，損益求中者，人事固爾。天道亦然。今有三角、八線諸法，固已極測算之精微，又得其人而觀候修正之，欽天授時之功，有不超越前代者哉！

西曆

新曆有理奇而法者數事，一曰天圓而地亦圓，四方上下，皆人物所居，各以戴天爲上，履地爲下也。其説與周髀吻合，且渾天之術，本謂如卵裹黄，烏有卵圓而黄不圓者乎？一曰天有九重，最近者月天也，稍遠則日天與金水天，又遠則火星天，又遠則木星天，又遠則土星天，最遠則恒星天，其外則宗動天也。楚辭天問曰：「天有九重，孰營度之？」然則九重之説舊矣。一曰惟宗動天行有常度，不獨日月五星右行，恒星天亦右行也。其説則歷代歲差之説是也。一曰日月五星各有天，而行皆有輪，雖望之麗天，而實循輪而行。其理如珠逐盤，旋漩隨水去，雖急轉長逝，而復自作迴環之勢。蓋日月五星，所以有贏縮遲疾者，此也。一曰月與五星，有本輪，又有次輪。蓋本輪以從天，而次輪以法日。在小輪之極遠者，月疾而星伏，在小輪之兩際者，月紆而星留。在小輪之最近者，月遲而星逆。蓋日尊天，月與五星尊天而又尊日也。一曰金水與日同天，而其兩輪包日。蓋二星之行，異于三星，去日極遠，不過數十度耳，不能與日相望也。古人莫察其故，今言其輪包日，則理通而法得矣。一曰月有倍離，蓋五星一合日而遲疾一周，月則一合日而遲疾兩周。又五星之小輪，跨本輪之内外，月之小輪，切本輪之邊。其法皆以實測而得之。凡此數事，初若創見，然或符于古經，或軌于自然之理數，其説不可易已。至於有赤極，又有黃極，有最高，又有最高之行，理尤微妙，事愈難明。愚嘗妄意，不獨黃有極爾，自恒星以至月天，皆有極也。蓋樞紐長繫者，惟宗動爲然。觀極星之離樞漸遠，則恒星又有極可知矣。日月五星，則其明著者也。最高者，古謂長在夏至而已，然自至元辛巳作曆之前，實未至夏至也。今則又過夏至而東矣。郭太史立爲歲分消長之法，而亦未言其故。愚又妄意，夏至最高，則冬至最卑，最高極遲，則最卑極速。今言歲分者，斷自冬至終始，其日之日軌速而周星易，則見爲歲分減耳，非真有消長也。辛巳之前，最高向于夏至而未至，故郭太史以爲日消。自時厥後，至于今，乃漸長，蓋最高又過夏至七度矣。然則太史之術，其疏乎？不知消長之根，在最高之行故也。

記南懷仁問答

康熙十一年某月，見西士南懷仁。懷仁深詆天地方圓之説，及以九州爲中國之誤。其言曰：「天之包地，如卵裹黄，未有卵圓而黄乃方者。人以所見之近，謂地平坦而方，其可乎？天地既圓，則所謂地中者，乃天中也。此惟赤道之下，二分午中日表無影之處爲然。懷仁與會士來時，身履其處，此所謂地中矣。」愚答之曰：「天地無分於方圓，無分於動静乎？蓋動者其機必圓，静者其本必方。如是，則天雖不圓，不害於圓，地雖不方，不害於方也。且所謂中國者，謂其禮樂政教，得天地之正理，豈必以形而中乎？譬心之在人中也，不如臍之中也，而卒必以心爲人之中，豈以形哉？」讀吴草廬土中之説，因偶憶及，遂記於此。

愚又案天地度里，不可窮極，算術紛紜，莫適爲宗。洛邑土中之説，固未可信。然以曆理推之，地勢差異，晷景當殊，南北之極，潛見絶判。西法稱赤道之下，二分午表無景，是冬夏數均也。昔人有至外國者，熟一羊頭而夜已曙，是晝數常贏也。今法南方四時晝刻，每多于北，又況乎其九州之外者乎？晝夜不均，非所語中，然一歲之内，絶無短永。陰陽消息，其序靡顯，揆之於理，亦未爲中也。如此，則惟中國之地，晷刻贏縮，與四時進退，二至相除，毫無餘欠。而洛又其中之中，謂之中土，理宜不誣。以是知經所言，天地四時之所交合，陰陽風雨之所和會，信乎其爲至理，而非虚説也。

聖人作曆之原

聖人作曆，爲順天以授時而已。天道之大，在寒暑四時，而寒暑四時，運於不可見，於是而紀諸日月星辰之行。是故察日之出没，而晝夜明焉；察月之盈虚，而朔晦明焉；察日之發斂，而冬夏明焉。書曰：「曆象日月星辰，敬授民時。」易曰：「觀乎天文，以察時變。」寒暑晝夜者，天道之綱，民用之本，其驗繫乎日星。是故定四方，候昏旦，測晷景，望中星，而分至啓閉，無所爽其候焉。此所以曆象日星也。朔晦望弦，雖非民事之所關，而聖人亦欲其參合而無間，以閏月定四時成歲。此又所以曆象月辰也。蓋曆理之精微，未有過於堯典數言，豈非萬世事天者之法歟？其具必曰曆與象者，説者曰曆，紀數之書也；象，觀天之器也。有曆而無象焉，不可也。所謂象者，大略有四。一曰儀，璇璣是也。蓋天體渾然，日月五星，經緯異道，遲速異勢，其間離合遠近，不可以目力齊也，故爲儀以窺之。立經緯之環，列縱横之度，轉而望焉。以知躔離進退之詳，伏逆遲留之變，則雖尋徑之間，而天體無所遁其形矣。二曰管，玉衡是也。雖以儀窺天，而人之轉瞬難定，故復以管正之，横於璣之上而凝眸焉，則宿度星辰，皆可以不失其位矣。三曰表，土圭是也。所以致日景，而辨分至，定四方者也。以長短之極察之，則知二至；以長短之中裁之，則知二分；以二分出入之景揆之，則知東西；以午中之景正之，則知南北。故辨分至，定四方，皆由此也。四曰漏，分日爲若干刻，而節水下漏，以數其刻。蓋凡儀管表晷之施於用者，皆以是爲測候之準焉。四者互相參質，以求天驗之詳，夫然後可以紀之於曆，而頒之於天下。蓋唐、虞、三代之遺法，其可考者如此。

規垣宿野之理

北極周迴七十二度，常見不隱，謂之上規。南極七十二度，常隱不見，謂之下規。二規之中，相去一百餘度，其最中爲天之紘。帶紘之内外三十度許，爲日月五星之行，謂之中規。三垣者，北極爲紫微垣，在尾者天市，在翼者太微。紫微爲宫寢位，蓋本居所之義。太微爲朝廷位，蓋取嚮明之文。天市爲明堂位，蓋因出震之理。此或其意之可推者也。若曰某星爲相，某星爲將，某星爲后太子，則吾不知也。二十八宿分四方者，蓋以雲漢升降定之。雲漢，陰氣也。列宿，天中也。雲漢之氣，與列宿始交於申，勢極于亥，降交于寅，沉化于巳，潛明于午，陰氣循環，於是爲著。故四維之限，因以定焉。陰氣之升，爲西爲北，陰氣之降，爲東爲南，天之道也。古今知列宿之分，而不知其所以分，或者乃以日躔所次而目之。不知軌轍東差，斗分易位，即復南至長在虚危，而祖沖之所謂春躔義方，秋麗仁域者，亦不可得而强説也。宿象分列，則東者發生之象，南者文明之符，西者兵刑之屬，北者空亡之鄉。抑或其理之可求者也。若曰某星爲箕中之糠，某星爲房中之鍵，則吾又不知也。星土之文，見於周禮，雜出於内、外傳諸書，其説茫昧，不可究窮。至一行，而始有兩戒河山之説。蓋水土之精，上爲雲漢，雲漢之經乎天，如山河之經乎地也。故以山河爲限，而後區域可分，以雲漢爲章，而後分野可名。列宿之在天中，猶九州之在地中也。列宿者，日月五星，光曜經焉。九州者，禮樂五常，人文萃焉。故列宿者，九州之配也。江、河之首發於岷、蜀、秦、隴之墟，尾没於渤、碣、揚、吴之境，故雲漢升氣，交於井鬼爲秦、蜀分，雲漢降氣，交於斗箕爲燕、吴野。此又或理之可通焉者。然至於晉、魯、衛、齊，以負海而跨河，得乎雲漢之升，宋、鄭、楚、周，以四達而弘衍，位乎雲漢之降，語其鑿然者，固不可得而盡知矣。又況南疆日闢，而宿度不移；河道既改，而星土莫遷。則分野之書，吾又安敢以殫而信之哉？是故觀察天地，而爲理之所不可推者，君子闕如也。知爲理之不可推，而必隨聲附和，莫自白其真僞之所歸，其不反覆眩亂者，幾矣。無乃非易簡之旨與？無乃非窮理之學與？舉天壤可名之星爲座數百，爲星數千，或連絡爲體，或單舉成名，各有攸司，官曲具備。是果何從而定之，又果孰從而察之與？夫曆數有常，而步之猶不免於差，至於眇冥荒忽，而莫之詰窮者，則轉相祖述，而傳之以爲信。嗚呼！其亦與於惑世誣民之尤者與！

天人參合之道

聖人所以和同天人之際，而使之無間者，協五紀，念庶徵而已。五紀者，天之所爲。庶徵者，人之所爲。天運人從，不協則睽；人感天應，不念則亂。然所以協之、念之，皆一因乎自然之理。豈若末世之淩雜鹽米，而放於荒誕也哉？夫一歲之有春秋冬夏，猶一日之曉午昏夜也。日出於寅，没於戌，歲開於寅，閉於戌，故行夏之時者，所以儆民之春生東作，而惕其夙寤晨興。是以天事始於子，而人事始於寅。夫晝刻每多於夜，而陽功常溢乎陰，故爲之法曰陽三而陰一。此生物之心也，自然之道也。上下四方，各有辰次，日之出卯入酉，上下之辰。然四方之辰亦然。其出寅入戌，出辰入申，亦如之。此變應之妙也，自然之道也。出寅入戌爲陽侵陰，出辰入申爲陰侵陽，往來交侵，不越乎東西之三辰，而不至於南北陰陽太少之位也，自然之道也。陽進則晝長，陰盛則夜永，天變日効，不爽毫釐。貞觀貞明之極也，自然之道也。此豈人之所爲也哉？皆天之所設焉爾。若夫徵驗之理，則洪範亦言其概矣。王省惟歲爲主，氣之柄也。卿士維月，師尹維日爲紀，氣之行也。庶民維星，爲衆多繁，附而處氣之中也。故王道失，則天亂，而寒暑易；庶政失，則日月亂，而錯行；百姓擾，則星辰變，而示異。故曰周末無寒歲，秦世無燠年。王道反也。十月之交朔日辛卯，詩人所以刺皇父也。民勞則星動，民散則星稀，史氏之言，其必有考矣。夫列宿麗天，因天之氣而性質各殊，或則好燠，或則好寒。蓋不但箕畢之於風雨而已，猶之八方五土，風氣不通，民生其間，嗜欲不齊，故政教之順民而施，如氣候之應節而至。日月從星，則氣候得而天道正矣。卿士師尹從民，則政教舉而王道行矣。天人相應，故觀夫庶徵之協否，而乂之明不明，賢之用不用，民之安不安，可省念而知也。蓋聖人之意，其可推者如此。至於辨星土，察星變，望雲物，紀祲氛，各以類占，用譬之晝野分地，其物産風聲之可紀者，大略也。家區而戸別之，雖造化不如是之刻雕也。故不能以無辨。

等韻皇極經世韻同異

等韻三十六字母，沿習已久，然其所以區别之源，多莫能明其故。吴人有强謂其方言備此諸母者，察其口中之音，亦不過四聲有清濁耳，且仍不能具三十六之數也。至康節經世書，分爲二十四音，析爲四十八行，通其意者亦少。今案字之音母，皆止於二十四。邵子分清濁聲，不論有字無字，皆存其位。此所以有四十八也。等韻亦分清濁聲，而於平聲有音無字者不載，故或清濁兼存，或存其清，或存其濁。此所以止於三十六也。二十四母者，「影、曉」爲喉音，「見、溪、疑」古云牙音，今案當爲鼻音，「端、透、泥」爲舌頭音，今案「來」字亦當附此，「知、徹」爲舌上音，「精、清、心」爲輕齒音，「照、穿、審」爲重齒音，今案「日」字亦當附此，「非、微」爲輕唇音，「邦、滂、明」爲重唇音。此二十三音者，等韻、經世之所同也。中間清濁皆有平聲字者，「影」與「喻」，「曉」與「匣」，「見」與「羣」，「端」與「定」，「知」與「澄」，「精」與

「從」，「心」與「邪」，「照」與「床」，「審」與「禪」，「非」與「奉」，「敷」與「微」，「邦」與「並」而已。如「溪、透、徹、清、穿、滂」，則有清而無濁。「疑、泥、來、日、明」，則有濁而無清。此經世兼之，而等韻所以或存或闕者也。然等韻則以舌上音「孃」字，足爲二十四，經世則以重齒音「日」字，比例輕齒音爲二十四，此其微不同者。要皆有濁無清之聲也。是故二十四音之中，清濁具者十二，不具者十二。不具之中，有清無濁者六，有濁無清者亦六。二書同異之故，此其大端矣。其部居離合前後，亦兩有得失。經世以「疑」字鼻音，與「曉」字喉音爲同類，「明」字脣音，與「影」字喉音爲同類。不當合而合，此其所失也，當以等韻爲正。「來」字本舌頭音，「日」字本重齒音，等韻以爲半舌齒而別之於後。不當離而離，此其所失也，又當以經世爲優也。至其前後之次，則等韻蓋以鼻而舌，舌而齒，齒而脣，以歸於喉，深得貞下起元之意，亦非經世所及。要之，音之止於二十四，而分清濁者則一，經世之釐爲同類異行，尤易尋別也。

榕村韻書略例

古韻書不可見，而其散於經傳者足徵也。顧氏寧人之論備矣。後代益詳於韻，而等切之學興。雖其字音韻部，間或與古差謬，而其條理可尋，其同異沿革可推。何則？音生於人心，今古不殊故也。夫色不過五，而五色之變不可勝觀；味不過五，而五味之變不可勝嘗；故音不過五，而五音之變不可勝用也。前世爲韻書者，未知五音生生之法，故雖區別有倫，而迷其本始。惟國朝十二字頭之書，但以篇首五字，使喉舌齒脣展轉相切，而萬國聲音備焉。蓋於韻部，以「麻、支、微、齊、歌、魚、虞」爲首，於字母，以「影、喻」爲首，獨得天地之元聲。故可以齊萬籟之不齊，而有倫有要也。從來爲此學者，部多首東，等多首見，蓋失其本矣。惟邵子於聲類以歌韻首列，而辭曲家每字收聲，皆歸影母者，乃爲得其遺意。然邵之諸部，既不盡合，而度曲者只悟收聲，不知其爲生生之本，故亦不能舉而措之而皆通也。然收聲之法，釐爲六部，此則確爲聲樂本要。而國朝字頭亦合焉，神瞽復生，不能易矣。今譜亦區爲六部，別爲十二行，以首五字宛轉相生，爲百二十聲。於是父子、君臣、夫婦、兄弟、朋友各得其位，性術之變，窮於此焉。韻有有聲無字者，等亦有有聲無字者，計韻之有聲有字者三十六，就唐韻而增損改入之也，母之有聲有字者亦三十六，依等韻而分別論説之也。然所据者，皆今日同文之音也，考之唐、宋間則已別，稽之於古則又殊。蓋是編之意，存乎明韻而已，非隨時則不通，非諧俗則不悟。若夫究心小學者，將以窺文字之初，辨點畫聲音之始，則有諸家及寧人之書在，此不能具也。

翻切法

自「東、冬、江、陽、庚、青、蒸、真、文、元、寒、山、先、佳、灰、蕭、肴、豪、尤、侵、覃、鹽、咸」諸部，皆可以合聲爲切法。如「都翁」爲「東」、「希陽」爲「香」、「幾鶯」爲「驚」、「之因」爲「真」、「孤灣」爲「官」、「沙安」爲「山」、「低烟」爲「顛」、「呼隈」爲「灰」、「西腰」爲「簫」、「溪憂」爲「丘」、「妻陰」爲「侵」、「他諳」爲「貪」之類，皆兩聲合成一聲，不用尋其等母韻部，便可曉然。但上一字，須檢是首攝何字所生，必以其字切之，下一字則歸其韻之影母字，乃得兩聲諧叶。或上一字有音無字，則借其字之上去入字，或下一字有音無字，則借曉母、疑母字，則聲氣猶相近。若如古人切法，則遠矣。惟「支、微、齊、魚、虞、歌、麻」七韻，乃首攝之字，生天下之萬音者，故可以切他部，而他部不能切七部。蓋七部之字，皆天然獨音，非兩聲合成故也。中間惟「麻」韻「鴉、哇」等字，可以「支、虞」部中字切，「歌」韻字可以「虞」部字切，則以「鴉、哇」等，元是「支、虞」反切「麻」部所生，而「歌」與「虞」，聲韻開閉同類故也。此外凡七部中字，皆應借本字之上去入爲上一字，而下一字歸本字影母切之。影母乏字，仍借「曉、疑」可也。

南北方音及古今字音之異

等字三十六，其本二十四，清濁平聲具者十二，有清無濁者六，有濁無清者六，合之亦十二，故總爲三十六音也。然就清濁具之中，南北方言又不同。惟影與喻、曉與匣、心與邪、審與禪、非與奉、敷與微，其爲清濁相配，南北尚相近。若「羣」、「定」、「澄」、「從」、「牀」、「並」，則南音爲「見」、「端」、「知」、「精」、「照」、「邦」之濁聲，北音爲「溪」、「透」、「徹」、「清」、「穿」、「滂」之濁聲也。故此具清濁十二音之中，南北同者六，不同者亦六。觀歷代韻書，多從南音，所以知者，以上、去、入三聲叶之可見也。至於「知」、「徹」、「澄」、「孃」之爲舌音，今存者「孃」字耳，餘三字則皆入齒音，不知自何時而變。惟閩、廣人則尚有之。考邵康節經世，以「知」、「徹」二字列於齒音之後，而以「孃」字暗對「日」字，則意其時已略如今人音，但不知輕重齒之外，當作如何取此聲也。又「敷」字，今人讀之，只是「非」、「奉」一類，不與「微」字同類。在古音必當别，故「風」字爲方馮切，「豐」字則敷馮切，則是「非」、「敷」有兩讀，而「風」與「豐」爲兩音也。此類與世推移，皆有不可以時音概者。

卜書補亡凡例

洪範「卜五，占用二」。

占書紀陰陽，故用二，卜書紀五行，故用五。

周禮「太卜掌三兆，一曰玉兆，二曰瓦兆，三曰原兆。其體百有二十，其頌千有二百」。

玉兆、瓦兆、原兆者，占龜之三書，如連山、歸藏之類也。卜之有體，猶筮之有卦；體之有頌，猶卦之有繇。書曰：「體，王其罔害。」詩曰：「爾卜爾筮，體無咎言。」即此百二十之體也。史傳所引「鳳皇于飛，和鳴鏘鏘」，「專之渝，攘公之羭」，「大横庚庚，余爲天王，夏啓以光」，如此之類，即千有二百之頌也。體所以有百二十者，自五而乘之，再倍爲二十五，又倍爲一百二十五。其中有五純體焉，體純則無生克而不占，故止於一百二十也。頌有千二百者，每體以十日占之，吉凶各别，故極於千二百也。卜書在漢初猶存，至京房輩，併卜筮爲一法，故以五行布於六爻之間，而亦以十日起卦。雖借易爲用，而其占決休咎，悉卜法也。王仲淹以京、郭爲亂常，此其一端矣。

洪範「曰雨，曰霽，曰蒙，曰驛，曰克」。

此占龜之五兆也。古人以火契鑽龜，故詩曰：「爰始爰謀，爰契我龜。」其所上之烟氣，有此五種。雨者，烟氣濁暗，水之兆也。霽者，烟氣清明，火之兆也。蒙者，烟氣微濛，次於雨者，木之兆也。驛者，烟氣斷續，次於霽者，金之兆也。克者，烟氣交爭，倏明倏暗，土之兆也。凡鑽龜之法，先傅以墨，而燃契加之。故水火相薄，而氣升焉。其或火過則焦，水過則不食墨，二者皆不能成兆，主於其事不可爲而不占也。

金縢「乃卜三龜，一習吉。啓籥見書，乃并是吉」。

一事爾而卜三龜者，卜必三鑽，猶筮之有十八揲也。初鑽得五之一，再鑽得二十五之一，三鑽乃得百二十五之一。此時未開書，何以知其吉也？三鑽皆不焦而食墨，故曰一習吉也。及開書而其頌辭又吉，故曰乃並是吉也。後人不悟三龜之義，而以爲使三人分卜者非矣。洪範所謂三人占者，既得體兆之後，使三人互相參決，如傳史趙、史墨、史龜之比爾。

春秋傳晉「卜救鄭，遇水適火」。

此傳證卜書之爲五行，尤最明著。蓋以兩水而遇一火，謂之水適火也。水遇火則必滅火，如兩水相遇，則不能相勝。齊，太皡之後，火之祀也。宋爲子姓，水之位也。故曰：「利以伐姜，不利于商。」

又「筮短龜長」。

古人重卜，故周官雖兼立卜筮夢之法，總以太卜之官，而傳又有「筮短龜長」之説。夫陰陽五行，其致一也。然陰陽簡以該，而五行詳以備。自四時五方，甲子分野，物族事類，莫不以五行求之而可見。此其所以爲長於筮也。然易經四聖之後，理義、象數，其發之也無餘，而用之也無敝。此所以列于經而孤行，而卜法寖廢。

論曰：凡數皆起於洛書，其四正者，參天之數也，故自一而三，自三而九，自九而二十七，自二十七而復於八十一也。其四隅者，兩地之數也，故自二而四，自四而八，自八而十六，自十六而復於三十二也。其中宫者，參兩之合也，故自五而仍得二十五，自二十五而仍得一百二十五，至于無窮而不變焉。三者盡天地人之數，是故先王之設官分職，體國經野象之。在朝象天，故外則有三公、九卿、二十七大夫、八十一元士之列，内則有三妃、九嬪、二十七世婦、八十一御妻之職。在野象地，故有八家同井，四井爲邑，四邑爲邱，四邱爲甸。一甸六十四井出車一乘之制。國中象人，故有五百家爲黨，五黨爲州，五州爲鄉，以定民居；五百人爲旅，五旅爲師，五師爲軍，以出兵戎之法。若其制作垂後，則樂律者用天數者也，易卦者用地數者也，卜兆者用人數者也。揚氏用天數而陰陽亂，司馬氏用人數而五行汩，皆非其本矣。

　一百二十五體，除五純體，凡一百二十。每體三變，三百七十五變，除五純體之變，凡三百六十，當期之日。此與三鄉之除里長，三軍之除卒長者，其數相同也。

　變止於三，蓋位之上下内外，事之始終備矣。五行參差相錯，有入體者，有不入體者。案其上下加臨之位，視其始終更代之序，别其生克喜忌之情。參之歲月日，以辨王衰。視其所占之人坐位，以定賓主。視其所占之事逢時，以決休咎。亦可以施諸民用矣。

詩選凡例

古者同書考文，雖未聞有四聲之説，而韻部分明，六經、秦、漢以上書皆可見。後世四聲等母，於韻學不爲無功，然案其部分，則自江左之末，及唐人而既亂矣。然唐人律詩，自守功令，其古詩，則凡所通用韻，皆於古未遠。特古今字聲，間有出入者爾。自宋及明，所用全錯，上異詩、騷，下反隋、唐，韻之既乖，叶諧安在？此大關節，不可不正也。

　古人詩，平、上、去三聲皆通用，其入聲則多轉爲去，亦或通用也。今既有四聲，平、仄分用，亦自諧聽。然平聲清揚，入聲短速，固與上、去兩聲微别。若上、去兩聲，相差至眇，今南北人多不能辨者。作詩時須案韻本尋檢，則古詩韻脚，兩聲固可通，不獨漢、魏之間，唐詩間亦有此也。

近體詩句中，每字平、仄固有律令，然五言倡句第三字，七言倡句第五字，皆用平聲者，正也。間用仄字，則下字仄聲必易以平。若適當兩平叠之倡句，則此體不可用，又當變而通之，於和句用平聲爲對可也。然此體在唐初亦不拘，惟杜、韓、柳則極嚴謹。至五言和句首兩字，七言和句第三、第四字，遇下字應用平者，上字必不可用仄。

三百篇備諸體，漢初樂府亦備諸體，但樂府五七言者多，此即後來變體之漸矣。安世詩甚古，列國謳吟，亦多抑揚慷慨，後代詩人轉相規擬，然古勁終不如也。陸象山有言，康衢之謡，擊壤之歌，高文大册，有不能及。中林之夫，漢上之女，碩儒宗工，有不能企。性情之所濡，俗化之所渝，時運之所驅，是以君子論其世焉。漢承秦後，元氣肇淳，故其詩文雄深雅健，非後代所復及。雖然，侈蕩悲惋之音多，而肅穆平寛之意少。以彼霸心之存，王澤之竭，固與雅、南教化異也。誦讀之士，可以觀矣。

古體無所不備，然四言其大經也，故以四言首之，存古也。韋孟、傅毅、曹植、張華、陶潛、王勃，其志美，其詞文，以嗣風、雅，亦庶無愧。

長短句，體之雜也，區爲一部，別於粹乎五言、七言者也。内如退之琴操，與古爲化矣，用韻則未離乎唐爾。鮑明遠行路難，蒼勁奇峭，詞家之絕調。

蘇詩深厚，李詩慷慨，更號之首，信乎不羣，其擬作者，風格並高也。建安之詩，氣體疏宕，張、陸以下衰矣。擇其稍聳拔者登之，卑纖弗與也。陶公，爲賢人君子所尊，不可改評。鮑明遠，河汾病其哀怨，然自詩人振筆之妙，未有如之者。元暉、子山，可稱時藻，比之陶、鮑，筋束緩矣。陳拾遺、張燕公以氣雄，李供奉以才敏，若杜工部、韓文公之詩，源遠流長，則千載之兩人也。其餘名家，各自斐然。然清音俊筆，則王、孟標新，深情雅裁，則韋、柳擅林，皆此道之能者，故後世有述焉。

兩漢古詩，比興敘意，或稱引古人，則直道其事。不類後人采摭塗附，或至于連章累句以爲工也。且俳儷未興，故其氣能揚，發辭則雄直而曲至。建安猶存斯體，及晉、宋之後始變。

古詩不貴俳儷，正爲其傷氣爾。詩與文相表裏，皆自東京、魏晉以下而寖變也。韓門論文，則謂建武以還，文卑質喪，氣萎體敗，剽剥不讓，儷花鬭葉，顛倒相尚。

榕村全集卷二十一

雜著四

文廟配享私議

祀典之議紛紛也，而於文廟爲尤難。蓋非有明淵源之學，等百世之識，究斯文授受之詳者，則未足與於斯也。三代之間，蓋有釋奠先師之禮，然其所祀者何人，所舉者何儀，已不可得而考矣。自夫子以禮樂仁義之教，爲萬世文治者宗，是以東京以来，有立廟舍菜之典。貞觀而降，崇配享從祀之文。宋、元修之，至於明而備矣。然而從祀諸人者，宋、元有益而無損，明則多損而少益。嘉靖之間，大肆升黜，自吴澄而上，即漢、晉諸經師，隳豆登而出廊廡者，亦過半矣。將以謂非乎？蓋諸君子學行容有未醇也。將以爲當乎？則宰予、冉有，蓋有不粹於道者，何以晏然堂上之尊？七十二子，未必盡深於學也，何以不殄東西之祀？况乎漢、晉諸儒者，雖無絶世之德，而有傳經之功。夫苟於經教無所表章，儒術未有發明，則雖以諸葛忠武之才，論者以爲伊、周之亞，猶不得進而班焉。諸君子承秦滅學之後，區區修救，鑿爲户牖，以待後人。苟以後世之光大而盡廢之，孝子慈孫之心，於此宜有所不安矣。故愚以爲七十子當祀，則諸經師亦當祀，有其舉之不可廢也。此嘉靖之典，所以爲未安也。抑又有未安者焉，禮祖有功而宗有德。故商之三宗，周之文、武，百世不祧，上同太廟，不以相土、鞠陶而下爲嫌也。周、邵、程、張，奮乎千載之餘，聞知聖人之道，而使班于伏、戴、高堂之流，則景行之道微，而尚德之風泯。夫曰以世次爲後先，則子思、孟子亦豈當在冉、閔之前哉。今欲準酌舊章，釐成祀典，以弘右文之規，禮至重也。欲濫而收之，懼其後學之觀瞻，混淆於表章之過；欲嗇而裁之，懼其先正之風流，湮鬱於評論之苛。揆之以「三王祭川」之義，則漢儒不得不附于先，質之以「子雖齊聖」之文，則周、程不得不食於後。愚以謂是皆有以處之，而無庸此紛紛爲也。定爲配享於堂之禮，顔、曾、思、孟、二程、周、朱，位列于左，皆亞聖之才，命世之英，有傳道之任者也。冉、閔、游、夏、董、王、張、邵之倫，位列於右，皆大賢之次，名世之彦，有衛道之功者也。文廟之南，更立四祠，各爲垣墉，東西相向。一曰及門之祠，以祀七十子。一曰傳經之祠，以祀諸經師。其二則皆儒先之祠，以擇夫學行之端醇者祔之。仍敕天下，各立私祠于其鄉焉。夫如是，則亦兼收而不嫌於濫，嗇取而不病其苛矣。配享左右，以世次相對，既無後先之嫌，東西四祠，自爲垣宇，亦無復年代之議。其於道德名分之際，豈不兩全而無憾也哉！以是仰答聖賢之歆，可以遡源流於既往；以是光昭人文之運，可以動仰止于將來。庶幾於風教之原，有所裨助乎？姑以俟夫議禮者，采之有司也。

記配享私議後

朱子語類云，配享只當論傳道。然則將來若有折衷大典者，當稍放朱子精舍釋奠儀而損益之，以顏、曾、思、孟、周、程、朱、張九賢配，於義爲允。然自冉、閔、游、夏之徒，亦皆聖門高弟，故或拘於河海之源流，時世之先後，則雖漢、唐儒者，猶不可以後賢躋，況於親炙之者乎？愚幼時嘗妄爲之論，以爲文廟左右，當列爲及門、傳經二祠，以祀七十二子及漢、唐而下有功于聖經者。春秋舍菜，各於其所。至三年而大祭，則周、程、張、朱退就後賢之位，而羣以世次爲序，略如周人時祫、大祫之制。蓋當其大祫，則雖有功德如文、武者，配食太祖，百世不遷，然亦退就孫子之列，以明順也。顧舍菜之外，又有大祭，則經無明文，列代之所未經，不敢意爲之説。或於天子視學，或郡縣新立廟宇之日行之，亦無於禮者之禮也。聊紀於此，以俟賢者是正焉。

家廟祭享禮略

古禮之壞久矣，其漸有因，其本有根，雖有賢人君子討論而服行之，然所謂不尊不信，則久而莫之從也固宜。況乎復古之難，而變今之不易，則凡所討論而僅存者，亦多賢人君子區區餼羊之意，自其身不能盡行，而望人之從而行之，尤不可得也。禮莫重於祭，而大宗、小宗之法不講者，且數千年。夫無大宗、小宗之法，則源遠末離，無所統攝。分不定而情不屬，雖有儀節之詳，將安用之？是以鄉異俗，家異法，有身列薦紳士類，而迷妄苟簡至於犯分悖本而不自知。嗚呼！其隨俗而安之乎？抑區區講論，行其宜於今者，而不甚遠於聖人之意，庶幾存古道之什一於千百也。歲乙巳，家廟始成，先君子將率族人修歲事焉。於是講其禮曰，此古所謂大宗者也。當有明時，族中先輩長老，嘗考古而立宗子矣。然而有數難者：古者無禄則不祭，故庶人薦而已，所謂禮不下庶人是也。其時卿大夫家，非世官則世禄，皆朝廷賜也，而宗子主之，故得以其禄祭。今皆無之，則宗子無禄也，奈何猶備大夫士之禮以祭？父爲大夫，子爲士，其祭猶不敢以大夫，況庶人乎？難者一也。古者宗子爲朝廷所立，故其人爲一家之宗，而必嫻於禮法。今則有樵採負販，使之拜俯興伏，茫然不省知者矣，而奈何備盛禮以將之？難者二也。凡爲宗子者，以其爲族人之所尊重，冠昏喪祭必主焉。故祖宗之神，於焉憑依。今則輕而賤之者已素，一旦被以衣冠，對越祖宗，人情不屬，而鬼神不附。難者三也。是故世變風移，禮以義起。今人家子孫貴者，不定其爲宗支也，則不得拘支子不祭之文，而惟斷以無禄不祭之法。且近世褒贈祖先，固不擇宗支授之，褒贈之所加，則祭祀之所及，揆以王法人情，無可疑者。雖然，古之遺不可棄也。蓋緇布冠之廢久矣，而冠禮初加用之。中霤之號遠矣，而五祀之名沿之。説者曰，不忘古也。宗子之法，先王所以尊祖敬宗，聯屬天下之深意。今雖廢，詎知來者之不復興乎？是故使禄於朝者，執爵奠獻，而設宗子之位參焉。其祝告曰：「主祭孫某，宗孫某。」蓋權以古今之宜，勢不得不出於此也。寒家族人極衆，既有始祖之廟，則又將使合族均勞而伸其敬，於是又有直祭孫者，其位亦參於主祭孫、宗孫之末，而祝版并及之。此余家廟見行之禮然也。難者曰：「宗孫亦貴，而爵位下於支子，則奈何？」曰：「稍相亞者則先宗子，遠相懸者則先支子也。」其家而適無貴者，則奈何？曰：「無貴者則無禄矣，不可備祭禮也。雖有祭田而非世禄，必也殺其牲豆，略其儀節，彷彿乎古之士禮，稍優於庶人而已。或者尚可免於僭妄之咎乎。」其主祭則以何人？曰：「使有衣衿而行輩長者爲之，或並無，則以宗子也。」凡前所講者，皆爲大宗也，若小宗之禮，則在今日尤有至難者。蓋既祀其四親，則必以高祖之嫡長爲小宗，而其弊無異於前大宗之所云矣。然始祖不祧，而四親迭祧，其事體不同一也。今士大夫家，始祖多有廟，而四親無廟，各祭於其家而已，其事體不同二也。故人家之祭四親，莫不高曾祖同而父異，或高曾同而祖父異，高同而曾祖父異，泯泯棼棼，已非復古者小宗之舊矣。此則余家未能正之，姑且徇俗，無可奈何。然猶高之忌日，則就高之宗子而拜焉，曾之忌日，則就曾之宗子而拜焉。要之，大宗不立，則小宗益無所附麗而据依。雖有宋大儒，程、馬、張、朱諸賢，固未嘗極論於此，故曰至難也。然則爲今日之禮者何如？曰：「古禮不可復，則存其意焉而已。」始祖四親，於古固不得人人而祭，自伊川程子之説曰，人本乎祖，始祖皆可祭也。服制及於高曾，則祭享亦如之，四親皆可祭也。此固所以因世變順人情，而爲後世折衷。然以程、朱所行考之，朱子則不敢祭其始祖，曰疑於僭。伊川遺命，乃有奪宗之言，謂已之官，法得立廟也。然則大宗、小宗之祭，自二賢行之，而後學益疑於所從。夫大賢言行將爲萬世法，豈其有偏見私意哉？以愚度之，朱子避亂而僑居於閩，其族人遠在婺女，故朱子不敢獨祭其始祖，以安於禮。藉使當日聚族而居，而其族人已設有祖廟，如今人之爲者，朱子豈得廢之而不祭哉？吾知其必從伊川之説無疑矣。伊川之奪宗，學者尤惑焉，曰俟師聖之言，而非伊川之意。然自唐以來，官尊者法乃立廟。立廟自伊川，則必以伊川主祭，故曰奪宗也。但不知所謂廟者，大宗乎，小宗乎？如大宗也，則惟伊川生存，乃得主祭。若其子孫爲無禄人，則亦不得世其祭矣。以理揆之，必也其小宗也。蓋四親之廟，自己立之，則子孫尤可以世其祭，以終于己。此亦所謂古未之有，而可以義起者也。故於今而斟酌二賢之意，則始祖之廟，如愚前所云者，蓋庶幾焉。何則？謂之始祖，則其子孫衆多，必有法應立廟，而可以主祭者矣。且既踞不祧之位，則其廟固始祖有也。有之則不可廢，故其子孫得更迭以其禄祭，無所嫌也。若四親則親盡迭祧，而廟非一人之廟，高祖之祭，及其玄孫以下，則廢之矣。故祭不常，則廟亦不常。必使法應立廟者立焉，而使其子孫，猶得以主其祭，迄于己之祧而止。如伊川之説，固亦變中之正也。猶以爲疑，則亦參以愚大宗之説，立廟者主祭，而仍設小宗宗子之位，奠獻祝告同之，其亦可矣。若乃五世之中，無應立廟之人，而其勢不可聚，則各備士庶之禮，以奉其四親。而亦當於高曾祖之忌日，各就其宗子之家，而先展拜焉，庶幾古人之意，未盡湮没，而可以待夫後世之作者。

小宗家祭禮略

古者宗法之行，宗子祭其親廟，自天子而下，降殺以兩。蓋大夫僅及於曾，適士僅及於祖而已。伊川程氏祭禮，始令上下通得祭其高曾祖禰，爲四親廟，以謂祭法由服制而起。今喪服及於高祖，則祭亦宜及之。實得人情之安。王巖叟稱其「有制禮作樂之具」，非虚語也。然祭四親者，亦止於宗子而已，五服以内之支庶，則固有事於宗子之家，非家立廟而人爲祭也。然古者無田則不祭，祭用生者之禄，是祭祀必大夫士，而後具明矣。古所謂宗子者，皆世官世禄者也，今貴達者未必宗子，而宗子或夷于氓隸。宗子之分與禄既不足以配其四親，而支子有爵俸者，反絀於不祭之文，而不得伸其追遠之愛。如此，則程、朱之禮又窮。故曰三王殊世，不相襲禮。今之禮僭亂極矣，後聖有作，雖復緣時損益可也。非天子不議禮，吾人身爲大夫士，行之於家，去其僭妄紊亂甚害理者而已。吾家大宗之禮，又當别論。以四親言之，我於先人爲宗子，而祖以上則非，揆之於法，得奉禰祀而已。然小宗之法，今世亦不行。吾家舊所通行，又皆不論宗支，輪年直祀，吾分既足。於祫上及高曾，又恐將來之官，不能常與直祀者之祭，食君之禄以豐於昵，恐非先人之志。故今所奉祀，並立四親。幸今聚族祖里，伯叔每歲直祀高曾祖者，吾咸與焉。然退而修四時之事，亦必並設高曾祖考之位，而申祝獻焉，非僭且瀆，實則準以情分，而有所不容已也。吾家大宗時祭，舊止春秋，其奉祀祖考者則否，止於清明、七月等俗祭而已。吾思古人合諸天道，春禘秋嘗，樂以迎來，哀以送往，蓋春秋之義大矣。怵惕惻愴之心，自近者始，不當於遠祖獨行之也。若欲以清明、七月俗節當之，則清明爲春暮，七月爲秋始，迎來太遲，送往太驟，亦失禮經之意。今欲定於二分之月，别卜日爲春秋祭，而清明、七月，則循俗煎饌焚楮，如家禮俗節之祭而已。況家禮尚有四時之祭，皆用仲月。今春秋而外，有冬節薦鮮，可當冬夏二祭，其禮稍殺於春秋可也。又記曰：「君子有終身之喪。」忌日之謂也。故祭爲吉禮，而忌則喪之餘也。今俗廢春秋吉祭，而反於忌日飲酒食肉，謂之受胙。吉凶溷雜，非人情，殆不可用。今逢忌日，亦當稽朱子家禮及語類所載，變冠服，不飲酒食肉，終日不宴親賓。志有所至，乃近於正。生忌則不然，禮稍殺而情稍舒可也。墓祭原起於奠后土之神，爲祖考托體於此，歲祭焉，所以報也。今祭墓者豐於所親，於土神輒如食其臧獲而已，簡嫚之極，必干神怒。故今定墓祭牲饌，祖考與土神同，奠獻則依家禮先祖考而後土神，自内而外，非尊卑之等也。此數者皆大節目，苟失禮意，不可不正。其餘如元旦、五月節、中秋、重陽節，此等皆可不拘豐儉，循俗行之。所謂事死如事生，節序變遷，皆寓不忍忘親之意。

時祭，春秋用羊豕，冬夏或一羊一豕，禰忌日及生忌日，俱用羊豕，高曾祖忌日用牲饌，生忌日用牲菓。元旦、清明、七月、除夕用牲饌，端午、中秋用菓酒或一饌，俱角黍、月餅之類。墓祭，祖考、土神俱用特羊或特豕。俗祭禮皆陳饌、釃酒于祖考之前，並進湯飯已畢，然後主人酹酒于地而畢，親賓以次拜而遂徹。不思酬酒于地之義謂何？以謂求魄於陰，則當求之而至，庶幾享之，不當於神具醉飽之後而後求之也。今當奉數饌於神前，便行祭獻之禮，寧可親賓迭拜而進饌未終，不可羹飯既成而祭酒方始。蓋古禮之復也有漸，今時俗趨簡，未能驟行三獻之繁，或堂事狹隘，親賓至有早晚，又未能齊同行列，以正迭拜之失。故只得主人先行讀祝降獻之禮，正其始終而已。其有行列參差，遲遲戾止，則自既灌而往者，吾亦末如之何。若夫酒冷飯殘，以須親賓之至，而後降獻，則斷斷乎其不可也。

近代多用寒食上墳，然稽之古義，廟者神之所栖，墓者魄之所藏也。春與陽氣俱來，則神之伸，而廟祭宜殷。秋乘陰氣而往，則魄之歸，而墓祭爲宜。然八月方行時祭，恐或人事物力，不能兼舉。古人報土功以建亥之月，今定以十月掃墓，庶爲得之。

直祭非古也，然今欲均勞逸，且使祖考諸子孫婦，皆知蘋蘩之義，而皆於宗子之家行之，亦未爲失。

五祀禮略

古者惟大夫祭五祀，然則五祀之祭，士庶蓋不得而兼之也。然今雖編氓之家，醮祭天地，禱祀河嶽尊神，僭妄無所不至。則家祭五祀，乃得其宜，而反於五祀之祭，簡嫚媟褻，付之婦人奴婢而已。是古者必大夫而後得行之祀典，今則士庶人之所不屑，必擬夫古天子諸侯之祭，然後用之。俗之悖謬越禮，莫此爲甚。故有家者，於祭五祀，不可不講也。上古穴居野處，鑿其最中之處以通明，而雨亦溜焉，故曰中霤。以其最中，是以爲一家之主。後代易以宫室，而仍襲中霤之號，不忘古也。其在于今，則當之者梁脊是已。居一家之中，爲一家之主，其神屬土。古者士大夫之家，門皆南向，户皆東向，蓋東西陽也，南北陰也。堂之門自外而入，偶而屬陰，室之户自内而出，奇而屬陽也。惟天子之室，左右有房，則左右中間皆宜有户。故在詩曰「築室百堵，西南其户」，言西南者，著天子所獨也。其東户，則大夫以下所同，不必言也。大夫士之制，西室東房，房向北，主婦所居，即所謂北堂，詩曰「焉得蘐草，言樹之背」是也。室户向東，主席在西牖之下，詩曰「于以用之，宗室牖下」是也。蓋古者門户並祭，户陽門陰。今作室者，率以門爲美觀，至於東西兩傍出入之處，亦不設户，陰盛陽衰，豈其所宜？考以五行之内，冬宜祭井。然月令其祀行而不及井者，蓋古者數家同井，不能家有之，故易以行。或以行爲門外軷祭之處，恐非也。冬乃收藏之時，豈宜爲出行之祭？蓋兩階之下，屏之中間，有行焉，雨集則水所注，今俗呼天井是已，故以代井祭也。如家有井者，則必祭井無疑。五祀之祭，今世簡略已極。考之古義，則必躬必親，不可委之婦人婢僕，乃合禮意。惟竈神之祭，婦人可攝行之，而使厨者執事。門户井神之祭，子弟可攝行之，而使司門者、汲水者執事。中霤最尊，主人在家，則必身親，而使子弟執事可也。祭五祀之時，月令有明文矣。今俗祭土神用二月，政木尅土傷之時，祀竈神以八月，又金盛火衰之候，皆失其理也。今定依古禮，二月祭户，五月祭竈，六月祭土神，八月祭門，十一月祭井。其禮用牲魚五，奠獻如家祭之禮。

樂律

樂有聲有律，而聲又有正聲、有變聲，律又有正律、有變律，有正半律、有變半律，數者備而樂之用周矣。正聲者，自宫聲之數八十一，三分損益，以生徵、商、羽、角者是也。變聲者，五聲相次，隔一律則其音和，隔二律則其音遠。角、徵、羽、宫之間，相隔二律，故又自角轉生二律，以補其欠，所謂變宫、變徵者是也。正律者，自黄鐘之管長九寸，積數十七萬七千一百四十七，損益相生，而窮於仲吕者是也。變律者，仲吕反生黄鐘，不及九寸之數，謂之變黄鐘焉。自此而又損益，以生十一律者是也。正半律，則取正律而用其半也。變半律，則又取變律而用其半也。律之所以有變、有半者，則以宫聲最尊，而商、角、徵、羽不得陵焉。故黄鐘爲宫，則其餘六律，皆以正聲應，而無侵陵之患。他律爲宫，則臣民事物，不敢陵君，而或用半焉，或用變焉。所以避陵越而順五聲之序，抑且備清濁而極中聲之變也。雖然，聲律之本，皆起于黄鐘，則黄鐘一律要矣。黄鐘之管長九寸者，定論也。史記言八寸一分者，變一寸十分而爲九分，以便于相生也。吕令言三寸九分者，謂别製一管以爲律本，名曰黄鐘之宫，自黄鐘八寸一分，至應鐘四寸二分，長短之間，相距三寸九分，于是即其間穴而吹之，以備黄鐘七聲，以爲十二律取聲之準而已。其實三説無以異也。黄鐘圍徑，古無明文，然即周𩰫漢斛之制推之，則其面冪當容九分，其積實當得八百一十分。由是以冪積而求圍徑，則黄鐘之實數得矣。蔡邕、孟康言徑三分、圍九分者，非也。胡瑗、蔡元定以冪積求之，徑不止於三分，圍不止於九分者，是也。然胡、蔡之算，亦以徑一圍三之法定之，殊不知徑一圍三者，古人之疏率，以量田地則可矣。一管之微，其聲氣之妙，轉於毫釐杪忽之間，而可以若是其約略疏闊乎？故必以祖冲之密率算之，然後黄鐘之徑圍、積實可定也。若夫古人之尺寸，今已無考，故或求之累黍，或參之古斛，量權衡之屬。此雖博雅之一助，而實非制作之原本。必也，如蔡邕所謂不如耳決之明，程子所謂以上下聲考之，必得其正者，乃爲極至之論。蓋音樂生于人心，而成于治化。人心和則中聲可定，治化感則雅樂可興。而又博求知音之人，折以明經之士，使鏗鏘鼓舞，與義理之實同歸，則千年之誤可正，一代之樂可成。

課王生仲退

讀書以窮經爲本，以明理爲至。窮經所以明理也。然六經之規模宏闊，而辭義簡奥，故必以學、庸、語、孟爲之階梯。四子之心傳不繼，而純粹云亡，故必以濂、洛、關、閩爲之門户。舍此不講，而厭常喜新，飾詐矜愚。或以經書爲習見，而自匿於釋、老之門；或以章句爲陳言，而自炫於詞章之耀；縱能榮華其言，小成其道，君子猶羞稱之。況以吾所遇，亦未見荑稗之有秋，而春華之可采者。何則？唐、宋以前，聖道久熄，而儒學未興，士有求道之心，而不逢先覺；有立言之志，而莫適折衷。故雖遁於異門，淫於末學，而其人皆實有過人之志尚，邁人之資器，百倍於人之攻苦，非心知其不可，而欲藉此以自逃者也。其時禪釋之徒，皆切實理會身心，而以詩文博雅名者，又未嘗不淹貫於經書之義。直以去聖既遥，羣言淆亂，故擇焉不精，語焉不詳，而非其罪也。今人之弊，則由心疑濂、洛、關、閩之非真宗，有不欲依傍之意。且見其説理明白，遂并理而卑之，譚經平實，遂并經而易之。更加以苟簡成習，功利成風，一寓目於譚經説理之書，又畏其勞心，而惡其厲己也。于是欲托他門以遁跡，借末藝以蜚聲。此其用心，與唐、宋之人何如，而所謂異端小道者，又烏得成就哉？今日須以此爲大戒，由濂、洛、關、閩之書，以進於四子，由學、庸、語、孟之道，以達於六經。學、庸、語、孟，濂、洛、關、閩，不可一日而不精思熟講者。六經則或且窮一經，務令透徹，隨人資性，以漸兼通。若貪多泛涉，則又徒爲徇名，而無益於得也。

課諸生

資高者頗能聰明解悟，質厚者亦多肯埋頭讀書。然及其至也，聰明解悟，徒以長其傲慢輕忽之心；埋頭讀書，只以成其卑庸凡陋之智。此皆其志向之大差，心術之至謬。所以高高下下，其究同歸，求一豪傑之士而不可得也。凡經書聖賢所言，皆先以辨志、立志、志道、志學，此處若無根種源頭，保其榮華之隕，不終朝而汪洋之涸可立待也。學在不息，不息在立志，俛焉日有孳孳，斃而後已者，由於嚮道而行，望道而至也。農夫之志在於有秋，商賈之志在於三倍。今學者徒志富利，則與農夫、商賈何異？況其歸于損人殘物，豈若農夫之食力，而商賈之謀分哉？須思爲士者如何是志，如何在家成得孝子，如何在國成得良臣，如何居鄉而謂之德行，如何仕宦而謂之事業。先有自任之重之心，而後繼以自省之勤之力。此之謂豪傑之士也。

摘韓子讀書訣課子弟

口不絕吟於六藝之文，手不停披於百家之篇，紀事者必提其要，纂言者必鉤其玄，貪多務得，細大不捐，焚膏油以繼晷，恒兀兀以窮年。此文公自言讀書事也，其要訣卻在紀事、纂言兩句。凡書目過、口過終不如手過。蓋手動則心必隨之，雖覽誦二十遍，不如鈔撮一次之功多也。況必提其要，則閱事不容不詳；必鉤其玄，則思理不容不精。若此中更能考究同異，剖斷是非，而自紀所疑，附以辨論，則濬知愈深，著心愈牢矣。近代前輩，當爲諸生時，皆有經書講旨，及綱鑑、性理等鈔略，尚是古人遺意。蓋自爲溫習之功，非欲垂世也。今日學者，亦不復講，其作爲書說、史論等，刊布流行者，乃是求名射利之故，不與爲己相關。故亦卒無所得，蓋有書成而了不省記者。此又可戒而不可效。

答王仲退問目四條

知之者不如好之者，好之者不如樂之者。説者以氣候淺深言之，固是。然人之資質，合下便有此三種根器。有人於事理，極理會得容易，然曉得便了，無喜好之意，則索然無復餘味。又有人亦知喜好，而不根於心，無躭著，不捨一段精誠，則或他好有以奪之，便不能久於其道，復而不厭，亦不能温故知新，日進无疆。惟上等根器，纔知學便有樂意，樂則生矣，生則惡可已也？如嗜芻豢者，雖肴飯可廢；如有山水花石之癖者，雖至於傾家財以供遊玩，不悔也。此方是真種子。二程從此入手，故明道晚年，欲著樂書，想是爲發明此意耳。

姿性有鈍敏，不可强也。雖然，亦視其志之分數何如耳。如有十分志向，則其誠必不息，俛焉日有孜孜，斃而後已。則亦無微之不入，無堅之不破。凡溺心於邪者，必有鬼憑之，專心於正者，必有神依之。管子曰：「非鬼神之力也，精誠之極也。」道家之言曰：「神明或告人兮，心靈忽自悟。」王荆公云：「方其幽暗昏惑，而無物以相之，亦不能至也。」所謂神物，非真從天降地出，乃是自家精神靈爽之所爲。詩云：「天之牖民，如壎如篪，如璋如圭，如取如携。」此理至確，惟在有精進之力，無退悔之心，有廣大之願，無休歇之期。古人有大就者，往往是鈍魯人，不足爲憂也。

四書、六經及濂、洛、關、閩之書，人須終身藝之，如農夫之終歲而藝五穀也。藝五穀者，每種必盡其勤，方其盡力於此，不知有彼也。若來牟未蘇，而又長彼黍稷，雖有上農，不能兼施。此須立課程爲之，每藝一經，必盡自家分量，務令徹底方休。藝之之法：一曰熟誦經文也；二曰盡參衆説，而别其同異，較其短長也；三曰精思以釋所疑，而猶未敢自信也；四曰明辨以去所非，而猶未敢自是也。能於一經上得其門而入，則諸書皆同室而異户者，可以類推而通。古之成業以名世者，其必由此矣。

「吾斯之未能信」，「信」字須玩味。若説是自信得有仕的材料，則如子路、冉有、公西華，皆有以自信者，何以喟然之歎，獨在於點？然則所謂曾點、漆雕開能見大意，須離却仕字看，須體會斯字是何所指。斯者此理也，觸處皆是此理，不知者固已瞢然，知者亦終是信他不過。既是信他不過，則習俗足以移之，時勢足以奪之，私情足以牽之，事變足以亂之。以之自守，雖有存焉寡矣；以之應用，欲其沛然也難矣。故夫子曰「篤信好學」，便是信字實際。今人皆能道信心、信理、信天、信分，實則信者幾何？時常以此意自檢察，便是漆雕開一派學問也。

答鍾倫兒問目三條

道心是未發，人心是已發。此語似創見，然確不可易，當更精究之。試思謂未發中有人心，於理安否？然謂道心是未發，人心是已發，措語自未妥。須云未發是道心，已發是人心，方穩耳。嗜欲根于愛，愛根于仁，可見嗜欲自嗜欲，愛自愛，而仁自仁矣。非然，何以一物而三名也？若論其根，則豈有離情之性，離人心之道心？即曰已發、未發，已發豈不根於未發乎？

誠敬只是一物，然程子曰：「誠則無不敬，未能誠則必敬而後誠。」又曰：「主一之謂敬，一者之謂誠。」可見只是一物而相首尾矣。蓋誠由敬入也。然雖相首尾，相表裏，而不妨並致其功。何則？敬是不慢，誠是不欺。恭儉豈有以聲音笑貌爲哉？論篤是與，君子者乎？色莊者乎？敬以持之於外，誠以主之於中，内外夾持，而學問之本立矣。重威章便是如此。須體貼向自己，勿牽纏於語言之細。

經綸是體道，立本是盡性，知化是知天。體道由於盡性，盡性由於知天。又體道故能盡性，盡性故能知天。亦相首尾之事也。窮理盡性，以至於命，亦然。看四書最不可苦纏「動」、「静」、「存」、「發」等字，蓋孔、孟口中無此也。若論心中頓放，則頓放許多父子、君臣、兄弟、朋友，便是道，頓放一團仁義禮智，便是性，頓放一派元亨利貞的全體，便是天。是天也，吾與子莫不有之，而能如聖人之浩浩否也？然則其所知可知矣。